Theofil Peters

IN HELLEN UND IN DUNKLEN TAGEN

Als Arzt in Schlesien 1926 - 1946

Mit einem Vorwort von
Alfred de Zayas

Universitas

Schutzumschlag: Marianne Hartkopf, München
Satz: Fotosatz Völkl, Puchheim
Druck: Jos. C. Huber KG, Dießen
Binden: Thomas-Buchbinderei, Augsburg
Printed in Germany
ISBN 3-8004-1323-X

Theofil Peters

IN HELLEN UND IN DUNKLEN TAGEN

Inhalt

»Die Vergangenheit
ist niemals tot.
Sie ist nicht einmal
vergangen.«

William Faulkner

Vorwort
von Alfred M. de Zayas

Mit diesem Erlebnisbericht leistete Theofil Peters (1894–1957) zugleich einen Beitrag zur Geschichtsschreibung unserer Epoche und zur Menschlichkeit, denn die traurigen Ereignisse des Zweiten Weltkrieges und der Vertreibung der Deutschen müssen noch bewältigt werden, und zwar auf der menschlichen Ebene, auf der Basis der Wahrheit und der Gleichheit.

In hellen und in dunklen Tagen ist der Bericht eines in Beuthen geborenen Oberschlesiers, der 1925 in das Städtchen Pitschen, direkt an der deutsch-polnischen Grenze, übersiedelte, in dem er seine Familie gründete und bis 1946 Landarzt war. Er erzählt von jenen guten und auch schweren Jahren zwischen 1925 und 1946, von der Realität des Zusammenlebens und des Leidens, vom Krieg, von der Zwangsarbeit, von Konzentrationslagern für Deutsche, von der Vertreibung aus der alten Heimat und von der Notwendigkeit der Versöhnung.

Das Buch liest sich beinahe wie ein Roman, so daß man zuweilen vergessen mag, daß die Menschen, denen wir hier begegnen, wahre Geschichten durchlebten, tatsächlich litten, wirklich umkamen. Wir wissen, daß aller Opfer von Krieg und Gewaltherrschaft mit Ehrfurcht zu gedenken ist. Die Verbrechen am polnischen Volk 1939 bis 1944 bewegen uns zur existentiellen Identifizierung mit den Opfern. Die gnadenlose Rache, die sich 1945 bis 1948 über die deutschen Vertriebenen ergoß, erweckt ebenfalls das menschliche Mitgefühl. Alle – Polen wie Deutsche – waren Opfer der Politik und der Politiker. Man sollte aufhören, nach der Nationalität eines Opfers zu fragen, denn das Leid kennt keine Nationalität. Jedes Verbrechen ist verwerflich, gleichgültig, wer das Opfer ist. Versuche, manche Untaten zu verharmlosen oder gar zu verschweigen, verstoßen nicht nur gegen das Ethos der Wissenschaft: Sie sind Hohn und Unbarmherzigkeit den Opfern gegenüber.

Wenn ich Theofil Peters' Erinnerungen lese, denke ich an das berühmte und weise Buch von einem anderen ostdeutschen Arzt, Dr. Hans Graf von Lehndorff, den ich persönlich kannte und dessen *Ostpreußisches Tagebuch* eine bedeutende aufklärerische und versöhnende Aufgabe leistete. Es folgten die wertvollen Memoiren von Franz Scholz, *Görlitzer Tagebuch*, Käthe von Normann, *Tagebuch aus Pommern*, Margret Boveri, *Tage des Überlebens*, Marion Gräfin Dönhoff, *Namen, die keiner mehr nennt*, Eva Krutein, *Evas Krieg*, und viele andere. Und es werden gewiß noch viele Bücher zur Vertreibung geschrieben, denn gerade in extremen Situationen wie Krieg und Vertreibung zeigen sich die besten, aber auch die schlimmsten Eigenschaften der Menschen. Es gilt, darüber nachzudenken und sich mit den Implikationen für die Zukunft auseinanderzusetzen. Theofil Peters gibt uns einen Eindruck – und damit Hoffnung – von der Hilfsbereitschaft und Selbstaufgabe, die mitten in Grausamkeiten möglich ist.

In der Tat gehört die Vertreibung der Deutschen zu den folgenschwersten Ereignissen des 20. Jahrhunderts. Aber sie darf nicht als eine Frage von Schuld und Sühne betrachtet werden. Die Aufgabe, die für Krieg und Kriegsverbrechen Schuldigen zu bestrafen, war den Nürnberger Prozessen übertragen. Diese stellten dazu ein neues völkerrechtliches Prinzip auf, nämlich das der persönlichen Haftung von Politikern und Soldaten für ihre Handlungen. Jedoch wurden Millionen Deutsche vertrieben – oder zur Flucht gezwungen, was faktisch dasselbe bedeutet –, offensichtlich ohne nach ihrer persönlichen Schuld oder Unschuld zu fragen.

Wir müssen die zwangsweise Ausweisung aus der Heimat nicht nur politisch, sondern vor allem moralisch als eine fundamentale menschenrechtliche Frage betrachten. Wer das Buch von Theofil Peters liest, empfindet, was Recht auf die Heimat bedeutet. Zunehmend beschäftigt sich die internationale Gemeinschaft mit diesem Recht – jüngst vor allem in Hinblick auf die »ethnischen Säuberungen« im ehemaligen Jugoslawien. Allmählich verlangen die Menschenrechtsaktivisten, daß das Recht, in der angestammten Heimat zu leben *(right to remain)*, und das Rückkehrrecht *(right to return)* anerkannt werden. Am 26. August 1994 wurde in diesem Sinne die Resolution 24/1994 von der UNO Unterkommission für die Verhinderung von Diskriminierungen und für den Schutz von Minderheiten angenommen.

In der neuen Weltordnung, die nach dem Ende des kalten Krieges im Entstehen ist, braucht man vor allem historische Aufrichtigkeit und Objektivität. Es ist zu hoffen, daß die neue Generation der Historiker aus Polen, der Tschechischen Republik und der Russischen Föderation die Vertreibung der Deutschen in ihrer geschichtlichen Tragweite – und Tragik – und damit die Verantwortung ihrer Völker erkennt und anerkennt. Gute Nachbarschaft verlangt gegenseitige Offenheit und die Bereitschaft, die eigenen Fehler zuzugeben.

Vor zwanzig Jahren hatte ich das Glück, Theofil Peters' Sohn Hans-Joachim kennenzulernen, als er Redakteur beim ZDF-Magazin war. Dreimal hatte er mich für das Magazin interviewt: das erste Mal über mein Buch *Nemesis at Potsdam,* dann über die deutsch-amerikanische Schulbuchrevision und die Konferenzen im Braunschweiger Georg-Eckert-Institut, an welchen ich gerade teilnahm, und schließlich zum Historikerstreit, zusammen mit dem kürzlich verstorbenen Historiker Golo Mann. Gerade dieses letzte Mal hatte ich ausgiebig Gelegenheit, Herrn Peters näher kennenzulernen. Ich war von seiner Aufrichtigkeit, von seinem Sinn für Verhältnismäßigkeit und von seinem Anstand beeindruckt.

Wir waren uns darüber einig, worin die Pflichten des Historikers bestehen, nämlich nicht allein darin, sauber zu forschen und zu dokumentieren, sondern darüber hinaus auch darin, Denkanstöße zu geben, und zwar durch neue Fragestellungen und neue Perspektiven. So begrüße ich dieses Buch, das uns eine persönliche Geschichte erzählt und zugleich einige wichtige Fragen stellt. Gewiß darf man wegen der »Singularität« der nationalsozialistischen Verbrechen nicht das Opfer der deutschen Vertriebenen vermindern oder gar verschweigen. Beide Geschehnisse sind unauslöschbarer Teil der deutschen Vergangenheit.

Die Vertreibung war eine große Ungerechtigkeit, ohne Zweifel ein Verbrechen gegen die Menschlichkeit. Es ist besorgniserregend, daß ich als Amerikaner diese Tatsache ohne Furcht vor persönlichen oder beruflichen Konsequenzen feststellen kann, daß meine deutschen Kollegen und Freunde hingegen nur verklausuliert darauf verweisen dürfen, und dies fünfzig Jahre nach Kriegsende.

Das Urteil über die Vertreibung ist sehr früh aus dem Munde des britischen Sozialisten Victor Gollancz gefallen:

»Sofern das Gewissen der Menschheit jemals wieder empfindlich werden sollte, werden diese Vertreibungen als die unsterbliche Schande aller derer im Gedächtnis bleiben, die sie veranlaßt oder sich damit abgefunden haben ... Die Deutschen wurden vertrieben, aber nicht einfach mit einem Mangel an übertriebener Rücksichtnahme, sondern mit dem denkbar höchsten Maß von Brutalität.« (*Unser bedrohtes Erbe*, 1947, S. 156 f.) Gollancz durfte es seinerzeit feststellen, ohne mit Kritik und Diffamierung rechnen zu müssen, denn er war jüdischen Glaubens.

Wir sollten diese Unmenschlichkeiten zwar nicht an die große Glocke hängen, aber wir haben auch nicht das Recht, sie einfach zu verschweigen. Gerade unsere Verpflichtung zur Achtung der Menschenrechte und der Menschenwürde gebietet, daß wir uns damit auseinandersetzen.

Ich habe mit Hans-Joachim Peters wiederholt über die Erinnerungen seines Vaters gesprochen und ihn ermuntert, sie zu veröffentlichen. Ich freue mich, daß dies jetzt geschieht. Leider zu spät für meinen Freund Hans-Joachim Peters, der die Veröffentlichung nicht mehr miterleben kann; dafür aber ihm und allen Vertriebenen zu Ehren und als Vermächtnis für seine Frau Christa, für seine zwei Söhne, für seine Geschwister und für uns Leser.

Gerade nach einer Völkerrechtsvorlesung über Menschenrechte, die ich in Chicago hielt, erreichte mich die traurige Nachricht des viel zu frühen Ablebens von Hans-Joachim Peters am 1. Februar 1994. Ich werde ihn stets in bester Erinnerung halten.

Alfred-Maurice de Zayas
Professor des Völkerrechts, Chicago
Juris Doktor (Harvard)
Dr. phil. (Göttingen)

Wie alles angefangen hat

Eigentlich hatte ich nicht vor, länger als unbedingt nötig dort zu bleiben, als ich am 2. April 1925 von Beuthen in Oberschlesien in die kleine Grenzstadt Pitschen reiste, um dort einen kranken Kollegen zu vertreten. »Wo willst du hin?« hänselten mich die Kollegen am Knappschaftslazarett der oberschlesischen Stadt Beuthen. »Nach Pitschen, wo die Mäuse quietschen«, antwortete ich im Scherz. Ich wußte damals wirklich kaum etwas von der kleinen Stadt an der deutsch-polnischen Grenze, wo sich – wie sich erst später herausstellte – mein Leben total verändern sollte.

Ich war damals, nach Beendigung meines Medizinstudiums, Arzt in Beuthen, einer Industriestadt, die an der Straße von Breslau nach Krakau lag. Beuthen war eine überwiegend deutsche Stadt. Bei der Volksabstimmung von 1921 hatten sich vierundsiebzig Prozent der Wahlbeteiligten, offensichtlich auch polnischsprachige Beuthener, für den Verbleib der Stadt bei Deutschland ausgesprochen. Dennoch wurde nach dem verlorenen Ersten Weltkrieg, im Januar 1922, ein Viertel der Stadt durch die Teilungsgrenze abgetrennt und vor allem der industrielle Teil der Stadt, »Friedenshütte«, an Polen abgetreten. Damals verlor Beuthen den größten Teil seines Hinterlandes. Die wirtschaftlichen Probleme wurden durch den Zustrom deutscher Flüchtlinge aus den polnisierten Gebieten verstärkt.

Die Stadt Beuthen hatte im Jahr 1925 rund zweiundsechzigtausend Einwohner. Ihr Stolz war ein eigenes Stadttheater. Übrigens das erste im ganzen oberschlesischen Industriegebiet. Dieses Theater besuchte ich häufig in meiner Freizeit. Meistens entschied ich mich für Aufführungen von Operetten.

Das einzige, was ich seinerzeit noch aus dem Geschichtsunterricht von Pitschen wußte, war die Tatsache, daß am 9. März 1589 ausgerechnet in Beuthen durch Vermittlung der katholischen Geistlichkeit zwischen dem Erzherzog Maximilian von Österreich und seinem Gegenspieler im Kampf um die Krone Polens dem schwedischen Prinzen Siegismund Wasa ein Vergleich ausgehandelt worden war. Der Habsburger hatte nämlich 1589 in der Schlacht bei Pitschen eine vernichtende Niederlage einstecken müssen und war von der stärkeren polnischen Gegenpartei des schwedischen Anwärters auf die Krone Polens geschlagen worden. Von dieser Schlacht wird später noch die Rede sein.

Damals, im Jahr 1925, als ich nach Pitschen kam, erwartete mich eine fast vergessene Kleinstadt, die allerdings unerwartet gute Verkehrsverbindungen nach Deutschland und nach Polen hatte – und das bereits seit 1875. Der Bahnhof lag an der Eisenbahnstrecke von Kreuzburg nach Posen und hatte deshalb mit Kattowitz und Danzig direkte Verbindungen. Eine Straße führte über Konstadt nach Oelsund weiter in die Hauptstadt Schlesiens, nach Breslau, eine zweite über den deutschen Grenzort Kostau nach Kempen, Ostrau und weiter nach Posen und eine dritte über den Grenzort Sandhäuser, über Gola und Boleslawicze nach Wielun, der nächsten Kreisstadt auf der polnischen Seite. Ferner gab es noch eine direkte Straßenverbindung zur Kreisstadt Kreuzburg und von dort aus weiter nach Oppeln und eine nach Röstfelde und weiter nach Landsberg und Rosenberg, Gutenberg und Tarnowitz.

Am Ende der Welt war ich hier also nicht gelandet. Nur wenn man diese günstigen Verbindungen trotz der Grenzlage Pitschens seit Jahrhunderten kannte, konnte man verstehen, warum diese kleine Stadt dennoch manchmal in der Geschichte eine gewisse Bedeutung hatte und immer wieder – trotz aller Kriege und Katastrophen – neu aufgebaut wurde und zu Wohlstand kam. Jahrhundertelang,vom 13. Jahrhundert bis heute, war sie nur etwa vier bis acht Kilometer von Polen entfernt und profitierte natürlich vom Handel zwischen Deutschen und Polen und manchmal auch vom Schmuggel, der von pfiffigen Kaufleuten und Händlern mehr als »Kavaliersdelikt« betrachtet wurde.

Von der Teilung Polens bis zum Ersten Weltkrieg lag die Stadt vorübergehend sogar an der russisch-polnischen Grenze. Damals gehörte die Provinz Posen zum zaristischen Rußland. Grenzfluß war zu allen Zeiten der Fluß Prosna. Er trennte bis 1914 Rußland von Deutschland. An der Grenze war Gola. Ein russischer Grenzposten, genannt Kordon, amtierte dort bis zum Ausbruch des Ersten Weltkrieges. Nach 1919 hatten dann wieder die polnischen Zollbeamten ihre Grenzstation in Gola.

1925 also, als ich als junger Arzt am Pitschener Bahnhof ankam und mich zu Fuß auf den Weg in die Stadt machte, war ich im ersten Augenblick nicht gerade begeistert. Im Vergleich zu Beuthen oder zu Breslau war Pitschen natürlich ein kleines Nest. Die puppigen Häuser scharten sich wie Küken um die Glucke um das alte Rathaus. »Hier werde ich bestimmt nicht alt«, dachte ich skeptisch. Damals war ich fest entschlossen, bald wieder nach Beuthen zurückzukehren. Die Häuser im Zentrum kamen mir so klein vor, ich hätte in die Dachrinnen spucken können. Verschlafen und fast menschenleer die Straßen und Gassen. Kaum ein Fahrzeug unterwegs. Und hier sollte ich drei Monate lang aushalten? Damals ahnte ich nicht, daß ich diese Stadt erst wieder nach zwanzig Jahren und unfreiwillig verlassen würde.

Ohne daß ich mir dessen bewußt war, begann der wichtigste Abschnitt meines Lebens an diesem Apriltag 1925. Es war übrigens der Monat, in dem ich Geburtstag hatte. Ich war seinerzeit bereits einunddreißig Jahre alt, wovon ich vier Jahre als Soldat an der Front verbracht hatte. Schon bald merkte ich: »Das Schicksal hat es gut mit dir gemeint.« Ein Arzt lernt schnell die Bewohner einer Stadt näher kennen, und nach kurzer Zeit war ich der festen Überzeugung, daß Pitschen zu den schönsten Kleinstädten Oberschlesiens gehört und daß man sich hier schnell zu Hause fühlen konnte.

Nicht zufällig nannte man Pitschen die »Stadt der Türme«. Und diese Attribute waren, wie ich feststellte, keineswegs übertrieben, denn seine mittelalterlichen Befestigungsanlagen, die Mauern und Türme, waren gut erhalten. Drei feste Stadttürme zierten Pitschen: Der Hindenburg-Turm, der Sand-Turm und der Deutsche Tor-Turm überragten die wuchtige Stadtmauer und verbreiteten den Eindruck bürgerlicher Geborgenheit. Daneben erhob sich der mächtige Turm der Nikolaikirche, die aus einer Zeit stammte, als Pitschen noch Bischofssitz gewesen sein soll, jedenfalls war sie ungewöhnlich groß und prunkvoll. In der Mitte des Marktplatzes, am sogenannten Ring, stand das schöne Rathaus mit seiner Haube. Die Stadt hatte noch andere Sehenswürdigkeiten zu bieten, von denen später die Rede sein wird.

Ich begann mich mit der Geschichte Pitschens zu beschäftigen und stellte voller Erstaunen fest, daß berühmte Männer im Laufe der Jahrhunderte aus dieser abgelegenen Kleinstadt hervorgegangen waren. Zum Beispiel im Jahr 1283 Ekkehard de Bitschin, Ratsmann der Stadt Kalisch, oder Peter von Pitschen, im 14. Jahrhundert Hofkaplan des Herzogs Ludwig I. in Brieg und Verfasser der »Geschichte der polnischen Fürsten«. Pitschener Männer spielten in der Geschichte der niederschlesischen Piasten eine herausragende Rolle. Im 17. Jahrhundert wurde der Pastor und Menschenfreund Christopherus Süssenbach weit über die Grenzen bekannt, und der schlesische Mundartdichter Karl von Holtei hat einen Teil seiner Kindheit in Pitschen verbracht. Holteis Vater war hier als Husarenoffizier stationiert.

Die Stadt hatte bereits im Mittelalter eine berühmte Lateinschule und so bekannte Lehrer, daß die reichen Polen aus der Nachbarschaft ihre Söhne hierher zur Schule schickten. Ferdinand Freytag, der Vater des berühmten schlesischen Dichters Gustav Freytag, wirkte einige Zeit in Pitschen als Arzt. Der weltberühmte Bienenforscher Dr. Johannes

Dzierzon, auch »Bienenvater« genannt, hat als Schüler die Volksschule des Ortes besucht. Und der moderne schlesische Dichter Johann Christian Günther weilte of in Pitschen. Als Heimatforscher und Historiker in der ganzen Provinz bekannt waren Männer wie Pastor Hermann Kölling, Otto-Fritz Glauer oder der Historiker Hermann Raabe, um nur einige zu nennen.

Der Kreuzburger Dichter und Schriftsteller Gustav Freytag, der Autor des Bestsellers »Soll und Haben«, von »Die Journalisten« und »Bilder aus deutscher Vergangenheit«, schrieb 1883 in dem autobiographischen Werk »Erinnerungen aus meinem Leben« wörtlich über die Stadt seiner Kindheit: »Der Ort war als Straßensperre gegen Polen bereits vorhanden, als im 13. Jahrhundert die Besiedlung der Umgegend mit deutschen Kolonisten erfolgte. Die Stadt hat man irgendwann einmal nach demselben Plan wie Kreuzburg aufgebaut. In der Mitte der Ring, das Rathaus und Kaufhäuser. Die vier Gassen, welche von den Toren nach dem Markt führten, und seitwärts der Kirchhof mit Kirche und Pfarrhaus.« Im Kern sah die Stadt noch bis 1945 so aus.

Weit über die Grenzen der Stadt hinaus bekannt wurde im 20. Jahrhundert auch der Fabrikant, Gutsbesitzer und Beigeordnete Gustav Gebauer, dessen hübsche Tochter den Divisionskommandeur Fritz Roske geheiratet hatte, der dann im Zweiten Weltkrieg in der Schlacht bei Stalingrad engster Mitarbeiter und Adjutant des Generalfeldmarschalls Paulus war und mit ihm in Gefangenschaft gehen mußte.

Als ich 1925 nach meiner Ankunft zum erstenmal durch die Straßen und Gassen ging, hatte ich den Eindruck, als wäre hier die Zeit manchmal stehengeblieben. Damit die Stadtmauern nicht womöglich zusammenkrachten, hatte man sie an einigen Stellen abgestützt und untermauert. Auf der Mauer thronten noch immer stolz die Festungstürme, denen der neue eifrige Bürgermeister Dr. Gerhard Bock (1932–1939) Hauben aufsetzen ließ, die sie früher nicht gehabt hatten.

Früher war Pitschen so reich, daß seine Bürger keine Steuern zahlten. Den Wohlstand verdankten sie den Handwerkern. Aus Urkunden geht hervor, daß es hier bereits im 17. Jahrhundert zwölf Brot- und zwölf Fleischbänke, fünfundzwanzig Schuster, achtzehn Schneider, sieben Kürschner, einundzwanzig Weber und dreiundzwanzig Schmiede und Schlosser gab. Unter dem Herzog Georg von Brieg wurde 1553 der Besitzstand der Kleinstadt aufgeführt, dessen wertvollster Teil in ausgedehnten Waldungen und Wiesen bestand. Ferner wurden noch genannt das Gut Polanowitz, das Gut Jeschkendorf, das Rathaus mit dem Ratskeller, drei Brauhäuser, drei Malzhäuser, der Salzmarkt, drei Jahrmärkte und eine Badestube.

Der Bader vertrat im 16. Jahrhundert den Arzt und Apotheker, so gut er konnte. Eine wichtige Persönlichkeit also. Er verabreichte auch Tränklein und Mixturen gegen die verschiedenen Gebrechen. Er ließ zur Ader und wandte Duschen und Abreibungen an. Nach dem Bad servierte er auch Speisen und anregende oder beruhigende Getränke. Die Bader besaßen deshalb auch eine Art Schankkonzession. Der erste Bader in Pitschen war Siegmund Freyer, der sich um 1600 während einer Pestepidemie so große Verdienste um die Stadt erwarb und solchen Einfluß gewann, daß er zum Bürgermeister gewählt wurde.

Noch im 19. Jahrhundert bekamen Pitschener Bürger regelmäßig einige Klafter Holz aus dem berühmten Stadtforst »Kluczow«. Der Handel und zeitweise auch der damit verbundene Schmuggel sorgten immer wieder für den Wohlstand der Pitschener Bürger, wenn nicht gerade die Grenzen hermetisch abgeriegelt waren. Dieser Wohlstand war auch die Grundlage für die kulturelle Entwicklung der Stadt. Pitschen war niemals ein Dorf, sondern von Anfang an eine städtische Siedlung. Sie war zu Beginn des 13. Jahrhunderts planmäßig von deutschen Siedlern aus Franken und aus Thüringen angelegt worden. Dennoch stand die kleine Stadt immer etwas im Schatten der beiden anderen, etwa gleich alten Städte Kreuzburg und Konstat.

Gewiß, die Stadtväter des 20. Jahrhunderts waren stolz auf Neuerungen wie das moderne Elektrizitätswerk, die Dampfziegelei, das kleine Krankenhaus, eine Maschinen- und Autoreparaturwerkstatt, zwei motorisierte Tischlereien, eine Dampfmühle, eine Likörfabrik, eine Ofen- und Zementröhrenfabrik, auf die Sägewerke und die Gärtnereien, auf die neue Turnhalle und das Schwimmbad. Aber die Bürger waren konservativ. Sie liebten vor allem die verschwiegenen Gassen, das Kopfsteinpflaster, die sogenannten »Katzenköpfe«, die alte Linde am Ring, den Fischteich an der Stadtmauer und die weiten Felder und Wälder rings um die Stadt.

In diese idyllische Stadt, deren Veränderungen und Modernisierung ich miterleben durfte, war ich eigentlich nur gekommen, um den krebskranken Sanitätsrat Galinski zu vertreten. Als er ein halbes Jahr später starb, versprach ich ihm am Sterbebett, die Praxis so lange zu führen, bis sein einziger Sohn nach dem Studium der Medizin dazu in der Lage sein würde. Was das dann für mich bedeuten würde, hatte ich mir nicht gründlich genug überlegt. Mitleid kann ein schlechter Ratgeber sein.

Fast vier Jahre lang, bis 1929, führte ich seine Praxis fort. Seine Frau, die Witwe, hätte mich am liebsten mit ihrer nicht mehr ganz jugendfrischen Tochter verheiratet. Aber so weit ging mein Mitgefühl nun doch nicht. Schließlich gelang es mir unter großen Schwierigkeiten und nach einem Zerwürfnis mit der Witwe, mich von meinen Verpflichtungen zu lösen. 1929 eröffnete ich meine erste eigene Praxis als praktischer Arzt und Geburtshelfer. Außerdem wurde ich Armenarzt der Stadt Pitschen, Arzt des Roten Kreuzes und Arzt für Deutsche und Polen.

Ich hatte es auch deswegen plötzlich so eilig, weil ich mich in ein junges Mädchen verliebt hatte. Sie hieß Helene Lepsy und war die Tochter eines Eisenbahnbeamten. Sie war bildhübsch und hatte eine schöne Stimme. Jeden Sonntag während der Messe und auch bei anderen kirchlichen Anlässen faszinierte mich ihre helle Sopranstimme, wenn sie im

Chor der katholischen Kirche mitsang. Aber sie hatte, wie sich bald herausstellte, auch andere weibliche Qualitäten.

Helene oder »Lenchen«, wie ich sie später nannte, war gelernte Schneiderin und immerhin dreizehn Jahre jünger als ich. Wir hatten uns in einem Freundeskreis kennengelernt, der sich of in der Pitschener Konditorei traf, um zu diskutieren, zu zechen, zu tanzen und zu lachen. Zuerst zeigte Helene kein großes Interesse an mir, denn ich war in diesem Kreis der Älteste und hatte außerdem eine Halbglatze, aber mit der Zeit gefiel ich ihr immer besser.

Unsere Verlobung sollte an einem Sonntag während der heiligen Messe in der katholischen Kirche ganz unauffällig vonstatten gehen. Dazu hatte ich, wie verabredet, zwei schöne Ringe besorgt, die wir während des Hochamtes heimlich austauschen wollten. Lenchen konnte es – temperamentvoll wie sie war – nicht abwarten: »Hast du die Ringe auch mit?« fragte sie mich, kaum daß der Gottesdienst begonnen hatte. »Ja, natürlich, ich habe sie in der Tasche.« – »Dann hole sie doch endlich raus, und mach schneller!« zischte sie ungeduldig. In solchen Situationen fehlte es ihr an Geduld. Vielleicht hatte sie aber auch Angst bekommen, ich könnte es mir noch einmal anders überlegen und wollte »auf Nummer Sicher gehen«. Was blieb mir anderes übrig, als die Ringe sofort auszutauschen, und ehe ich mir noch einmal alles überlegen konnte, war ich gefangen fürs ganze Leben.

Auch später hat sie – wie ich es nannte – mit »sanfter Gewalt« ihren Kopf meistens durchgesetzt. Ich konnte einfach nicht nein sagen, vielleicht auch deswegen nicht, weil ich doch erheblich älter war als sie. Wir waren beide katholisch und wollten auch kirchlich getraut werden. Am Tag der Verlobung – es war ein sonniger Herbsttag – saßen wir bei herrlichem Wetter im Café zwischen Dahlien und Geranien und blickten uns verliebt in die Augen wie Teenager: Schön war die Zeit der jungen Liebe.

Mittags war ich zum Essen bei ihren Eltern eingeladen. Ich bat sie, wie es damals üblich war, um die Hand ihrer

Tochter. Sie sagten ja. Nun waren wir offiziell verlobt. Für unsere Generation war das noch ein denkwürdiges Ereignis. Zum erstenmal seit wir uns kannten, gingen meine Braut und ich Arm in Arm durch die Stadt, um jedem zu zeigen, wie glücklich wir beide waren. Vor der Verlobung hätte ich mir das auch in meinem Alter nicht erlaubt. So streng waren damals die Bräuche, aber vielleicht waren wir auch glücklicher, wenn es dann endlich soweit war.

Ein ernsthaftes Hindernis für unsere Trauung war nicht unser Altersunterschied, sondern meine Tante Emilie, die mich großgezogen hatte. Sie war unverheiratet und führte ihrem ebenfalls unverheirateten Bruder Paul, der Lehrer in Donabrow bei Kempen war, den Haushalt. Was ihr fehlte, war ein Kind. Meine Mutter, die den ganzen Tag in der Bäckerei meines Vaters geholfen hatte, obwohl ihr niemand den Haushalt und die Betreuung der Kinder abnahm, hatte mich eine Zeitlang Tante Emilie anvertraut. Diese Entscheidung meiner Eltern hatte für mich ein Leben lang Konsequenzen.

Kindheit bei Verwandten

Im Jahr 1893 hatten meine Eltern geheiratet, und mein Vater fand – von Kempen kommend – eine Bäckerei in Groß-Stanisch, Kreis Groß-Strehlitz, wo ich am 27. April 1894 geboren wurde. Die Bäckerei war nur gepachtet. Was den Eltern fehlte, war genügend Betriebskapital. Denn was konnte schon eine Lehrerstochter wie meine Mutter, die sieben Geschwister hatte, an Geld und Aussteuer mit in die Ehe bringen – sie hatte nur ihren Fleiß und ihren Mut. Es fehlte meinen Eltern auch an guten Geräten und Maschinen.

Früher mußten die Semmeln, ehe sie in den Backofen geschoben wurden, in die kalte Morgenluft gestellt werden, damit sie hart wurden. Wir nannten das, die Semmel auf die »Gare« stellen. Plötzliche Regengüsse oder Gewitter ließen den Semmelteig auseinanderlaufen. Die Semmeln waren dann verdorben und konnten nicht mehr gebacken und verkauft werden.

Als meine Eltern durch Pech und durch den unrentablen Betrieb immer mehr in Schulden gerieten und kein Geld mehr hatten, um Mehl einzukaufen, tauchte als Helfer in der Not ein jüdischer Mühlenbesitzer auf. Er kam wie ein rettender Engel aus Kempen und sagte zu meinem Vater: »Ich kenne Sie bereits seit Ihrer Jugend, als Sie bei dem jüdischen Bäcker Unikowa in Kempen gearbeitet haben. Ich weiß, wie fleißig Sie sind, und daher werde ich Ihnen helfen. Sie bekommen von mir einen Waggon Mehl, den sie mir erst dann zurückzahlen, wenn Sie das Geld wirklich entbehren können.«

Das war die Rettung. Von nun an ging es mit dem Betrieb bergauf. Vater und Mutter arbeiteten sich schnell hoch, so daß sie nicht nur die Schulden zurückzahlen, sondern bereits im Jahr 1898 in Kolonowska, dem späteren Grafenweiler, eine Gastwirtschaft pachten konnten. Dazu brauchte man damals sechstausend Deutsche Reichsmark. Eine enorme Summe. Die Gastwirtschaft wurde zur Bäckerei umgebaut.

Ich erinnere mich noch, wie wir auf einem Pferdewagen in das neue Haus in Kolonowska umzogen. Die Mutter hielt einen großen Spiegel fest, und wir beiden Jungen, mein großer Bruder, der »Dicke«, und ich, sahen dauernd hinein und zogen Grimassen.

Meine Eltern waren noch in Not und kannten nichts als Arbeit. Sie fingen ja erst an, und ein Kind kam nach dem anderen. Die Mutter stand nachts um eins auf, half das Brot backen, stand bis mittags im Laden und versorgte dann den Haushalt und die Kinder. Wohl kam ab und zu eine ihrer Schwestern, Tante Martha, die Mutter meines Cousins Adam Kasprowicz, oder Tante »Mila«, Tante Emilie, meine spätere Ziehmutter, von uns Tante Oma genannt. Aber beide hatten an sich zu Hause genug zu tun, die eine bei ihrem Vater, dem pensionierten Lehrer Robert Kukulka, die andere bei ihrem Bruder, Onkel Paul, der Lehrer war. Beide wohnten damals in dem Dorf Jankow, Kreis Kempen.

Um meine geplagte Mutter etwas zu entlasten, hatte man mich, den Schreihals, der ihnen nur den dringend nötigen Schlaf raubte, wie sie zuerst glaubten vorübergehend, nach Jankow mitgegeben. Es war ja niemand im Haus, der auf mich hätte aufpassen können. Und deshalb hatten sich mein Onkel Paul und meine Tante Emilie erboten, mich an Kindes Statt großzuziehen.

Kaum waren die Eltern mich los, wurde mein Bruder Stacho geboren. Die Mutter hatte Ersatz für mich, aber wieder dasselbe Problem. Ich blieb erst einmal zwei Jahre bei den Verwandten. Als mein Bruder Stacho aus dem Gröbsten heraus war, wollte mein Vater mich endlich wieder zurückhaben. Weinend brachte Tante Emilie mich nach Kolonowska. Indessen hatte sie sich derart an mich gewöhnt, daß sie mich den Eltern am liebsten nicht zurückgeben wolle. Mein Onkel und meine Tante weinten und jammerten Tag und Nacht so lange, bis der Großvater Robert es nicht mehr hören konnte, zu meinen Eltern fuhr und mich zurückforderte.

Es gab einen riesigen Familienkrach, aber schließlich siegte die Autorität des Großvaters. Er fuhr erst wieder ab, als er mich im Arm hatte. So kam es, daß ich eigentlich nicht im Hause meiner Eltern, sondern im Hause meines Onkels und meiner Tante aufwuchs. Meine Erzieher waren also Onkel Paul und Tante Emilie. Beide unverheiratet, Tante Emilie aus Prinzip und Onkel Paul, der an sich einen guten Ehemann und Familienvater abgegeben hätte, um seine Schwester nicht im Stich zu lassen.

Das Familienleben um die Jahrhundertwende war etwas anders als heute. Mein Großvater mütterlicherseits saß am Vormittag immer am Fenster der Wohnstube. Von dort aus hatte er einen guten Überblick über den Schulhof und den Schulgarten in Jankow, wo mein Onkel Paul, also mein Ziehvater, Lehrer war. Damals, vor 1914, war das Verhältnis zwischen Vater und Sohn nicht so vertraulich wie heutzutage. Der Sohn, mein Onkel, sprach seinen Vater nur mit »Ihr« in der dritten Person an. Er legte seinem Vater gegenüber große Ehrerbietung an den Tag.

Meine Verwandten waren alle sehr fromm, auch der pensionierte Großvater betete fast den ganzen Vormittag, während er am Fenster saß. Er sprach laut vor sich hin und benutzte dazu eine ganze Reihe verschiedener Gebetbücher. Gleichzeitig behielt er den Hof im Auge. Wagte ein neugieriges Huhn über den Zaun in den Garten zu fliegen, sprang er sofort auf, vergaß das Beten und rannte fluchend hinaus, in der Hand eine lange Kutscherpeitsche. Als Kind habe ich nie begriffen, wie der Opa sein unchristliches Fluchen mit dem ständigen Beten in Einklang zu bringen wußte.

Im Wohnzimmer hing ein Ölgemälde mit dem Bild der Mutter Gottes, die auf Wolken thronte. Links unten in der Ecke war ein Kloster abgebildet, daneben die heilige Elisabeth mit Rosen im Haar und ein Franziskanermönch, wahrscheinlich ein Heiliger, an dessen Namen ich mich aber nicht mehr erinnern kann. Vor dem Bild brannte fast immer – auf alle Fälle aber an Wochenenden – eine Öllampe wie am Altar das ewige Feuer.

Auch ich wurde in meiner Kindheit ständig zum Beten angehalten. Wenn die Dämmerung nahte, nahm mich der Großvater an die Hand, und wir beide schritten Kirchenlieder singend im Zimmer auf und ab. Ich erinnere mich, daß der Opa an jedem Abend sang, bis Tante Emilie die Petroleumlampe im Zimmer anzündete.

In Jankow selbst gab es keine Kirche, jedoch im zwei Kilometer entfernten Donabrow. Das Gotteshaus war im Jahr 1405 erbaut worden, eine Schrotholzkirche, die den beiden Heiligen St. Rochus und St . Martin geweiht war. Großvater zog ein Paar langschäftige Stiefel an, dann nahm er mich an die Hand, und wir machten uns auf den Weg zur heiligen Messe – bei Wind und Wetter. In der Adventszeit zündeten wir eine Laterne an, in der ein flackerndes Stearinlicht brannte.

An jedem Sonn- und Feiertag ging die ganze Familie zu Fuß zur Messe, zwei Kilometer hin, zwei Kilometer zurück, selbstverständlich auch in der Passionswoche und an christlichen Feiertagen wie Fronleichnam. Niemals werde ich vergessen, wie während der Auferstehungsprozession auf dem Friedhof, der die Kirche umgibt, die Böller donnerten und der Vater meines Cousins, Adam Kasprowicz, der Organist und Lehrer war, auf der Orgel den Gesang des Kirchenchores begleitete. Und das oft nur beim Schein einer armseligen Kerze. Dann fühlte ich mich Gott verbunden, mehr als später jemals in einem großen Dom oder einem prachtvollen Gotteshaus.

Oberschlesien war nicht nur das Land der Kohle und des Eisens, die Landschaft der rauschenden Wälder und das Land der Kreuzritter, es war auch das Land der Schrotholzkirchen. So lange wie die Urwälder in Ostdeutschland gab es auch die Schrotholzkirchen, die den Dörfern in ihrer Einfachheit ein eigenartiges Gepräge haben. In steinarmen Gegenden errichtete man auch Schrotholzhäuser aus abgeschroteten Baumstämmen. Allein im Kreis Kreuzburg, in dem ich später lebte, standen sechzehn Schrotholzkirchen, zum Beispiel in Alteichen, in Jakobsdorf und in Kostau.

Doch zurück zur Stätte meiner Kindheit nach Jankow: Als ich sechs Jahre alt war, erlebte ich zum erstenmal den Tod und die Beerdigung eines lieben Verwandten. Mein Großvater väterlicherseits, der in Kempen wohnte und pensionierter Postbeamter war, starb im Jahr 1900. Mein Bruder Stacho, fünf Jahre alt, und ich gingen hinter dem Sarg her, während meine Hände meinen großen Strohhut umklammerten. Da flüsterte mir mein kleiner Bruder leise zu: »Siehst du, Filek« – das war die Abkürzung für meinen Vornamen Theofil –, »wie gut es der Opa hat. Er darf auf dem Wagen fahren, aber wir beide müssen bei der Hitze laufen.« In diesem Alter konnten wir noch nicht begreifen, was es heißt, einen lieben Menschen zu verlieren, und daß der Tod für jeden etwas Endgültiges ist.

Mein Onkel Paul war mein erster Lehrer in der Volksschule. Er war ein sehr strenger Erzieher, aber ich lernte viel. Meinem Onkel Paul verdanke ich, daß ich als einziger in der Familie das humanistische Gymnasium besuchen und die Reifeprüfung ablegen durfte. Er half mir, Latein, Griechisch und Hebräisch zu lernen. In das Gymnasium wanderte ich zu Fuß, im Sommer wie im Winter, bei jedem Wetter. Ich ging also schon im Alter von zehn Jahren täglich fünf Kilometer nach Kempen zum Gymnasium und fünf Kilometer wieder zurück.

Ich erinnere mich an meine ersten Tage im Gymnasium in Kempen, an den alten Lateinprofessor. Er hatte lange, bis auf die Schultern reichende, wallende Haare, einen grauen Havelock, dazu einen Regenschirm und einen riesengroßen Filzhut. Am Ende jeder Lateinstunde sprach er immer den gleichen Satz: »Nächste Stunde fahren wir fort.« Zuerst glaubte ich, wir würden, anstatt Vokabeln zu pauken, einen

Ausflug machen. Ich kam vom Lande und war daher sehr gutgläubig, nahm alles für bare Münze, was Erwachsene mir erzählten.

Die ganze Familie hat Opfer gebracht, damit ich später in Breslau studieren konnte. Und der Onkel war stolz auf mich, daß ich als erster Akademiker und Arzt mit einem Doktortitel geworden bin.

Am 27. Januar war immer Kaisers Geburtstag. An Kaisers Geburtstag wurden wir Kinder herausgeputzt und hatten einen schulfreien Tag. In Jankow, wo ich meine Kindheit und Jugend vom zweiten Lebensjahr an verbrachte, wurde die Schule an diesem Tag festlich geschmückt. Meistens herrschte sogenanntes Kaiserwetter: blauer Himmel, Sonnenschein, Kälte und glitzernder Schnee. Der Klassenraum wurde mit Tannenzweigen ausstaffiert, als wäre Weihnachten. Das Wandkreuz und die Bilder Kaiser Friedrichs III. und Kaiser Wilhelms II. waren von Tannenkränzen umrahmt, um die bunte Papierblumen gewickelt waren.

Im Gymnasium wurde vor den Honoratioren der Stadt eine Feierstunde abgehalten, bei der ich herzklopfend heroische Gedichte aufsagen mußte, weil ich gut deklamieren konnte. Als »Landei« hatte ich natürlich viele Hemmungen. Ich betrat die Bühne, machte meinen Diener und schmetterte meinen Text los. Gottlob blieb ich niemals stecken. Vor Aufregung sah ich die Ehrengäste in der ersten Reihe und auch die Mitschüler weiter hinten nur wie durch einen Nebel. Ich mußte auch im Chor mitsingen, wo ich mehr Gelegenheit hatte, die Ehrengäste zu bewundern.

Da saß unser Stadtpastor Kahn, der immer beim Absingen der Hymne »Heil dir im Siegerkranz« stehend wie beim Gebet die Hände faltete. Da stand unser Landrat von Scheele in seiner Offiziers-Gala-Uniform mit vielen Orden- und Ehrenzeichen, zum Beispiel dem Großen Johanniterkreuz auf seinem silbergrauen Umhang. Die Festrede wurde jedesmal von einem Lehrer gehalten und endete stereotyp mit dem dreimaligen »Hoch« oder »Hurra«.

Dann wurden von allen Festteilnehmern patriotische Lieder gesungen.

Anschließend gingen wir Schlittschuhlaufen. Im Schützenhaus der Stadt Kempen gab es für die Honoratioren der Stadt ein Festdiner, zu dem auch unser Pfarrer und Religionslehrer, Ignatz Notwatzky, mit Zylinder erschien. Ein katholischer Pfarrer mit Zylinder war ein auch damals höchst ungewöhnlicher Anblick.

Dem letzten deutschen Kaiser, Wilhelm II., bin ich einmal persönlich begegnet, 1913 bei seinem Besuch in Posen. Nach dem Kaisermanöver fand dort die letzte Vorkriegsparade statt, zu der wir Schüler der Obersekunda des Fraustädter Gymnasiums eine Klassenfahrt machten.

Meine eigentlichen Eltern blieben mir fremd. Ich fuhr zwar sehr gern zu ihnen zu Besuch, denn dort hatte ich in meinen fünf Geschwistern Spielgenossen und bedeutend mehr Freiheiten als in der Einsamkeit des Lehrerhauses. Aber mein Vater war mehr wie ein Onkel für mich und meine Mutter wie eine Tante. Ich hätte meiner eigenen Mutter nicht alle meine kleinen und großen Geheimnisse anvertraut, wie ich es bei Tante Emilie selbstverständlich tat. Diese weihte ich auch ein, wenn ich etwas angestellt hatte, wovon mein strenger Onkel Paul nichts wissen durfte.

Als ich wegen Faulheit, aber auch, weil ich von den täglichen Fußmärschen einfach zu müde war, im Kempener Gymnasium nicht versetzt werden sollte, wurde ich zwei Jahre lang nach Fraustadt aufs Gymnasium geschickt. Mein Vater hat davon niemals etwas erfahren. Und Großvater Robert drückte ein Auge zu, obwohl er nicht gerade begeistert war, daß ich eine Klasse wiederholen mußte, ehe ich die Reifeprüfung bestand.

Tante Emilie schmollt

Zwischen mir und meinem Vater bestand, als ich älter wurde, ein mehr kameradschaftliches, freundschaftliches Verhältnis. Er war sehr stolz auf mich, weil ich als einziger Sohn das Abitur bestand. Vielleicht kann man das heute nicht mehr verstehen, aber mein Vater war auch stolz darauf, daß ich mich 1914 als Kriegsfreiwilliger an die Front meldete. Der Patriotismus war stärker als die Angst um seinen Sohn. Ich werde nie vergessen, wie er mich überall in Uniform vorstellte, als ich 1916 zum erstenmal Urlaub hatte. Mir erzählte er oft, daß er ein begeisterter Soldat gewesen war, allerdings nur im Frieden, in der Kaiserzeit.

Ich kämpfte zuerst bei der berittenen Artillerie in Rußland und später, als unsere Pferde von Panzern überrollt wurden, diente ich als Sanitäter in Frankreich. Am Ende des Krieges war ich froh, daß ich lebend und unverwundet nach Gewaltmärschen wieder nach Hause kam. Mein Vater erlebte es nicht mehr, er war bereits im Februar 1917 gestorben.

Ich hatte zwei Jahre lang an der Front Verwundete versorgt, und das beeinflußte meine Berufswahl. Freilich hatte ich nicht mit dem Widerstand meiner Ziehmutter Tante Emilie gerechnet. Sie wollte mit allen Mitteln verhindern, daß ich Medizin studierte. Fromm wie sie war – sie besuchte ein Leben lang jeden Morgen die Frühmesse –, hatte sie – ohne mich zu fragen – ein Gelöbnis abgelegt: »Wenn Theo lebend aus dem Krieg zurückkommt, soll er dafür Theologie studieren und Geistlicher werden.«

Ich war zwar katholisch erzogen und als Kind eifriger Ministrant, hatte aber als erwachsener Mann nach der Rückkehr aus dem Feld, 1919, kein Verlangen danach, Pfarrer zu werden. Tante Emilie aber war mit Argumenten und guten

Worten nicht von ihrem Ziel abzubringen, bis ich schließlich zu unserem katholischen Geistlichen ging und ihn um Hilfe bat. Der Pfarrer hatte Verständnis für mich. Ihm gelang es schließlich, meine Tante davon zu überzeugen, daß man ein solches Gelöbnis nur für sich selbst, aber niemals für einen anderen vor Gott ablegen dürfe. Aber erst, als er ihr vorhielt, daß das, was sie verlange, eine Todsünde sei, gab sie schweren Herzens nach.

Noch im Jahr 1919 begann ich mein Studium der Medizin an der Universität Breslau. Es waren schöne Jahre, auch wenn ich sehr spartanisch leben mußte. Meine Verwandten schickten mir oft »Freßpakete«, damit ich nicht hungern mußte, und ein mit mir befreundeter Studienkollege, der wohlhabende Eltern hatte, half mir oft aus der Klemme, wenn ich keinen Heller mehr hatte.

Schon 1924 bestand ich mein medizinisches Staatsexamen und wurde Arzt. Endgültig Abschied nehmen vom Ort meiner Kindheit und auch von Onkel Paul und Tante Emilie mußte ich erst 1932. Damals wurde der Onkel als Deutscher von den Polen vorzeitig zwangspensioniert, kaufte sich in Kempen eine Gärtnerei und zog mit Tante Emilie dorthin. Seitdem träume ich davon, noch einmal im Leben den Sandweg von Jankow nach Donabrow zu gehen, zu der Schrotholzkirche, wie früher so oft an der Hand der Großtanten, des Großvaters und des Onkels.

Meine Mutter war eine hübsche Frau, die allerdings völlig verbraucht schon jung starb. Ich bewunderte sie, aber ich traute mich nie, wie meine Brüder das selbstverständlich taten, ihr um den Hals zu fallen. Dagegen umarmte ich Tante Emilie bei jeder passenden und unpassenden Gelegenheit. Manchmal drückte ich sie so fest, daß sie aufschrie. Später habe ich es oft bereut, daß ich meiner Mutter gegenüber immer etwas gehemmt war. Nur wenn ich einmal wirklich keinen Ausweg mehr wußte und mich nicht gegen meine unerbittliche Tante durchsetzen konnte, dann schüttete ich meiner Mutter das Herz aus. Allerdings konnte ich das erst, als ich bereits erwachsen war. Zum Beispiel, als ich im Jahr 1929, immerhin schon fünfunddreißig Jahre alt, in Pitschen heiraten wollte.

Meine liebe Tante war partout dagegen. Erstens war sie eifersüchtig, und zweitens war ihr kein Mädchen gut genug für ihren Theofil. Ihr Trotz ging sogar so weit, daß sie nicht einmal ein Foto meiner Verlobten sehen wollte. Meine Mutter war schneller zu gewinnen. Als ich ihr bei einem Besuch ein Bild meiner Zukünftigen zeigte, sagte sie immerhin: »Hübsche Zähne hat sie, und sie lacht so nett.« Da wußte ich, ihr Herz war schon halb gewonnen. Meine Mutter sollte meine Braut vorher auch persönlich kennenlernen. Als ich mich mit meiner Verlobten, Helene Lepsy, bei ihr anmeldete, hätte sie mir das am liebsten abgeschlagen, aus Angst vor ihrer Schwester. Aber dann versuchte sie zu vermitteln.

Tante Emilie jedoch blieb unerbittlich ablehnend. Auch gingen zwischen Jankow und Kolonowska meinetwegen Briefe hin und her, allerdings ohne Erfolg. So fromm wie die Tante war, so hartherzig konnte sie sein, wenn sie sich im Recht glaubte. Onkel Paul, mein Ziehvater, dagegen, blieb neutral. Er wünschte sich die Aussöhnung, wenn nur die Tante nachgegeben hätte. Tante Emilie war in meiner Jugend der Mensch, den ich am meisten geliebt habe. Doch damals versagte sie völlig. Es fehlte ihr einfach das Mutterherz. Ich war zwar der Gegenstand ihrer Liebe, aber eben doch nicht das eigene, leibliche Kind.

Eines Tages feierte man im Heimatdorf meiner Mutter Kirmes. Mein Bruder Stacho, der immer verständnisvolle und um Ausgleich bemühte Bruder, telefonierte mit mir und sagte: »Theo, kommt doch beide an diesem Tag zu uns. Wir sind alle da, auch unser Schwager, Paul Skupin (der Mann meiner einzigen Schwester, Felicitas, genannt Fella). Bei diesem Familientreffen taut bestimmt am ehesten das Eis und Tantes Mutterherz.« Mein Bruder war ein Menschenkenner. Ich glaubte ihm. Noch heute sehe ich mich mit meiner hübschen Braut in der Ecke sitzen und zaghaft der Dinge harren, die da kommen sollten. Mein Bruder, der ständige Vermittler im Leben seiner Geschwister, hielt die Zügel fest in der Hand.

Die ersten Minuten des Vorstellens und des Sichkennenlernens gingen rasch vorbei. Meine Mutter begeisterte sich schnell für meine künftige Frau. Es wurde für alle ein netter Nachmittag. Doch als ich mich am Abend verabschiedete, nahm mich meine Mutter beiseite und gab mir unter anderem in einem Schächtelchen wohl verwahrt ein Myrthensträußchen von meiner heiligen Erstkommunion, das Tante Emilie zweiundzwanzig Jahre lang als Erinnerung an diesen Tag aufbewahrt hatte.

Sie wollte mir mit dieser Hochzeitsgabe wohl bedeuten, daß sich unsere Wege nun trennen würden, wenn ich meinen Beschluß zu heiraten wahrmachen sollte. Mich schmerzte das, denn ich stand nun zwischen zwei Frauen. Ich liebte meine Braut Helene und wollte sie unbedingt heiraten. Aber ich wollte auch meine Ziehmutter nicht verlieren. Damals vertraute ich auf die Zeit, die ja bekanntlich alle Wunden heilt, und heiratete am 18. Oktober 1929.

Tante Emilie war nicht dabei. Sie kannte nicht einmal den Tag der Eheschließung. Nur Onkel Paul wußte davon. Am Abend nach der Trauung ging er allein nach Donabrow zu Onkel Adam, der mit der Schwester meiner leiblichen Mutter, mit Tante Martha, verheiratet war. Er teilte ihm mit: »Heute heiratet Filek.« Alle Verwandten hatten Verständnis dafür und wünschten mir Glück.

Zur Trauung waren meine Mutter und mein Bruder Stacho, er als Stellvertreter meines Vaters, gekommen. Mutter erteilte mir den Segen, wie es damals üblich war, und fuhr auch mit uns zur Kirche. Als wir dann alle beim Hochzeitsmahl saßen, sagte sie leise und nur für mich verständlich: »Theo, tut es dir nicht leid, daß Onkel Paul und Tante Emilie nicht dabei sind?« Natürlich bedauerte ich das, aber was hätte ich denn tun sollen, Junggeselle bleiben? Falsch verstandener Familiensinn und übertriebene Liebe der Eltern hatten schon manchen in unserer Familie daran gehindert, zu heiraten und ein eigenes Leben zu führen!

Wenig später, im Mai 1930, feierte Onkel Adam sein fünfzigstes Lehrerjubiläum und zugleich den Abschied vom Schuldienst. Die Feier fand im Schulhaus in Jankow statt, wo Tante Emilie als tüchtige Hausfrau für die vielen Gäste sorgte. Bei dieser Gelegenheit machte ich einen ersten Versuch, meine Tante wieder zu versöhnen. Zwei meiner Brüder und meine Schwester Fella nahmen an der Feier teil. Alle Gäste wurden von Tante Emilie herzlich begrüßt. Ich dagegen war für sie nur Luft. Sie würdigte mich keines Blickes und ging mit finsterer Miene rasch an mir vorbei. Daraufhin bestieg ich verärgert meinen Wagen und fuhr sofort nach Pitschen zurück, um erst am nächsten Tag zur Hauptfeier wiederzukommen.

An der Feier hatte auch der Ortsgeistliche, ein durch Morphium völlig ruinierter Mann, teilgenommen. Er war kurz vor meinem Eintreffen nach Hause gegangen, und wenig später kam die Nachricht, er habe einen Schlaganfall erlitten. Als ich zur Feier kam, schickte mich mein Onkel sofort mit dem Auto nach Donabrow, wo ich allerdings nur noch den Tod des Geistlichen feststellen konnte. Anschließend mußte ich mit einem anderen Geistlichen in ein entferntes Grenzdorf fahren, um die Begräbnisfeierlichkeiten für den Pfarrer mit dem zuständigen Erzpriester zu regeln. Ich traf deshalb erst am späten Nachmittag wieder in Jankow ein. Zu einer Aussprache mit der Tante kam es nicht. Wohl wurde ich wie in alten Zeiten von ihr bewirtet, aber nur wenn es unumgänglich war, sprach sie mich in der dritten Person kurz an. Sie fragte nach meinen Wünschen, sonst richtete sie kein Wort an mich.

Später versuchte ich noch einmal die Versöhnung. Im Spätherbst des gleichen Jahres wurde ich nach Donabrow zum Schweineschlachten eingeladen, wie das damals in den meisten Familien üblich war. Tante Emilie bewirtete mich zwar, aber auch bei dieser Gelegenheit gab es nur kurze Fragen in der dritten Person, ein für eine Mutter unmögliches Verhalten, nachdem ich bereits ein Jahr verheiratet war und wir unser erstes Kind erwarteten.

Auch Tante Martha hatte sich nun schon ein Jahr lang bemüht, eine Aussöhnung zwischen uns herbeizuführen. Doch der in unserer Familie so häufig verbreitete berühmte Dickkopf blieb stur und unnachgiebig. Indessen konnte ich es wenigstens wieder wagen, gelegentlich allein zu Onkel Paul zu einem kurzen Besuch zu kommen. Es waren ja nur fünfundzwanzig Kilometer von Pitschen nach Donabrow. Die Tante aber blieb unpersönlich und kühl. Man hält es nicht für möglich, wie hartherzig eine Frau aus enttäuschter Liebe sein kann.

Eine schwierige Geburt: Sibylle

Am 1. Oktober 1930 wurde unsere erste Tochter Sibylle geboren, ein aufregendes Ereignis für mich. Obwohl ich Arzt und Geburtshelfer war und schon viele Kinder zur Welt gebracht hatte, kam ich aus dem Staunen nicht heraus, als ich ein eigenes Kind bekam. Geburtshilfe war und blieb auch später meine Spezialität als praktischer Arzt auf dem Lande. Vielleicht habe ich dieses Kind später besonders geliebt, nicht nur weil es unser erstes war, sondern weil die Geburt für meine Frau auch besonders schwierig war. Zuerst schien alles wie im Lehrbuch zu verlaufen, meine Frau Helene war gut gebaut, jung und gesund. Ich hatte indessen als Arzt gelernt, daß eine junge Mutter auf das erste Kind in der Regel länger warten muß als neun Monate, wie im Kalender der Natur vorgesehen.

Eines Nachts, als die Wehen einsetzten, holte ich voller Ungeduld unsere erfahrene Hebamme, Maria Olschimke. Ich hatte Helene nicht ins Krankenhaus gebracht. Es war damals auf dem Lande üblich, die Kinder zu Hause im Bett zu gebären und nicht in einem Krankenzimmer. Wir waren beide wohlgemut, alberten herum, tranken Kaffe und harrten des Kindes, das da kommen sollte: Junge oder Mädchen, das war nur noch die Frage. Ich erzählte meiner jungen Frau indessen Schnurren und Schwänke aus meiner Studentenzeit und aus den ersten Jahren meiner Tätigkeit als Arzt, um sie abzulenken.

Die erste Nacht verstrich. Es tat sich nichts, auch nicht am nächsten Tag. Die Wehen wurden mal stärker, mal schwächer. Dann hörten sie ganz auf. Das Kind machte keine Anstalten, das Licht der Welt zu erblicken. Auch die nächste Nacht verstrich ohne Resultat. Die Herztöne des Kindes waren gut, aber das Köpfchen lag ungünstig. Die Hebamme ließ vorsichtshalber ein warmes Bad in unserer Zinkwanne zubereiten. Damals glaubten wir Ärzte, daß warme Bäder den Geburtsvorgang beschleunigen könnten. Später wurden auch Sitzbäder versucht – alles ohne Erfolg.

Am nächsten Morgen war die junge Mutter ausgepumpt. Vor Schwäche, Müdigkeit und Anstrengung schloß sie die Augen, sie war fast ohnmächtig. Ihr Haar war völlig durchgeschwitzt, das Gesicht blaß und abgespannt. Schleppend bewegte sie sich durchs Zimmer, von uns beiden gestützt. Durch die Bewegung wollten wir den Geburtsvorgang anregen.

Wir mußten schließlich einen Entschluß fassen, ehe die Kräfte der jungen Frau völlig verbraucht waren. Das Kind war bereits in Gefahr zu ersticken. Das Fruchtwasser war längst abgeflossen. Der Druck im Körperinneren war zu hoch und das Kind durch das Pulsieren des Nabels am Austritt gehindert. Da machte ich in der Aufregung einen Fehler. Statt gleich den erfahrenen Leiter des Kreiskrankenhauses in Kreuzburg, Dr. Peuckert, um Hilfe zu bitten, holte ich seinen Assistenzarzt, Dr. Schulzebär. Er, der später noch ein tüchtiger Chirurg wurde, war damals mit uns befreundet. Ich hatte ihm früher einmal, als er einen Schwips hatte, leichtsinnig versprochen: »Du darfst bei meinem ersten Kind Geburtshelfer spielen!«

Ich schickte also meinen Chauffeur mit unserem Auto in die siebzehn Kilometer entfernte Kreisstadt Kreuzburg und ließ Dr. Schulzebär holen. Unser Freund brachte noch einen jungen Kollegen zur Unterstützung mit. Gleich nach ihrer Ankunft – so gegen dreizehn Uhr – versuchten sie den Nullpunkt bei der Gebärenden zu überwinden. Sie dehnten und weiteten manuell und mit Instrumenten die Vagina, um dem Kind den Austritt zu erleichtern, ohne Narkose!

Die Schmerzen meiner Frau wurden immer unerträglicher. Ich wurde nervös, denn ich hatte Mitleid mit ihr. Der besorgte Ehemann, nicht der Arzt, sprach aus mir: »Geht das denn nicht anders? Das ist doch eine Quälerei!« Daraufhin komplimentierten die beiden mich hinaus: »Du als Vater störst nur!« Als wäre ich nicht Arzt und Geburtshelfer gewesen, sondern nur ängstlicher Vater und Ehemann. »Theo, geh lieber in die Konditorei und trinke einen Cognac, damit du alles gut überstehst«, schlug mir mein Freund vor.

In meiner Verzweiflung gehorchte ich ihm und lief einfach davon. Es klingt unglaublich, aber ich machte das gleiche, was ich sonst bei Ehemännern als Arzt verurteilte: Ich ließ meine junge Frau im Stich, weil ich einfach nicht zusehen konnte, wie sie leiden mußte.

In der Konditorei hatte man Verständnis für den besorgten »werdenden Vater«. Ich machte mir zwar Vorwürfe, aber ich brachte es einfach nicht fertig, wieder zurückzukehren, bevor das Kind da war, und tröstete mich damit, daß ich durch mein Mitleid meine Kollegen bei der nötigen Arbeit nur stören würde. Ich mußte mehrere Gläser Cognac trinken, bevor das Telefon endlich läutete: »Theo, du kannst nach Hause kommen. Die Geburt hat bereits begonnen.« Ich assistierte beim Geburtsvorgang. Meine bewährte Hebamme Olschimke hatte die Narkose übernommen. Die »hohe Zange« wurde angesetzt. Nach recht kräftigem Zug kam das Kind ans Licht. Das Köpfchen wurde »entwickelt«. Das bereits scheintote Kind kam bald zu sich.

Die Folge des Geburtsvorgangs war eine sehr starke Blutung, wodurch die Matratze mit Blut getränkt wurde. Schließlich stellte sich heraus, daß bei meiner Frau ein gewaltiger Dammriß eingetreten war. Der mußte sofort genäht werden. Aber zuerst hieß es, die Plazenta zu entfernen. Dieser Dammriß ging bis weit hinter das Scheidengewölbe. Er verlangte zwanzig Nähte. Jetzt dankte ich Gott, daß ich einen Chirurgen zu Hilfe geholt hatte. Als Dr. Schulzebär getan hatte, was er konnte, sah er sich sein Werk noch einmal prüfend an und stellte fest: »Der Muskelboden nach dem Rektum ist nicht fest genug.« Also trennte er die Nähte alle wieder auf und begann ein zweites Mal mühsam zu nähen.

Schließlich hatte er es doch geschafft. Die von der Narkose noch betäubte Mutter wurde frisch versorgt und umgebettet. Sie blieb auch nach einem so schweren Eingriff im eigenen Bett zu Haus.

Mein Kollege nannte meine kleine Tochter, nachdem sie gebadet worden war, wegen der zarten Hautfarbe im Spaß »Apfelsinchen«, woraus dann später auf irgendeine wundersame Weise das Wort Sibylle wurde. Erst jetzt kam das Baby zum erstenmal in sein eigenes Bett. Wie lange hatten wir darauf gewartet. Wir Ärzte ließen uns von unserer Hausperle Hedwig einen kalten Imbiß servieren. Eine der besten Flaschen Wein aus meinem Keller wurde geöffnet, und es wurde kräftig auf das Wohl der Mutter und des Kindes angestoßen. Die beiden Geburtshelfer hatten es jetzt eilig, denn um sechzehn Uhr dreißig begann ihr eigentlicher Dienst im Krankenhaus in Kreuzburg. Dorthin brachte sie wieder mein Chauffeur.

Die Hebamme bot mir an, bei der schwachen, ausgebluteten Mutter die Nachtwache zu übernehnen, was ich ihr damals hoch anrechnete, denn sie hatte auch keine Minute die Augen zugemacht. Unsere »Storchentante« war noch entrüstet über das rücksichtslose Zupacken des jungen Arztes während der Geburt, obwohl sie selbst recht resolut war und manchmal sogar gefürchtet wegen ihrer Burschikosität. Ihr gefiel auch gar nicht, daß mein erstes Kind ein Mädchen war. Aber dafür wurde sie ja dann später entschädigt, als meine Frau noch zwei Söhne, Hans und Helmut, bekam und als viertes Kind schließlich eine zweite Tochter Kristine. Und unsere Hebamme war immer dabei.

In den ersten Tagen nach der Geburt benutzte ich jede freie Minute, um aus dem Sprechzimmer im Erdgeschoß zu meiner Frau und meiner Tochter im ersten Stock zu eilen und nach ihnen zu sehen. Blaß lag Lenchen im Bett, meistens schlief sie, und manchmal atmete sie so flach, daß ich schon dachte, sie wäre gar nicht mehr am Leben. Meinem Töchterchen Sibylle indessen ging es prächtig. Aber meine Frau war jung und gesund und erholte sich mit der Zeit. Seitdem bin ich der Überzeugung, daß Mütter ihr erstes Kind möglichst bekommen sollten, wenn sie noch nicht zu alt dafür sind.

Alles ging damals gut bis auf den Dammriß, der erst später in einem Breslauer Krankenhaus operativ beseitigt werden konnte. Dieser Eingriff wurde vorgenommen, als meine Tochter Sibylle schon laufen konnte und mit ihrem grünen Mäntelchen, einem Jägerhut und einem Köfferchen in der Hand mit mir und ihrem Großvater Franz Lepsy ihre Mutter in der Klinik besuchen durfte.

Es war zufällig der Tag, an dem Adolf Hitler der Stadt Breslau offiziell seinen ersten Besuch abstattete. Mich interessierte das damals nicht besonders. Meine Frau war mir wichtiger. Ich habe Hitler deshalb 1933 gar nicht gesehen, sondern nur den Jubel der Massen gehört. Er fuhr in einem offenen Wagen durch die Stadt und wurde gefeiert wie ein Triumphator. Das deutsche Volk ahnte nicht, wohin es dieser Diktator führen würde: in den Abgrund. Freunde aus Pitschen, wie Hanna Nöll und die Töchter des Kaufmanns Karnetzky, haben mir abends im »Ratsweinkeller« in Breslau begeistert von diesem Besuch Hitlers erzählt, eine Begeisterung, die man heute nicht mehr begreifen kann.

Die beiden Freundinnen meiner Frau, die Schwestern Karnetzky, konnten nicht wissen, daß sie später bei der Eroberung Pitschens einen qualvollen Tod würden erdulden müssen, wovon noch die Rede sein wird.

Sibylle war damals drei Jahre alt und ein sehr lebhaftes Kind. Deshalb war sie kaum zu halten, als sie ihre Mutter endlich wiedersah. Das Mädchen sprang und hüpfte im Krankenzimmer herum, so daß ich schließlich eingreifen mußte. Lenchen war gerade erst operiert worden. Ihr Heimweh war jedoch so groß, daß sie mich überredete, sie sofort mit nach Hause zu nehmen, obwohl das eigentlich unverantwortlich war. Aber ich ließ mich – wie so oft – wieder von ihr um den Finger wickeln.

Der Transport, einhundert Kilometer mit dem Auto nach

Haus, war auch nicht ganz unproblematisch. Meine Frau konnte nämlich noch gar nicht richtig sitzen. Also legten wir sie vorsichtig auf einen aufgepumpten Autoschlauch, um ihr die Schmerzen zu ersparen. Sie saß jetzt zwar gut und weich, stieß aber bei Schlaglöchern mit dem Kopf stets an die Decke des Autos. Jedenfalls kam sie wohlbehalten zu Hause an.

Meine Tochter Sibylle war ein quicklebendiges Mädchen, das uns alle beschäftigte. Sie mußte – so hoffte ich – es schaffen, die Brücke zwischen meiner Frau und meiner Tante zu schlagen. Dieser Gedanke stammte nicht von mir, sondern von unserem guten Onkel Paul, der alles daransetzte, die Eintracht in der Familie wiederherzustellen. Also vereinbarten wir mit ihm einen Tag, an dem ich mit Sibylle mit der Eisenbahn bis zu nächsten Bahnstation fahren sollte. Dort wollte er mich mit dem Pferdewagen abholen. Mein Kind war damals erst elf Monate alt. Es muß also im September 1931 gewesen sein, als wir in Jankow ankamen.

Die Tante war auf dem Schulhof. Als sie schließlich das Wohnzimmer betrat, blieb sie überrascht stehen. Ich saß da mit einem Kleinkind auf dem Arm. Zuerst glaubte sie, das wäre Gregor Skupin, der Sohn meiner Schwester Felicitas, der fast genauso alt war wie Sibylle. Aber Tante Emilie schaltete schnell, wenn sie wollte. Spontan nahm sie mir das Kind ab, um es zu verwöhnen. Abends saß sie stundenlang an seinem Bett, angeblich damit das Kind nicht aus dem Bett fiele. In Wirklichkeit war sie froh, daß sie wieder ein kleines Lebewesen hatte, an das sie ihr Herz hängen konnte.

Beim ersten Mal mußte ich das Kind sogar dalassen und durfte es erst nach vier Tagen wieder abholen, nachdem Tante Emilie das Baby lange genug genossen hatte. Nun war das Eis gebrochen, und Tante Emilie akzeptierte meine Frau, zumindest als Mutter des Kindes ihres geliebten Filek. Doch noch wagte ich nicht, ihr meine Frau persönlich vorzustellen. Erst kurz vor Weihnachten 1931 faßte ich mir ein Herz und bat die Tante, zu Weihnachten doch zu uns zu kommen und die längst fällige Anstandsvisite zu machen.

Ich mußte ihr lange gut zureden, bis sie endlich nachgab und ich mit der freudigen Botschaft meine Frau überraschen konnte: »Stell dir vor, Tante Oma kommt!« Aber, sie kam doch nicht! Am ersten Weihnachtsfeiertag kutschierte dann unser Chauffeur, Fritz Dullass, meine Frau Helene und mich nach Jankow. Die Begrüßung war zwar noch etwas steif, aber das war wohl der letzte Stolz der beleidigten Tante Emilie, den sie noch zur Schau trug.

Wir fuhren mit Onkel Paul erst einmal zum Gottesdienst nach Donabrow, um auch dort den anderen Verwandten einen Besuch abzustatten. Lenchen gefiel allen. Tante Emilie hatte indessen einen schmackhaften Hasenbraten zubereitet, wie wir in Oberschlesien ihn gerne aßen, mit heißem Rote-Rüben-Püree. Adam oder polnisch Adasch, mein Cousin, der Sohn Onkel Adams, der als Medizinstudent gerade Weihnachtsferien hatte und meine Frau schon gut kannte, weil er im Frühjahr sechs Wochen lang ein Praktikum in meiner Praxis absolviert hatte, war wieder der witzige Plauderer und überspielte die Befangenheit der beiden Frauen.

Dieser erste Besuch war ein denkwürdiges Ereignis in unserem Verhältnis zu meiner Tante, so daß ich mich noch heute daran erinnern kann, welches Kleid meine Frau damals anhatte. Die Tante blieb auch fortan nett und höflich, aber reserviert. Sie bot meiner Frau auch nicht das vertraute Du an.

Ein Schlaganfall meiner Mutter im Mai veranlaßte den Onkel und die Tante, ihre Schwester zu besuchen. Ich holte beide auf dem Bahnhof in Pitschen mit meinem Auto ab und lud sie vor der Weiterfahrt zu einer Tasse Kaffee bei uns zu Haus ein. Der Onkel war natürlich sofort dazu bereit, nicht so Tante Emilie. Sie wollte einfach nicht in meine Wohnung mitkommen. Nur mein Vorwurf: »Was sollen eigentlich unser Chauffeur und unser Dienstmädchen sich dabei denken?« bewog sie, zum erstenmal in ihrem Leben zu Besuch zu uns zu kommen.

Am 18. Mai 1932 wurde meine Mutter beerdigt. Auf dem Rückweg besuchte mich Tante Emilie zum zweitenmal. Erst bei der Beerdigung des guten Onkels Paul Kukulka, der am 15. November 1934 nicht mehr aufwachte, konnte ich meine Tante überreden, meiner Frau endlich das Du anzubieten. Dieses komplizierte Verhältnis habe ich so ausführlich beschrieben, denn es gehört zum Verständnis meiner Lebensauffassung und meiner Entwicklung bis zum Familienvater. Vielleicht werden einmal spätere Generationen gleiche Charaktereigenschaften aufzuweisen haben: Tante Emilies Starrköpfigkeit und meine Neigung zu Harmonie und Ausgleich.

Pitschen, das oberschlesische Rothenburg

Es fiel nicht schwer, sich in diese alte Stadt zu verlieben, in der ich mich niedergelassen hatte. Alles, was ich jetzt ausführlich beschreibe, konnte man vor Kriegsende noch unzerstört bewundern, vor allen Dingen die Mauern rings um die Stadt. Der Unterbau der Mauern enthält riesige Findlinge, die man mit ungelöstem Kalk zusammengekittet hatte, der obere Teil ist aus großen Ziegelsteinen, den sogenannten Klosterziegeln.

Beim Bau trug man ungelösten Kalk schichtweise auf und feuchtete ihn dann erst an. Diese Bindung wurde sehr hart, so hart, daß es oft tagelang dauerte, mit scharfen Meißeln einen Durchbruch durch die Mauern zu schaffen, wenn das notwendig war. Die Pitschener Maurer stießen dann so manchen bösen Fluch aus, als sie einen Tages von unserem Bürgermeister den Auftrag erhielten, durch den sogenannten Deutschen Wachturm einen Durchgang für den Verkehr zu stemmen. Waren die steinernen Massen aus Kalk und Ziegelsteinen erst einmal aus ihrem Gefüge gelöst, zerfielen sie aber schnell. Ein eigenartiger Vorgang.

Die Stadtmauer führte in einem Oval um den Stadtkern herum und war an der Sohle etwa drei und an der Krone noch eineinhalb Meter breit. Im Lauf der Jahrhunderte hatte sich durch Staub, Ruß und Asche ein Humus gebildet, so daß auf der Krone der Mauer Flieder, junge Birken und kleinere Eichen prächtig gediehen. Im Sommer blühten auch Hunderte von Königskerzen und blaue Lupinen auf der Stadtmauer.

Als ich mir im Jahre 1939 in der Wallstraße, an dieser Stadtmauer, ein Haus bauen ließ, kam ich auf den Gedanken, darauf Kürbisse und Sonnenblumen anzubauen. Ich dachte, daß dann zum Beispiel Kürbisse von den Mauern herunterhängen würden, ein für Gärtner ungewohnter Anblick. Aber leider spielte mir die Sonne einen Streich. Mit ihren starken Strahlen dörrte sie die Keimlinge aus.

An drei Stellen war die Stadtmauer unterbrochen. Früher befanden sich dort Stadttore: das sogenannte Polnische Tor im Osten, in Richtung Polen, und das Deutsche Stadttor im Westen, die von hohen Wachtürmen geschützt waren. Der dritte Turm im Garten des Kaufmanns Rudzki war im oberen Teil zerstört und nicht mehr überdacht. Hier sah man noch die Einschläge von Kugeln aus früherer Zeit. Zu meiner Zeit nisteten darin Dohlen.

Im südöstlichen Teil der Mauer, neben der alten Stadtkirche, war eine breite, steinerne Treppe angebracht, die zu dem nie versiegenden »Quall«, der warmen Quelle außerhalb der Stadtmauer, führten. Das Wasser hier war so warm, daß es selbst im härtesten Winter – als fünfunddreißig Grad minus gemessen wurden – nicht zufror. Diese warme Quelle war auch der Grund, warum sich schon seit der Steinzeit immer wieder Menschen hier angesiedelt hatten. In früheren Jahrhunderten führte um die gesamte Stadtmauer ein tiefer Wallgraben, der von dieser Quelle aus gespeist wurde. Noch zu der Zeit, als ich in Pitschen lebte, wurde der letzte Teil des Grabens in Höhe der katholischen Kirche zugeschüttet und darauf ein Stadtpark angelegt. Am Ende des Stadtparks war eine schöne Promenade von Linden und Buchen. Hier trafen sich abends auch heimlich Liebespärchen.

Am »Quall« wuschen seit Jahrhunderten die Frauen ihre Wäsche. Als man in den dreißiger Jahren die Quelle neu einfaßte, weil die Mauer an dieser Stelle übermäßiger Feuchtigkeit ausgesetzt war, entfaltete die Quelle einen derartigen Wasserdruck, daß es nicht leicht war, die Wassergewalt mit vielen Sack Zement einzudämmen. Die Quelle wurde damals mit Ziegelsteinen eingefaßt und diente fortan der Forellenzucht.

Diese Forellen entpuppten sich als regelrechte Allesfressen: An einem Wintertag fütterte ich sie mit einer riesigen Menge Sülze, die ich unserem Zahnarzt, Dr. Burger, abgebettelt hatte, wofür mir die Forellen wohl sehr dankbar warenn, denn um diese Jahreszeit wurden sie nicht oft von Passanten gefüttert. Im Sommer hatte man einen Holzkasten mit einem durchlöcherten Boden über dem »Quall« befestigt, in den man Fleisch hineintat. Die daraus schlüpfenden Maden fielen dann direkt in die gefräßigen Mäuler.

Die Urkunden über die Entstehung der früher katholischen und später evangelischen Kirche St. Nikolaus sind verbrannt. Heimatforscher vermuteten aber, daß diese Kirche, die der berühmten »Sandkirche« in Breslau ähnlich war, nur deshalb so überdimensional groß gebaut wurde, weil Pitschen einmal vorübergehend Bischofssitz war und weil die Kirche in Notzeiten dazu diente, Zufluchtsstätte für die Bürger zu sein.

Diese Wehrkirche hatte eine bewegte Vergangenheit. Zweimal war sie aus katholischem in protestantischen Besitz übergegangen, zuletzt im Jahre 1657. Die Hussiten hatten sie ausgebrannt. In der Mauer hinter dem Hochaltar waren an der Außenseite kreisartige Rillen in Form eines Malzeichens zu sehen. Sie waren teif in die Ziegelsteine eingegraben. Einige Heimatforscher behaupteten, frühere Geschlechter hätten in diesen Rillen ihre Spieße und Hellebarden geschärft. Und das sei absichtlich an einem geweihten Ort geschehen, um die Waffen zu weihen und Erfolg im Kampf zu haben. Andere vermuteten, es handele sich um sogenannte Pestlöcher. Damals hätte man mit einem scharfen Gegenstand Ziegelmehl herausgeschabt, um es gegen verschiedene Krankheiten einzunehmen, was mir als Arzt einleuchtete. Man bedenke, daß man heute bei Cholera und Durchfällen auch Kohle einnimmt.

Sehenswert war auch die alte St.-Hedwigs-Kirche, die der evangelischen Gemeinde als Begräbniskirche diente. Auch das klassizistische Rathaus von 1712 ist der Erwähnung wert. Der älteste Teil war der Ratskeller. Er stammte aus der Piastenzeit. Über dem Eingang waren mehrere Wappen in Sandstein gehauen. Vom Turm herab konnte man das weite fruchtbare Land ringsum betrachten. Auch die uralten Glocken stammten aus der Piastenzeit.

In der Kirche hatte ein württembergischer Prinz seine letzte Ruhestätte gefunden. Als General des Schwedenkönigs Carl XII. war er bei Pitschen gefallen. Schwedische Offiziere hatten ihm in der Kirche des heiligen Nikolaus ein Denkmal gesetzt, nachdem man bei der Restaurierung der Kirche im Jahre 1888 das alte Denkmal dem König von Württemberg geschenkt hatte, das man heute noch in Stuttgart sehen kann. Von historischer Bedeutung war auch das Anwesen des Böttchermeisters Döring, das alte Städtische Brauhaus, denn früher wurde in Pitschen viel Bier und Schnaps verkauft.

Der Erwähnung wert ist auch der Baumbestand, obwohl solches oft vergessen wird, wenn man von der Schönheit einer Stadt redet. Gemäß seiner geographischen Lage hatte Pitschen ein gemäßigtes kontinentales Klima, eine günstige Voraussetzung für den Anbau von Feld- und Gartenfrüchten. Alle in Schlesien verbreiteten Bäume mit Ausnahme der Eibe waren hier vertreten, vor allem Birke, Buche, Pappel, Lärche, Kiefer, Fichte, Linde, Tanne, Ahorn, Erle, Eiche und Esche. Ein stattlicher Baum war die sogenannte »Friedenseiche« auf der »Bleiche«, zur Erinnerung an den siegreichen Feldzug 1870/71 gepflanzt. Den Baumbestand hatte Pitschen Friedrich II. zu verdanken, der ihn anordnete.

Drei unter Naturschutz stehende Riesenbäume dominierten im Stadtbild. Die Linde an der Teichstraße, die rote Kastanie in meinem Hof in der Wallstraße und die Ulme im Hotelgarten an der Bleiche. Die alte Ulme wurde von den Polen nach Kriegsende verheizt, dabei gab es im Stadtwald genügend Brennholz. Auch die Kastanie in meinem Hof wurde von der polnischen Miliz abgehackt, damit sie bequemer in meine Garage fahren konnte.

Pappeln säumten den Quellbach. Einen reizvollen Spaziergang bot die zweireihige Birkenallee nach dem nahen Kreuzberg, vorbei an der Turnhalle, wo der Volkssturm 1945 starb. Von hier aus blickte auch einst als Kind der später so berühmt gewordene Kreuzburger Schriftsteller Gustav Freytag nach Polen hinüber, nach dem »unheimlichen Lande«, wie er diese Gegend in seinem Lebensbericht später nannte.

An den Landstraßen des Kreises standen Obstbäume, an den von Pitschen ausgehenden Chausseen nach Kreuzburg, Kempen und Landsberg Apfel- und Kirschbäume und an den noch vor der Jahrhundertwende erbauten Chausseen nach Neudorf, Baumgarten, Nassadel, Sandhäuser und Angersdorf zumeist Ahornbäume.

Unsere Stadtväter dachten schon früh an den Baumbestand und einen Grüngürtel, und so war schon nach dem Ersten Weltkrieg eine Baumschule an der Straße nach Auenfelde angelegt worden.

Der Erwähnung wert sind auch die Schrotholzkirchen der Umgebung. Der Kreis Kreuzburg besitzt bis heute sechzehn solcher Kirchen, die letzten Reste einer uralten Bautradition, die mit dem Abbau der Urwälder ihr Ende fand. In unmittelbarer Nähe waren die Schrotholzkirchen in Alteichen, Omechau (1521), Jakobsdorf (1583), Bischdorf (1626) und Kostau (1804).

Rings um die Stadt lagen viele Rittergüter, zum Beispiel die Schlösser in Nassadel und Kostau. Das Rittergut Nassadel war seit 1896 Sitz der Herren Lipinski, und das Gutshaus in Kostau war seit 1897 im Besitz der Grafen von Ballestrem.

Das nördlichste Dorf des Kreises Kreuzburg war Kostau. Im Nordosten grenzte es an das alte Polen, Kongreßpolen, mit dem Grenzfluß Prosna, im Nordwesten an Neupolen, die ehemalige Provinz Posen, und an den Kreis Kempen. Das Dorf Kostau hatte nur sechshundert Einwohner. Auf der anderen Seite der Grenze lag der polnische Ort Janowka. Hier befand sich der von der Gräfin Ballestrem freigegebene

Badeplatz, den auch wir Pitschener gerne aufsuchten. Sonntags fuhren wir oft mit dem Auto dorthin, um die Fischzucht zu bewundern, zu baden und an der Prosna entlangzuwandern. Hier war auch der Grenzstein, an dem der Kreis Kreuzburg mit dem Kreis Wielen und dem Kreis Kempen zusammentraf. Auf diesem Stein stand: »Versailles, 28.6.1916«. Von hier aus sah man die kleinen Dörfer in Polen und die Kleinstadt Boleslawicze mit dem berühmten Turm der alten polnischen Burg.

Die Straße zum Dorf führte an das Zollhaus und den Schlagbaum zwischen Deutschland und Polen. In Friedenszeiten kamen besonders im Herbst die polnischen Händler mit ihren Gänsen und Hühnern über die Grenze, um ihre Ware zu verkaufen. Das schöne Dorf Kostau mit seinen fruchtbaren Feldern stach den Polen in die Augen und wurde im Mai 1921 von polnischen Insurgenten überfallen: Der Grenzschutz aus Pitschen und Kreuzburg kam herbeigeeilt und verteidigte Kostau. Polnische Gefallene wurden auf dem katholischen Friedhof beigesetzt. Den Haß zwischen Deutschen und Polen schürte erst Adolf Hitler. Und uns trafen die Folgen.

Pitschen hatte 1933 unter anderem ein Postamt, eine Eisenbahnstation mit Personen- und Güterverkehr, ein Amtsgericht, ein Standesamt und ein Finanzamt. Noch zwei Gemeinden in Deutschland hatten den gleichen Ortsnamen: eine Landgemeinde im Kreis Neumarkt in Schlesien und Pitschen bei Uckro in der Provinz Brandenburg. In Schlesien, wo einst die Vandalen gewohnt haben, hieß die Grenzbefestigung »Pitom«, die Sperren hießen »Bitschen« oder »Pitschen«. Die Stammesgenossen der Vandalen, die Burgunder, brachten diesen Namen auch an die Grenzfesten des Elsaß, dort hießen sie »Bit« und »Pitsch«. Unsere Stadt wurde im 13. Jahrhundert von deutschen Kolonisten aufgebaut. Auf dem ältesten erhaltenen Stadtwappen aus dem Jahr 1415 wurde die Stadt »Pitscina« genannt. Die Stadtgründung, die im dunkeln liegt, muß zwischen 1220 und 1230 erfolgt sein.

Die Siedler kamen damals aus Thüringen, aus Bayern und aus Franken. Sie erschlossen die Gegend auf friedliche Weise. Pitschen war jahrhundertelang eine Stadt der Handwerker und Händler, Marktplatz für Polen und Deutsche. Neben den gängigen Berufen waren Leinenweber und Brauer vertreten. Im 19. Jahrhundert waren die Schuhmacher besonders zahlreich.

Arztberichte und Anekdoten

1939 hatte der Kreis Kreuzburg eine Bevölkerung von über einundfünfzigtausend Seelen. Das Hitler-Regime hatte diese Gegend in »Warthegau« umgetauft.

Obwohl es vor 1939 in Pitschen noch zwei tüchtige Ärzte gab, Doktor Matzdorf und Doktor Bresler, hatte ich bald mehr zu tun, als mir lieb war. Die Praxis umfaßte schließlich offiziell einen Land- und Stadtbezirk von dreizehntausend Personen. In Wirklichkeit waren es mehr, denn wegen meiner Sprachkenntnisse hatte ich auch viele Polen jenseits der Prosna als Patienten.

Meine wichtigste Helferin war die von mir ausgebildete junge Maria Mohrhöfer, die von 1939 bis 1945 in meiner Landpraxis recht selbständig arbeiten mußte. War nach einem Beinbruch ein Gipsverband anzulegen oder nach einer Fehlgeburt eine Ausschabung zu machen, arbeitete sie mit wie eine medizinische Assistentin. Auch einfache chemische Untersuchungen wurden bei uns in der Praxis gemacht. Meine einzige Hilfskraft mußte Buchführung beherrschen. Ihre Aufgabe reichte von der Instrumentenpflege bis zur Naht- und Verbandstechnik. Sie assistierte sogar bei gynäkologischen Eingriffen und bei der Narkose.

In folgenden Orten hatte ich Patienten: Alteichen, Angersdorf, Baumgarten, Bischdorf, Brune, Goslau, Grenzfelde, Jakobsdorf, Kirchlinden, Kochelsdorf, Kornfelde, Kostau, Nassadel, Neudorf, Omechau, Pitschen, Röstfelde, Sarnau, Waldungen und Wilmsdorf. Die wenigsten Einwohner hatte Kirchlinden, nur vierundneunzig, die meisten natürlich Pitschen, zuletzt genau dreitausendzweiundzwanzig.

Ein Landarzt mußte früher viel mehr können als heute, wo ihm einiges von den Krankenhäusern abgenommen wird.

Zum Beispiel hatte ich oft Entbindungen bei meinen Patienten zu Hause im Bett vorzunehmen, zum Staunen der Jungärzte, die von Zeit zu Zeit aus der Großstadt kamen, um ihr Praktikum bei mir abzuleisten, wie zum Beispiel der junge Dr. Körner, der nach neun Semestern Medizinstudium bei mir Geburtshilfe von der Pike auf lernte. Ein Vierteljahr mindestens war Pflicht. Manchmal hörte ich später sogar, was aus diesen Jungärzten geworden war.

Einer wurde nach dem Krieg Hals-Nasen-Ohren-Arzt in Bad Pyrmont. Ein anderer Kreisarzt in Rinteln an der Weser. Dieser junge Arzt war 1938, während meiner Abwesenheit, in Schonke. Ihm mißlang eine Entbindung, obwohl er an sich ein gutes Rüstzeug zum praktischen Arzt hatte. Der Schreck fuhr ihm so in die Glieder, daß er damals schwor, kein Geburtshelfer, sondern lieber beamteter Arzt zu werden, was er später tatsächlich auch geworden ist.

Jeder Arzt hat Patienten, denen er medizinisch nicht helfen kann, die sich aber besser fühlen, wenn der Arzt von Zeit zu Zeit Visite macht und sie tröstet. Manchmal verschrieb ich solchen, zumeist älteren Leuten, die unheilbare Beschwerden hatten, völlig harmlose Medikamente, in der Hoffnung, der Glaube werde ihnen helfen. Und manchmal hat er auch geholfen!

Eines Tages wurde ich zu der Entbindung einer Bäuerin gerufen. Ich war gerade mit meinem Auto unterwegs, um Patientenbesuche auf den Dörfern zu machen, deswegen dauerte es eine Weile, bis meine Sprechstundenhilfe Maria mich per Telefon erreichte. So kam ich mit zweistündiger Verspätung in dem Dorf an, wo die Wöchnerin bereits in den Wehen liegen sollte. Ich ging durch das Haus, das ich kannte, und suchte die werdende Mutter. Die Türen waren nicht abgeschlossen. Aber weder in der Wohnstube noch in der Küche, noch im Schlafzimmer war ein Mensch anzutreffen – es war Erntezeit. Ich dachte schon: »Vielleicht stimmt die Adresse nicht. Vielleicht hat Maria sich getäuscht.«

Zuletzt versuchte ich mein Glück noch im Stall. Da saß

nun die Bäuerin seelenruhig und war damit beschäftigt, die Kühe zu melken. »Wo ist denn hier die Mutter, die das Kind erwartet?« Die Bäuerin sah mich erstaunt hat: »Ich bin doch die Mutter!« – »Aber in diesem Zustand dürfen Sie doch nicht körperlich schwer arbeiten!« Ihre Antwort: »Herr Doktor, das Kind ist doch schon längst da. Weil Sie so lange nicht gekommen sind, habe ich es selbst abgenabelt und versorgt. Jetzt geht's mir doch wieder gut.« Da fehlten selbst mir die Worte, obwohl ich schon einige robuste Frauen kennengelernt hatte, die sich wenige Stunden nach der Geburt erstaunlich schnell erholten, wenn es nicht die Erstgeburt war.

Ein anderes Erlebnis hatte ich mit einer kranken Frau, die in der Gynäkologie des Krankenhauses lag. Nach der Geburt ihres dritten Kindes hörten die Blutungen nicht auf. Mit den mir bekannten Mitteln konnte ich den ständigen Blutverlust nicht stoppen. Die Schwestern hatten mich und den katholischen Geistlichen geholt, weil es schlecht um die Frau stand. Der Pfarrer ließ mir den Vortritt. Ich untersuchte die Patientin, die schon sehr geschwächt war. Da nahm ich ihren Mann beiseite und sagte ihm: »Sie müssen mit dem Tod Ihrer Frau rechnen, was wollen Sie tun?« Zur Patientin aber sagte ich, als wir allein waren: »Es wird schon werden, nur Mut!« Als Arzt war es meine Pflicht, einer Kranken wie ihr nicht die letzte Hoffnung zu nehmen.

Als ich aus dem Krankenzimmer auf den Flur trat, gab ich ihr kaum noch eine Chance und war sehr bedrückt, wie immer, wenn ich als Arzt einem Patienten nicht mehr helfen konnte. Da kam mir der Pfarrer entgegen. »Na, wie sieht's aus, Herr Doktor?« – »Die Frau wird sterben, leider!« – »Haben Sie ihr das auch gesagt?« – »Natürlich nicht!« – »Aber, das können Sie doch mit einer Katholikin nicht machen. Die Frau muß das doch wissen!« – »Jetzt seien Sie mal tapfer und gefaßt und denken Sie an ihren Mann und die Kinder«, eröffnete der Pfarrer ohne Umschweife der Wöchnerin. Er nahm ihr die Beichte ab und gab ihr das Sakrament der letzten Ölung. Dann ermahnte er die Todkranke eindringlich: »Besprechen Sie mit Ihrem Mann alles, was er nach Ihrem Tod tun soll. Als fromme Christin sind Sie dazu verpflichtet!«

Ich hatte indessen im Krankenhaus zu tun und kehrte noch einmal an das Krankenbett zurück. Da kam mir der Pfarrer entgegen und rief ganz aufgeregt: »Herr Doktor, Herr Doktor, die Blutungen haben aufgehört.«

Ich konnte das nicht fassen. Das widersprach allen meinen Erfahrungen in solchen Fällen. Eine Untersuchung ergab aber, daß der Pfarrer recht hatte. Der Schock hatte wahrscheinlich die Blutungen eingestellt. Die Frau schlief dann vor Erschöpfung ein, und der Mann vergoß Tränen vor Glück. Auf dem Flur wartete der Pfarrer auf mich: »Sehen Sie, wer recht gehabt hat von uns beiden. Man muß einem Todkranken die Wahrheit sagen. Manchmal geschieht dann sogar ein Wunder.« Aber ob das wirklich ein guter Ratschlag für Ärzte ist, vermag ich bis heute nicht zu sagen.

Unsere kleine Stadt war nicht gerade arm an Originalen, Käuzen und Sonderlingen. Der Nachkomme einer alten Pitschener Familie, der Familie Goy, pflegte früher mit einem großen Gummiring im Arm spazierenzugehen. Er hieß deswegen »Goy mit Gummiring«. Ein anderer pflegte sich folgendermaßen vorzustellen: »Mein werter Name ist Sowieso.«

Die Type aller Typen aber muß ein »Findling« gewesen sein, den ich nicht mehr kennengelernt habe. Angeblich hatte ihn eine adelige Polin als Kind in Pitschen ausgesetzt. Der Junge wurde in verschiedenen Wirtschaften ernährt und großgezogen. Man nannte ihn »Wagener«, weil er auf einem Wagen gefunden worden war. »Wagener« also lernte der Reihe nach alle Familien kennen und kannte alle verwandtschaftlichen Beziehungen. Vor allen Dingen konnte er ausgezeichnet rechnen. Er wußte die Geburtstage aller Einwohner auswendig, nur einen Geburtstag kannte er nicht: den eigenen.

Bösartige Kritiker behaupteten: Der Pitschener liebt den Alkohol. Das war – wie ich später feststellen konnte – etwas übertrieben, aber es wurde mir folgende amüsante Anekdote erzählt: Bei einer Versammlung hatte ein Redner gegen den Alkohol und das Brauwesen in der Stadt gewettert. Ein alter Bierbrauer erhob sich daraufhin und sagte: »Hol der Teufel den Alkohol, wir Pitschener brauchen ihn nicht. Wir haben Bier und Wein.«

Auf dem Weg zu Patienten traf ich auf dem Ring oft auch eine hochbetagte Dame, die Mutter Tschöpen, die trotz ihres hohen Alters noch recht gut zu Fuß war. Nur das Gehör hatte stark nachgelassen und machte ihr oft zu schaffen. Sie bemühlte sich wohl, ihren Gesprächspartnern die Worte vom Munde abzulesen, doch half das nicht immer. Es gab allerdings Tage, da konnte sie besser hören als sehen. Bösartige Nachbarn behaupteten sogar, daß sie alles verstand, was sie nicht hören sollte. Als Arzt muß ich die alte Dame etwas in Schutz nehmen. Es gibt Tage, an denen das Gehör besser ist, und es gibt Zeiten, in denen sogar ein Kanonenschuß nicht vernommen werden kann.

Ein solch rabenschwarzer Tag muß es gewesen sein, als die Mutter Tschöpen unseren beliebten Bürgermeister Fritz Jelinek in der Stadt traf. Das Stadtoberhaupt war unser Nachbar in der Wallstraße. Pünktlich um die gleiche Stunde verließ er jeden Morgen sein Haus, um sich in das Rathaus auf den Ring zu begeben. Er war ein Pitschener Kind, mit vielen eingesessenen Bürgerfamilien bekannt oder verschwägert. So kam es, daß ihn die Bürger nicht nur wegen seines Amtes kannten und jeder ihn grüßte. Auch er hatte immer ein freundliches Wort auf den Lippen. Traf er ältere Bürger, blieb er einen Augenblick stehen, um sich mit ihnen zu unterhalten. So entwickelte sich an jenem Tag folgendes Gespräch zwischen den beiden: »Guten Morgen, Mutter Tschöpen!« »Morgen, Herr Bürgermeister!« – »Schönes Wetter heute, Mutter Tschöpen!« – »Beim Kaufmann Kitzing war ich, Herr Bürgermeister!« – »Hm, ich meine doch, schön wird es heute werden!« – »Nein, Herr Jelinek, Hering hab ich mir gekauft.« – »So ein Sonnenstrahl läßt einen alle Sorgen vergessen.« – »Wissen Sie, schon wieder einen Pfennig teurer geworden sind die Heringe!« – »Trostlos, trostlos«, brummte unser Bürgermeister, der langsam die Geduld verlor. Er tippte zum Abschied mit der Hand an den Hut. »Haben Sie was gesagt?« fragte die gute Frau das Stadtoberhaupt. »Ja, Götz von Berlichingen, Sie können mich mal ...« Freundlich lächelt daraufhin die Mutter Tschöpen: »Na freilich, na freilich, Herr Bürgermeister, es ist halt immer noch das Billigste!« Die Frau sprach's und verschwand. Wenn mein Freund Richard Steinhoff diese Geschichte im Freundeskreis zu vorgerückter Stunde zum hundertsten Mal zum besten gab, erntete er immer wieder schallendes Gelächter. »Es ist halt immer noch das Billigste.«

Und noch ein amüsantes Erlebnis, das die Atmosphäre dieser liebenswerten Kleinstadt zu meiner Zeit so treffend beschreibt wie ein Bild von Spitzweg. Über die Karpfen in der warmen Quelle an der Stadtmauer kursierte folgende Geschichte:

In die sprudelnde Quelle, den sogenannten »Quall«, hatte unser letzter Bürgermeister, Fritz Jelinek, Forellen aussetzen lassen. Trotz ihrer Größe waren das eigentlich nur Zierfische für uns Bürger. Damit die Forellen nicht entweichen konnten, waren sie durch ein Eisengitter gut abgeschirmt. Dennoch fand unser Stadtarbeiter Franz eines Tages beim Reinigen eines verschlammten Abflußgrabens eine ausgewachsene Forelle, die sich wohl selbständig gemacht hatte. Er fing sie ein und brachte sie in einem Marmeladeneimer aufs Rathaus zum Stadtoberhaupt. »Wo haben Sie die Forelle gefangen?« fragte zweimal der Bürgermeister. »Im Abflußgraben, in dem sogenannten ›Pampsgraben‹« Aber der ist leider arg verschlammt, Herr Bürgermeister!«

Dem Stadtoberhaupt war längst der Appetit vergangen. Er beschloß, einem Freund am Ort, dem Baumeister Locke, der als Feinschmecker bekannt war, einen Streich zu spielen, und schickte Franz mit der Forelle aus dem Stadtgraben zu ihm. »Nanu Franz, habt ihr denn heute gefischt?« – »Ne, die Forelle hat sich wohl verirrt, sie ist aus dem Quall.« – »So, im Pampsgraben hast du sie gefangen. Was machen wir denn nun damit, nachdem mir doch mein Arzt vor kurzem Fisch verboten hat? Nein, wie mir das leid tut, aber mein Schwager Julius Wünschirs ißt doch so leidenschaftlich gern Forellen. Und er hat es auch nötig bei seiner Figur. Bring sie ihm und bestelle ihm einen schönen Gruß von mir und einen guten Appetit.«

Dem Franz war der Weg zum Schwager Julius schon recht, denn dort führte seine Braut Beate das Küchenzepter. Durch den Hintereingang schlüpfte unser Franz auf Freiersfüßen in die Küche, wo er seine Beate erst einmal tüchtig in die Arme nahm. Nachdem er aber die Forellengeschichte seiner Braut haarklein erzählt hatte, scheuchte ihn Beate aus der Küche und rief ihm nach: »Meinen Ruf als perfekte Köchin lasse ich mir doch nicht durch den Schlammfisch ruinieren.«

Betrübt zog Franz von dannen. Diesesmal versuchte er, auf eigene Faust den Fisch loszuwerden. Doch, wer nimmt schon gerne eine fremde Forelle? Franz mußte sich vieles anhören: »Pitschener Forellen, was ist denn das?« – »Was haben Sie da, lebenden Hering?« – »Du hast der Gräfin wohl einen Karpfen gestohlen?« – »Sieh mal an, der Franz handelt mit Fischen. Wohl so hintenherum besorgt?« – »Kennen wir, kennen wir, mein Lieber. Auf die Schnelle Geld verdienen und dann noch im Kitchen landen.« – »Woher? Aus dem Quall, Mensch, Franz, das hätten wir dir nicht zugetraut. Wenn das der Bürgermeister wüßte.« Das waren nur einige der Kommentare.

Franz war indessen in Schweiß gebadet. Niemand wollte den verdammten Fisch haben. Da kam ihm ein rettender Gedanke. Er rief einen Jungen herbei, der am Quall spielte, drückte ihm zwei Groschen in die eine Hand, in die andere den Eimer mit der Forelle. »So mein Junge, lauf mal zur Frau

Bürgermeister und gib den Eimer ab. Sag ihr, er sei von einem Freund.« Gesagt, getan. Zur Mittagszeit erwartete die junge Ehefrau den Bürgermeister an der Haustür. »Rate mal mein Lieber, was es heute zu Mittag gibt?« – »Na, vielleicht Kartoffelpuffer«, meinte schnuppernd das Stadtoberhaupt. »Nein«, erwiderte sie, »etwas viel Schmackhafteres, Schleie blau, mein Liebling, Schleie blau!« Vom Eßzimmertisch aber schielte, wie mit lustig erhobenem Schwanz wedelnd, unsere verkannte, verachtete Forelle aus dem Schlammgraben aus einem Busch grüner Petersilie. Endlich hatte sie zum Stadtoberhaupt zurückgefunden. Der Bürgermeister Jelinek ließ sich den feinen Bissen gut schmecken und sagte gutgelaunt nach dem Essen: »Noch eben lag die Schleie blau in Butter, ein delikates Menschenfutter!«

Dienstfahrt nach drüben

Zu allen Zeiten wurde ich häufig zu Patienten auf der polnischen Seite gerufen. Was man dabei als Arzt erleben konnte, möchte ich einmal an einem Beispiel ausführlicher beschreiben.

Es war noch vor Beginn des Zweiten Weltkrieges. Der schrille Ton des Telefons reißt mich aus tiefem Schlaf: »Hier spricht die Zollgrenzstation Sandhäuser. Herr Doktor, ein Mann von drüben bittet Sie, zu einer Entbindung nach Dzieszkowice zu kommen. Bitte, beeilen Sie sich.« – »Ist eine Hebamme dort?« – »Nein!« Ich denke nach: Fünfundzwanzig Kilometer mußt du fahren, teilweise Sandwege, und das mitten in der Nacht. Außerdem hat es tagelang geregnet. Das kann eine nette Fahrt werden. »Ja, ich komme und bringe eine Hebamme mit.« Ein Landarzt hat immer Dienst.

Ich fahre mit meinem DKW los, um die Hebamme abzuholen. »Auf, auf, nach Dzieszkowice«, murmele ich. »Ach du meine Güte«, verschlafen kommt Frau Olschimke die Treppe herunter. In der Hand einen überdimensionalen Musterkoffer. Mein alter DKW heult auf und setzt sich in Bewegung. In Ermangelung eines Autoradios pfeife ich mein Lieblingslied: »Was eine Frau im Frühling träumt«. Auf der Prosna-Brücke nimmt ein »Sendbote aus dem Polenreich« auf unserem Rücksitz Platz, um uns im Dunkeln den Weg zu zeigen.

Mit Karacho, das heißt mit achtzig Stundenkilometer, geht es durch verschlafene polnische Grenzdörfer. Hier gibt es keine Verkehrspolizei. Dann müssen wir durch einen dichten Kiefern- und Birkenwald. Eine Straße gibt es hier nicht, nur einen Sandweg. Dieser Fahrstreifen ist über und über mit Moos und Blaubeersträuchern und Besenginster überwuchert. Ein recht idyllischer Spazierweg, aber keine Autostraße. Ich pfeife indessen: »Man müßte nochmals zwanzig sein«. Rums, da verschwindet ein Vorderrad in einem Loch. »Das war ein Kaninchenloch.«

Rückwärtsgang, erster Gang, Rückwärtsgang, erster Gang usw. Ganz nach Wunsch schaufelt das Vorderrad den feuchten Sand hin und her. Endlich geht es weiter.

Die Spur der Panjewagen ist für meinen DKW viel zu schmal. Also rutscht mein braves Auto von einer Spur in die andere. Ich rutsche durch versteckte Wasserlachen. Eine Lehmflut verschmiert die Frontscheibe und nimmt mir fast die Sicht. Knirschend kratzen die Scheibenwischer den sandigen Schmutz von den Scheiben: Musik der Sandstraße. Der Wagen schwankt wie ein Schiff im Sturm. Ich halte mich krampfhaft am Steuerrad fest. Meine Nachbarin umschließt mit ihrer rechten Faust den Türgriff. Unser Fahrgast hopst ab und zu gegen die Wagendecke. »Der Mann wird ja seekrank«, meckert die Hebamme. »Sie müssen langsamer fahren.« – »Beeilung ohne Rücksicht auf Verluste ist die Parole«, murre ich zurück.

Meine ursprünglich gute Laune ist längst dahin, als der verdammte Sturzacker kein Ende nehmen will. Dabei habe ich so etwas auf meinen Fahrten nach Polen schon oft durchexerziert und lasse mich doch immer wieder aufs neue als Arzt auf diese Abenteuer ein. Mit einem letzten Sprung erreicht der Wagen endlich die Hauptstraße, die nach Wielun führt und während des Ersten Weltkrieges von deutschen Soldaten erbaut wurde. Gleich bessert sich unsere Stimmung. Der Passagier auf dem Rücksitz atmet auf. Meine »Storchentante« macht ein kleines Nickerchen.

Mein DKW schnurrt auf der glatten Straße zufrieden wie ein Kater. Und ich gehe – beim Rauch einer R6-Zigarette – meinen Gedanken nach. »Sicherlich erwartet uns bei der Patientin eine Babka. Die Babkas sind in diesen weit auseinanderliegenden Dörfern Polens so etwas ähnliches wie die Medizinmänner in Afrika, alte Frauen zwischen sechzig und achtzig. Sie vertreten die Hebamme bei der Geburt und sehen aus wie Kräuterweiber aus dem Riesengebirge. In der Tasche haben sie alle möglichen Heilkräuter, natürlich auch einen Tee, um die Wehen einzuleiten. Eine medizinische Ausbildung haben sie nicht genossen und halten auch nichts von großer Sauberkeit während der Entbindung. Im Augenblick der Geburt versagen sie meistens, sobald eine Komplikation auftritt.

Babkas haben natürlich keine Ahnung von Narkose. Für den Arzt sind sie keine Hilfe, manchmal für den Patienten. Daher war ich in komplizierten Fällen immer auf eine deutsche Hebamme angewiesen, was den polnischen Babkas natürlich gar nicht paßte. Dennoch gelten Babkas in polnischen Dörfern als weise Frauen, und nach der Geburt muß die deutsche Hebamme der polnischen Babka das Kind überreichen. Die Babka bekommt das begehrte Silberstück als Lohn, das der glückliche Vater in das erste Badewasser gleiten läßt. Babkas und Hebammen lieben einander nicht sonderlich. Eine betrachtet die andere als notwendiges Übel.

Als wir unser Ziel erreichen, einen alten Holzbau mit einem überhängenden Strohdach, empfängt uns der Großvater an der Haustür mit einer blauen Stallaterne. Das Zimmer ist geräumig, aber sehr niedrig, der Fußboden aus Lehm, mit knirschendem Sand bestreut. An der Wand lauter Heiligenbilder. In einer Zimmerecke steht ein ausladender Backofen, um den eine Holzbank herumführt. Darauf nehmen nach der Begrüßung die Großeltern Platz, neben ihnen hockt die Hauskatze. In der gegenüberliegenden Ecke steht das Bett, auf dem Rand sitzt der junge Ehemann und hält die Hand seiner vor Schmerzen stöhnenden Frau.

Die Babka empfängt uns voller Würde. Wie ein Indianerhäuptling, denke ich. Wie bei einer Audienz steht sie steif am Fußende des Bettes, ohne uns auch nur einen Schritt entgegenzukommen. Bei der Begrüßung flüstert sie mir ins Ohr: »Ich bin schon drei Nächte hier am Bett.«

Ich untersuche die junge Frau. Ihr Allgemeinzustand ist schlecht. Die Hebamme hat indessen einen Zuber mit heißem Wasser herbeigeschleppt. Wir fangen an, uns gründlich zu waschen. Laut Vorschrift dauert solch eine Säuberung zur Geburtshilfe ziemlich lange, das heißt, wenn man noch genügend Zeit hat.

Diese langwierige Säuberung bringt die Angehörigen, die nichts davon verstehen, manchmal in Rage. Einmal verließ einem angehenden Vater, der uns bei unserer Waschung wie ein Hofhund umkreiste, die Geduld, und er erklärte wütend, wir hätten uns doch schon daheim gründlich waschen können, anstatt damit die Zeit zu vergeuden. Schließlich sperrte ich ihn – als er handgreiflich werden wollte – in eine Kammer ein.

Die Untersuchung unserer Polin zwingt uns zur Eile, wenn wir das Kind retten wollen. Also krempeln wir die Ärmel hoch, spucken in die Hände – natürlich nur symbolisch – und fangen schwitzend an zu arbeiten. Dem Ehemann sträuben sich die Haare. Die Großeltern jammern und beten. Die Babka pendelt zwischen Ehemann und Großeltern hin und her und versucht, beide zu beruhigen. Als beim Morgengrauen im nahen Kuhstall der Hahn zu krähen anfängt, ertönt auch der Lebensschrei des Neugeborenen. Die Großeltern in der armen Kate beenden ihr Bittgebet. Der junge Vater küßt glücklich seine noch halb bewußtlose Frau und dankt ihr für das Kind.

Ich gehe vor die Tür und rauche rasch mit zitternden Händen eine Zigarette, während die Hebamme das nur von einer Windel bedeckte Kind der Babka in die Arme gibt, die sich wie eine Königin verbeugt. Der Großvater holt aus einer Ecke eine Flasche Korn, den reinen, und nun beginnt der seit Jahrhunderten geübte Umtrunk nach der Geburt eines Kindes. An sich wird der Reine (Branntwein) aus der Flasche getrunken, wobei einer dem anderen mit der Flasche zuprostet. Aber einem Doktor will man das nicht zumuten. Was nun? Die Babka weiß, was sich gehört, und zaubert aus ihrer

Kräutertasche ein Gefäß aus Preßglas hervor. So etwas nennt man bei uns: Dienst am Kunden.

Reihum leeren wir abwechselnd das Glas auf das Wohl der Mutter und des Kindes. Das ist auch nicht hygienischer, als gleich aus der Flasche zu trinken, aber ich weiß, daß ich das nicht abschlagen darf. »Alkohol desinfiziert«, meint die Hebamme trocken. Für mich spült man das Glas sogar mit kaltem Wasser aus. Indessen richtet die Großmutter für Arzt und Hebamme das Frühstück. Die Leute sind so arm, daß ich am liebsten darauf verzichten möchte. Das wäre aber eine Beleidigung polnischer Gastfreundschaft.

Bald steht das Nationalgetränk der Polen – duftender Tee – in einer zerbeulten Teekanne auf dem rasch gedeckten Tisch. Daneben stellt die Großmutter einen riesigen goldgelben, in dicke Scheiben geschnittenen Napfkuchen. Donnerwetter. Jetzt merken wir erst, daß wir nach getaner Arbeit einen Mordshunger haben. Herzhaft beiße ich in das mir gereichte Kuchenstück. Das Knirschen meiner Zähne signalisiert mir, daß ich härtesten Zwieback vor mir habe. Zwieback in Napfkuchenform? Ich versuche ein zweites Mal, etwas vorsichtiger, ein Stück abzubeißen, wobei das Kuchenstück wenigstens zerbricht. Ein Teil fällt auf die Tischdecke, einer auf meinen Fuß. Mir ist das sehr peinlich. Die Hebamme findet die Situation zum Lachen.

Die junge Mutter im Bett, die meine fruchtlosen Bemühungen, den Kuchen zu zerbeißen, beobachtet, sagt mit leiser Stimme: »Ach, Herr Doktor, der Kuchen ist wohl ein wenig hart, denn er stammt noch von unserer Hochzeit!« Beinahe bleibt mir der Tee in der Kehle stecken. »Neun Monate alt«, denke ich entsetzt. Die junge Frau blickt indessen glücklich zur Decke. Sie erinnert sich wohl an ihre Hochzeitsnacht. Vielleicht hebt man in dieser Gegend den Hochzeitskuchen bis zur Geburt des ersten Kindes auf, denke ich, das erklärt manches. Was aber, wenn das erste Kind erst nach zehn Jahren kommt? Zerkleinert man den Kuchen dann mit dem Hammer? Dann bleibt dem Arzt wohl nichts anderes übrig, als zur Hebamme zu sagen: »Meine Liebe, reichen Sie mir bitte die Axt, damit wir uns den Kuchen brüderlich teilen können.«

Man muß mir das Entsetzen am Gesicht ablesen können, denn jetzt meldet sich die Großmutter zu Wort und sagt in Richtung ihrer Tochter: »Du hast dem Doktor aber einen schönen Schrecken eingejagt.« Und dann zu mir: »So alt, wie Sie denken, ist der Kuchen nun auch wieder nicht. Die Kinder haben erst vor vier Wochen geheiratet.« Daraufhin tauche ich mein hartes Stück Kuchen mit dem Mut der Verzweiflung wortlos in meine Teetasse.

Der Heukrieg der Polen

Nicht etwa das Produkt schriftstellerischer Phantasie, sondern harte Realität war der jahrhundertelange Streit zwischen Deutschen und Polen um das Heu an der Grenze. Der große schlesische Schriftsteller Gustav Freytag hat diesen merkwürdigen Kleinkrieg zwischen Deutschen und Polen, den sogenannten Heukrieg, in seinen »Erinnerungen« lebendig geschildert. Dreihundert Jahre lang führten Deutsche und Polen hier an der Prosna bei Pitschen einen regelrechten Krieg. Es kam zu Gewalttätigkeiten und Schießereien, weil beide Seiten Anspruch auf das Heu der Grenzwiesen erhoben.

Bei den oft ungeklärten Besitzverhältnissen war das auch kein Wunder. Grenzgebiete sind immer eine Zone ständiger Auseinandersetzungen. Dort rieben sich nicht nur zwei Sprachen aneinander. Auf beiden Seiten entwickelte sich ein besonders ausgeprägtes Nationalgefühl, und die Mentalität der Deutschen und der Polen war nun einmal verschieden. Die Deutschen waren aktiver, ordnungsliebender und konnten besser organisieren als die Polen.

Der Fluß Prosna bildete zwar eine natürliche Grenze zwischen deutschem und polnischem Gebiet. Als politische Grenze wurde der Fluß aber von den Polen nie anerkannt. Sie stellten seit siebenhundert Jahren Ansprüche auf das Kreuzburg-Pitschener Land. Ihre sporadischen Einfälle reichten bis in das 13. Jahrhundert zurück. Zuweilen waren das nur Privathändel. Reiter, die Pferde stahlen, Getreide niederstampften oder ihr Vieh unbefugterweise auf deutschem Boden hüteten, Häuser und Scheunen anzündeten und Landbewohner mißhandelten. Schon im Jahr 1271 berichtete Bischof Thomas von Breslau von einem Einfall des

Herzogs Goleslaw, der in der Gegend von Milicz und Pitschen auf den bischöflichen Gütern einen Schaden in Höhe von zehntausend Talern anrichtete. Den Pitschenern nutzte es wenig, daß im Jahr 1356 Kasimir von Polen feierlich alle Ansprüche auch auf Kreuzburg und Pitschen aufgab, angeblich für »ewige Zeiten«.

Die schönen Prosna-Wiesen, die so billiges Heu lieferten, wenn man es nachts holte, reizten die polnischen Grenzbewohner immer wieder aufs neue, die Heuerträge heimlich einfach zu kassieren, wodurch Pitschens Ackerbürgern jedesmal ein Schaden in Höhe von Hunderten von Talern erwuchs. Raubzüge in umgekehrter Richtung sind dem Chronisten nicht bekannt. Manchmal kamen die Polen auch erst, wenn das Heu bereits getrocknet war. Die auf den Wiesen beschäftigten Knechte wurden überfallen oder sogar mißhandelt. Von 1806 bis 1812, in den für Preußen unglücklichen Jahren der Besetzung durch die Franzosen, tauschten die Polen wiederholt die Grenzpfähle mit dem preußischen Adler gegen die mit ihrem weißen Adler aus, damit die Pitschener Wiesen auf ihrer Seite lagen.

In der Stadt residierte damals die französische Besatzungsmacht. Auch nach den Befreiungskriegen hörten die Grasdiebstähle nicht auf. Da endlich griff man von Berlin aus energisch durch. Die Grenze mit Polen wurde endgültig festgelegt und wieder einmal durch neue Grenzpfähle markiert. Der Verhandlungspartner der anderen Seite, der königlich-polnische Staatsrat von Faltz aus Warschau, war zufällig ein Pitschener Kind, ein Sohn des Zuckerbäckers Gottlieb Benjamin Faltz. Er konnte seiner Vaterstadt einen Dienst erweisen, wofür er später von der dankbaren Gemeinde zum Ehrenbürger der Stadt Pitschen ernannt wurde. Die für sie günstige Grenzregulierung und die Aussicht auf gute Nachbarschaft beflügelte die Bürger zu einem zünftigen Winterfest im Jahr 1835.

Gustav Freytag berichtet in seinen »Erinnerungen aus meinem Leben« von diesem Freudenfest: »Große Schlittenfahrt nach der Grenze. Prachtschlitten mit weißgekleideten Jungfrauen. Die Jungfrauen aber zogen an Ort und Stelle feierlich die Schleife mit den Pfählen längs der Grenze eine Strecke entlang, dann Ball im Gasthof des Ortes, weshalb die Herren Kommissare nicht schlafen konnten. Die Schützengilde aber stiftete zum Andenken der Regulierung der seit mehr als dreihundert Jahren streitig gewesenen Wiesen eine Erinnerungsscheibe. Eine Scheibe für die Schützen, und Staatsrat von Faltz gab den ersten Schuß ab.« Schüsse dieser Art waren den friedliebenden Pitschenern zu allen Zeiten immer noch die liebsten. Doch bleiben ihnen Schüsse und Kriege bis ins 20. Jahrhundert nicht erspart.

Der Scheinüberfall: ein Kriegsvorwand

Der 1. September 1939 war ein milder und wolkenloser Spätsommertag bei uns an der deutsch-polnischen Grenze. Schon seit Tagen roch es politisch nach Pulverdampf und nach Krieg, aber die Grenzbevölkerung hoffte immer noch, daß die Regierung in Warschau und die in Berlin sich friedlich einigen würden. Adolf Hitler hatte in letzter Minute einen Vorschlag gemacht: Er hatte den Polen eine Volksabstimmung im sogenannten Korridor unter internationaler Kontrolle angeboten, ihnen eine exterritoriale Straße und eine Eisenbahnlinie durch das Gebiet versprochen, das wie früher deutsch werden sollte. Und er hatte den Befehl gegeben, ein zweites Mal den Einmarsch nach Polen um vierundzwanzig Stunden zu verschieben, denn er glaubte, auch dieses Mal ohne Krieg seine Gebietsansprüche durchsetzen zu können.

Die polnische Regierung dachte nicht an Verzicht, sie kündigte vorsichtshalber die Mobilmachung an und antwortete nicht auf das Angebot. Darüber hinaus veröffentlichte sie am letzten Tag im August eine schroffe Verlautbarung folgenden Wortlauts: »Mit Worten können die aggressiven Pläne der neuen Hunnen nicht mehr verschleiert werden. Deutschland strebt die Herrschaft in Europa an und mißachtet die Rechte der Völker mit nie dagewesenem Zynismus.«

Jetzt wollte Hitler erst recht den Einmarsch in Polen, in dem er keine Kriegshandlung, sondern nur eine »Polizeiaktion« sah. Was er schon wenige Tage vorher, am 22. August 1939, mit der ihm eigenen Unverblümtheit auf dem Obersalzberg den höheren Befehlshabern der deutschen Wehrmacht angekündigt hatte, das ordnete er jetzt an: »Ich werde propagandistisch Anlaß zur Auslösung des Krieges geben, gleichgültig, ob glaubhaft. Der Sieger wird später nicht danach gefragt, ob er die Wahrheit gesagt hat oder nicht.«

Die Einwohner unserer kleinen Grenzstadt ahnten freilich nicht, daß ausgerechnet in ihrem Stadtwald ein Vorwand für den Angriff auf Polen inszeniert werden sollte. Die Ausschreitungen gegen Deutsche in Polen, die es gab, reichten dem »Führer« nicht aus, um einen Krieg vom Zaun zu brechen. Hitler ordnete das sogenannte Unternehmen »Tannenberg« an: Angebliche Überfälle auf den Sender Gleiwitz, auf das Zollhaus Hochlinden und auf das Forsthaus bei Pitschen.

Meine Frau und ich hatten damals, am 30. August 1939, unsere drei Kinder Sibylle, Hans und Helmut ausquartiert und bei Freunden untergebracht, denn wir wollten am 1. September in unser neues Haus in der Wallstraße einziehen. Dabei konnten wir die Kinder nicht brauchen. In dieser Nacht drückten wir kein Auge zu, nicht etwa wegen der gespannten politischen Lage, sondern wegen der Umzugsvorbereitungen.

Gegen Morgen schalteten wir das Programm des Senders Breslau ein. Alle Rundfunkanstalten des Reiches sendeten die ersten Nachrichten vom Beginn des Feldzuges gegen Polen. Noch am selben Tag log Hitler vor den Mitgliedern des Deutschen Reichstages: »Polen hat heute nacht zum erstenmal auf unserem Territorium auch durch reguläre Soldaten geschossen. Seit 5.45 Uhr wird jetzt zurückgeschossen.«

Hitler sprach von insgesamt vierzehn Grenzzwischenfällen während der vergangenen Nacht. Drei davon wären besonders schwerwiegend gewesen, darunter auch ein Überfall auf das Forsthaus bei Pitschen. In Wirklichkeit war auch dieser Zwischenfall von der Waffen-SS inszeniert und nur ein Vorwand für den Angriff auf Polen. Damals glaubten wir jedoch dieser Falschmeldung. Die Grenzbevölkerung jedenfalls wunderte sich nicht, denn sie kannte die polnischen Gebietsansprüche.

Die Deutschen im Osten hatten 1919 die polnische Intoleranz kennengelernt. Mit der wissenschaftlich gar nicht haltbaren Alleinschuldthese als Begründung waren damals deutsche Gebiete abgetrennt worden. Schon 1921 wollte Polen ganz Oberschlesien und einige Gebiete Mittelschlesiens, die Provinz Posen und Teile von Westpreußen sowie von Ostpreußen kassieren, auch die Stadt Danzig. Der Engländer Lloyd George erreichte aber, daß Danzig zu einer »Freien Stadt« erklärt wurde.

Nach dem Versailler Friedensvertrag, der am 10. Januar 1920 in Kraft trat, sollte ursprünglich auch der Kreis Kreuzburg zu Polen kommen, obwohl er rein deutsch war. Erst als siebenundneunzig Prozent der Einwohner Pitschens für den Verbleib bei Deutschland stimmten, wurde das Schlimmste abgewendet.

Der Genfer Vertrag vom 15. März 1922 aber brachte die Stadt in wirtschaftliche Not. Die Grenzen nach Osten und Norden wurden geschlossen, der blühende Handel nach Polen und Posen vollständig lahmgelegt. Pitschen wurde eine sogenannte »Balkongemeinde« ohne Hinterland im Osten. Nach langen Verhandlungen wurde wenigstens der Übergang bei »Sandhäuser« nach dem polnischen Grenzort Gola wieder geöffnet, aber von einem Wiederaufleben des Grenzverkehrs wie vor dem Ersten Weltkrieg konnte nicht mehr die Rede sein. Dazu kam noch der Tiefstand der polnischen Valuta.

Nicht zufällig wurde ausgerechnet in der Nähe unserer kleinen Stadt ein Grenzzwischenfall und damit ein weiterer Kriegsgrund vorgetäuscht. Bis in den Juli 1921 hatten polnische Insurgenten versucht, das für sie ungünstige Ergebnis der oberschlesischen Volksabstimmung dadurch unwirksam zu machen, daß sie ganz Oberschlesien einfach besetzten. In unserer Gegend scheiterte dieser Versuch am Widerstand des Pitschener Selbstschutzes, an einem Bataillon, das nicht nur von unseren Nachbarn, den Kreuzburgern, sondern auch von Deutschen aus dem Westen unterstützt wurde. Besonders viele Freiwillige kamen damals aus Bremen.

Die polnischen Eindringlinge wurden bei den Orten Wittenau, Richterstal, Landsberg und zuletzt bei Kostau energisch zurückgewiesen. In diesem Jahr mußten die Polen auch noch andere Niederlagen einstecken. Selbstverständlich gab es im Grenzland Schlesien auch eine polnische Minderheit oder zumindest Menschen, die polnisch sprachen. Im Jahr 1914 zum Beispiel waren fünf oberschlesische Polen im Berliner Reichstag, aber im Kreis Kreuzburg hatten Polen nie eine Rolle gespielt. Und am »Annaberg« erlebten sie Ende Mai 1921 eine Niederlage. Dennoch wurde Schlesien am 20. Oktober 1921 vom Völkerbund geteilt. Damals wurden kriegerische Auseinandersetzungen vorprogrammiert. Auch dieses Unrecht hat später die Oberschlesier Hitler in die Arme getrieben. Aber wer weiß das heute noch?

Der sogenannte Überfall auf das Forsthaus bei Pitschen am letzten Augusttag 1939 war, wie sich später herausgestellt hat, ein Meisterstück der Täuschung und der Desinformation der Weltöffentlichkeit. Ich habe erst viel später von Patienten, die davon wußten, die Wahrheit erfahren. Das sogenannte Unternehmen »Tannenberg« war wie so vieles im Dritten Reich streng geheim. Eine politische Schmierenkomödie, bei der es dennoch um Krieg oder Frieden ging.

Die Tochter eines Gastwirts, ein Zollbeamter und ein SS-Mann, den ich als Arzt behandelte, haben mir verraten, was sich Ende August 1939 wirklich in unserem Stadtwald abgespielt hat. Heinrich Himmler, der Reichsführer SS, sowie der Chef der Sicherheitspolizei und des Sicherheitsdienstes, SS-Gruppenführer Reinhard Heydrich, hatten den Auftrag Hitlers übernommen, Scheinüberfälle zu inszenieren. Eine Gruppe SS-Männer, die der polnischen Sprache mächtig waren, wurden am 23. August 1939 mit ihren Lastwagen nach Pitschen in Marsch gesetzt.

Dort angekommen, fuhren sie auf den Hof des Gastwirts Wyrwich: zehn Lastkraftwagen mit ungefähr einhundertdreißig SS-Männern, die sich hier gut verstecken konnten – das Kommandounternehmen »Rasch«, genannt nach dem

SS-Standartenführer Dr. Rasch. Ihre Lastkraftwagen wurden auf dem großen Brauereihof abgestellt. Die SS-Männer bekamen »Räuberzivil«. Der Hof war von einer hohen Mauer umgeben, so konnte niemand von der Straße her die Anwesenheit der SS-Leute ohne weiteres erkennen. Sie mußten auf dem Dachboden der Ställe und der Brauerei schlafen, nur die SS-Führer wurden in den Gästezimmern untergebracht.

Die damals sechzehnjährige Tochter Ulla Wyrwich erzählte mir später: »Bei uns in der ›Goyschen Brauerei‹ (so hieß diese Gastwirtschaft damals) war Platz genug für so viele Männer, über deren Anwesenheit wir mit keinem sprechen durften, denn – so hatte man uns gesagt – es handelte sich um eine ›Geheime Kommandosache‹. Meine Eltern kochten den SS-Männern das Essen; was sie dafür brauchten, wurde beim Kaufmann Julius Wünschirs bestellt. Die gelieferten Lebensmittel mußten vor der Haustür abgestellt werden, von wo wir sie hereinholten. Tagelang durfte niemand die Gastwirtschaft verlassen, auch wir nicht. Die SS-Männer hatten noch nicht einmal Zahnbürsten mit, auch keine Wäsche zum Wechseln. Also mußten sie ihre Socken und ihre Unterwäsche selber waschen und zum Trocknen aufhängen. Meine Mutter war davon gar nicht begeistert. Die Männer wußten überhaupt nicht, warum sie sich bei uns verstecken mußten, und langweilten sich. Und uns erklärte natürlich auch niemand, warum wir sie überhaupt beherbergten.«

Nur ein Teil der Männer kam später wirklich zum Einsatz. Ihre Aufgabe war, vom polnischen Hoheitsgebiet aus einen Täuschungsangriff auf das Forsthaus im Pitschener Stadtforst zu führen. Hier, wo der kleine Fluß Prosna die Grenzlinie durch versumpfte Wiesen war, in menschenleerem und unübersichtlichem Gelände, wurde eine pseudomilitärische Aktion inszeniert, die man den Polen in die Schuhe schob. Die SS-Männer in Zivil spielten die »polnischen Insurgenten«.

Den Förster, einen Parteigenossen, der eingeweiht war, schickte man mit seiner Frau so lange nach Pitschen in Urlaub. Keine Ahnung dagegen hatte der Pitschener Bürgermeister, Dr. Gerhard Bock. Auch die Pitschener Polizei war nicht informiert. Dagegen mußte ein Zollinspektor, der Vater der Zwillinge Walter und Günther Schön, die später mit meinen Söhnen befreundet waren, bei den Vorbereitungen helfen. Auch ein Pitschener Zahnarzt, der strammer PG war, prahlte später damit, daß er, als »Pole« verkleidet, im Grenzwald »herumgeballert« hätte. Dabei hatte man den Beteiligten mit Sippenhaft gedroht, wenn sie etwas von ihrem Einsatz weitererzählen würden.

Die Geduld der SS-Männer wurde tagelang auf eine harte Probe gestellt. »Sie schimpften, weil sie sich nicht richtig waschen konnten, und meckerten über das Essen«, erzählte mir Ulla Wyrwich später. Nur etwa dreißig kamen am 31. August zum Einsatz. Der Plan, eine ganze Ortschaft zu überfallen, wurde aufgegeben. Die Waffen-SS begnügte sich damit, das einsame Forsthaus »zu überfallen«, wo es keine Zeugen gab. Die Männer mußten polnisch sprechen, durch den Stadtwald marschieren und, am Forsthaus angekommen, in die Luft schießen. Die Kücheneinrichtung wurde zertrümmert und ein halber Eimer Ochsenblut dort verschmiert. In der Nähe des Forsthauses wurde ein Grab geschaufelt und behauptet, dort wäre eines der Opfer der Polen begraben. Als man später dieses Grab öffnete, befand sich darin nur Gerümpel.

Am späten Abend des 31. August, als der Pitschener Bürgermeister alarmiert wurde, war das Kommando der Waffen-SS längst verschwunden. Gegen zweiundzwanzig Uhr waren alle wieder in der Gastwirtschaft, wo vierzig Liter Tee mit Rum verteilt und Schauermärchen erzählt wurden: »Wir haben heute abend einen polnischen Angriff zurückgeschlagen, dabei hat es einen Toten gegeben«, erzählten sie den Wirtsleuten. Dann feierten sie den, wie sie es nannten, »ersten Sieg gegen Polen«. Anschließend rollten die Lkw vom Hof, während an der Grenze Zollbeamte, Grenzpolizisten und Hilfszöllner aufgeregt den Stadtwald durchkämmten, ohne auch nur einen einzigen Verdächtigen zu finden.

Dieser fingierte Überfall hatte längst nicht die propagandistische Wirkung wie die Aktionen gegen den Sender Gleiwitz und gegen das Zollhaus Hochlinden und wird deshalb heute von den Geschichtsschreibern selten erwähnt. Für die Bewohner unserer kleinen Stadt war er – bis wir es besser wußten – ein wichtiges politisches Ereignis.

Warten auf die Offensive

Der mutwillig entfesselte Zweite Weltkrieg Adolf Hitlers auch gegen die Sowjetunion hatte jahrelang außerhalb des Deutschen Reiches getobt. Aber im Herbst 1944 war es sowjetischen Truppen gelungen, die abgekämpften und zusammengeschrumpften Reste der deutschen Heeresverbände bis an die Weichsel zurückzudrängen.

Die deutschen Truppen hatten nicht mehr die Kraft und auch nicht die Waffen, um den starken Brückenkopf auf dem westlichen Ufer der Weichsel wieder einzudämmen. Generalleutnant von Xylander fürchtete eine neue Offensive des Kriegsgegners – im Winter, in der Jahreszeit also, in der die kältegewohnten Truppen des Feindes gern ihre Angriffe starteten. Fieberhaft wurde in ganz Schlesien die Abwehr organisiert, alle männlichen und auch weibliche Personen wurden mobilgemacht.

Die Zivilbevölkerung mußte Schützengräben, Panzerfallen und Panzersperren errichten. Am Wochenende und manchmal auch wochentags fuhren alle für die Rüstung entbehrlichen Männer aus Pitschen in das Hinterland. Auch den Vierzehn- bis Achtzehnjährigen der Stadt, die in der »Hitlerjugend« waren, blieb das nicht erspart.

Die meisten mußten schanzen, das heißt Gräben schaufeln, um feindlichen Panzern das Vorwärtskommen zu erschweren. Damals sangen unsere Jugendlichen ein Lied, das mit folgenden naiven Worten begann: »Wir sind die Ostwallschipper und haben frohen Mut, wenn unsere Spaten blitzen, dann geht's noch mal so gut.«

Schon im Herbst 1944 war die Rote Armee mit vier Heeresgruppen bei Baranow aufmarschiert. Von dieser Frontstellung nach Oberschlesien waren es noch einhundertfünfzig Kilometer. Anfang August wurden die ersten größeren Transporte mit sogenannten Ostwallschippern zusammengestellt. Oberschlesiens Gauleiter und neuernannter Reichsverteidigungskommissar Fritz Bracht schickte also Jugendliche zwischen vierzehn und achtzehn zum Bau der Stellungen und verpaßte ihnen bei dieser Gelegenheit auch noch eine vormilitärische Ausbildung.

Im Führerhauptquartier glaubte man damals immer noch an die »Wunderwaffe« und den »Endsieg«. Adolf Hitler ließ den sogenannten Volkssturm aufrufen: alle waffenfähigen Männer im Alter von sechzehn bis sechzig Jahren. Wehrmachtsberichte beunruhigten die Bevölkerung. In Nemmersdorf, in Ostpreußen, hätten russische Truppen deutsche Frauen lebendig an Scheunentore genagelt. Frauen und Mädchen wurden ungezählte Male geschändet, Greise zu Tode gemartert. Sogar französische Kriegsgefangene wurden erschlagen. Der Wille selbst von Hitler-Gegnern, sich zu verteidigen, wuchs noch einmal aus nackter Angst.

Auch jenseits der Prosna, im sogenannten Generalgouvernement, wurden riesige Befestigungsanlagen geschaffen, mit Schießscharte, Maschinengewehrständen und Artilleriestellungen. Weihnachten 1944, Silvester und Neujahr waren für General Niehoffs 371. Infanteriedivision bei Baranow fast noch friedliche Feste. Damals standen bereits vierhundert sowjetische Divisionen und einhundert Panzerverbände für den entscheidenden Schlag bereit.

In dieser bedrohlichen Situation belog Hitler die Bevölkerung wieder einmal. Er sagte am Neujahrstag 1945 über die Reichssender wörtlich: »Millionen Deutsche haben zum Spaten und zur Schaufel gegriffen. Divisionen über Divisionen sind neu aufgestellt. Volksartillerie, Granatwerfer- und Sturmgeschützbrigaden sowie Panzerverbände werden aus dem Boden gestampft, Jagdgeschwader weiter ausgerüstet und mit neuen Maschinen versehen. Die Stunde kommt, wo sich der Sieg endgültig demjenigen zuneigen wird, der seiner am würdigsten ist.« Hitler war beim Beurteilen der Lage von Blindheit geschlagen.

Silvester 1944 war ein Sonntag. Zu dieser Zeit war ein Wehrmachtsjungarzt, Herr Kusche aus Pitschen, bei mir in der Praxis tätig und feierte mit uns. Obwohl seine Eltern gleichfalls in der Wallstraße wohnten, verbrachte er auch seine ganze Freizeit bei uns in der Familie. Nur zum Schlafen ging er nach Hause. Meine Kinder feierten mit der Freundin meiner vierzehnjährigen Tochter Sibylle, Helga Niesar aus Berlin, in ihrem Zimmer im oberen Stockwerk. Zwischendurch saßen die Kinder vor dem Radiogerät und hörten die neuesten Sondermeldungen von der Ostfront ab.

Der junge Arzt steckte den Kindern heimlich ein Fläschchen Eierlikör zu und schenkte ihnen mehrmals hintereinander ein Gläschen ein, was ihnen natürlich schmeckte. Sibylle sollte einen Schwips bekommen. Er wollte sich dafür revanchieren, daß sie ihm eines Tages die Ärmel seines Arztkittels zugenäht hatte. Um Mitternacht gingen wir ins Freie auf die schneebedeckte Straße hinaus, um uns gegenseitig »Prosit Neujahr« zuzurufen. Der Jungarzt gab voller Übermut mit seinem Revolver einige Schüsse ab. Mein Sohn Hans bestieg mit einigen Jungvolkjungen des Fanfarenzuges den Rathausturm, um das neue Jahr gebührend zu begrüßen. Dann wurde wie üblich Blei gegossen, und ich erinnere mich noch, daß mein Sohn eine dornenreiche Rose goß.

Am 9. Januar erlaubten wir den Kindern zum ersten – und wie sich später herausstellte einzigen – Mal, in unserem Haus Karneval zu feiern, obwohl die militärische Lage nun wirklich nicht Grund zum Feiern bot. Meine Frau hatte Bedenken. Ich überzeugte sie aber, man sollte den Kindern die Freude gönnen, denn wer weiß, wie lange sie noch so unbeschwert in unserem Haus würden feiern können. Als hätte ich es geahnt: Nie wieder konnten sie mit den gleichen Freunden, die in alle Welt verstreut wurden, gemeinsam feiern.

Soweit ich mich erinnere, waren da nur Helga und Heinz

Niesar, Sepp und Hedwig Rudzki, Günther und Walter Schön, Karl Wünschirs und die Tochter Helga des Tierarztes Kramulowsky. Es gab Punsch und Pfannkuchen. Zur Schallplattenmusik tanzten die Mädchen, während die Jungen sich drückten mit der Ausrede: »Wir können doch noch gar nicht tanzen.« Obwohl die Lage ernst war, feierten die Kinder ein fröhliches Fest, und wir gönnten es ihnen.

Mitte Januar sahen wir bereits bei Dunkelheit das Aufblitzen der Geschütze am nächtlichen Himmel. Ich wußte: »Die Front kann nicht mehr weit entfernt sein!« Am 16. Januar wurde die Bevölkerung zum erstenmal aufgefordert, die Stadt zu verlassen. Frauen und Kinder, alte Leute und Kranke sollten mit der Eisenbahn oder mit einem Treck nach Westen ziehen. »Es handelt sich nur um eine Vorsichtsmaßnahme«, wiegelten die Parteigenossen ab. »In drei bis vier Tagen kommen alle wieder zurück.«

Die russischen Truppen waren am 12. Januar 1945 bei Kielce und Baranow durchgebrochen und nicht mehr zu halten. Um drei Uhr morgens eröffneten die sowjetischen Großbatterien an der Ostfront das Feuer. An die sowjetischen Truppen wurde unter anderem ein Flugblatt folgenden Inhalts verteilt: »Tötet, Ihr Rotarmisten, tötet! Denn es gibt nichts, was an den Deutschen unschuldig ist, die Lebenden nicht und die Ungeborenen nicht. Tötet! Folgt der Weisung unseres Genossen Stalin und zerstampft für immer das faschistische Tier in seiner Höhle. Brecht den Rassehochmut der germanischen Frauen. Nehmt sie Euch als rechtmäßige Beute.« Verfasser dieses menschenverachtenden Hetzblattes und ähnlicher Flugblätter war der sowjetische Schriftsteller Ilja Ehrenburg, der »Goebbels der Bolschewisten«.

Auch der Oberbefehlshaber der 3. Weißrussischen Front, Armeegeneral Tschernjakowikis, erließ am 12. Januar 1945 einen kompromißlosen Tagesbefehl an seine Truppen, die am nächsten Tag weiter nördlich von Osten her in Ostpreußen einfallen sollten: »Nun stehen wir vor der Höhle, aus der heraus die faschistischen Angreifer uns überfallen haben. Wir bleiben erst stehen, nachdem wir die Höhle gesäubert haben. Gnade gibt es nicht!«

Am 12. Januar 1945 starteten neun sowjetische Armeen ihre Offensive an der Weichsel. Wir waren dennoch nicht mehr beunruhigt als sonst, denn, wie die Propaganda behauptete, waren wir ja darauf »gut vorbereitet«.

Hitler, Goebbels und der Gauleiter der NSDAP, Bracht, behaupteten: »Die Front steht, die Bevölkerung hat keinen Grund zur Beunruhigung.« Noch am 15. Januar 1945 war im amtlichen Organ der NSDAP wörtlich zu lesen: »Nach außergewöhnlich starken Artillerievorbereitungen trat der Feind zunächst an der Westfront des Brückenkopfes von Baranow mit zahlreichen Schützendivisionen und Panzerverbänden an. Erbitterte Kämpfe sind entbrannt. Nebenangriffe im Nordteil des Baranow-Brückenkopfes wurden zerschlagen.« In Wirklichkeit gab es keine wirksame Gegenwehr. Die feindlichen Truppen rasten wie eine Dampfwalze Schlesien entgegen und erreichten bald die Reichsgrenze.

Am 17. Januar morgens kam der Anruf des Bürgermeisters Jelinek, der direkt uns gegenüber mit der Familie Steinhoff in einem Haus wohnte: »Herr Doktor, lassen Sie um Gottes willen Ihre Kinder nicht mehr nach Kreuzburg in die Schule fahren. Sie werden sofort evakuiert. Die Stadt wird noch heute geräumt.« Russische Panzerspitzen waren bereits bei Landsberg gesichtet worden. Für meinen Sohn Hans kam die Warnung zu spät. Er war bereits, wenn auch mit Verspätung, morgens um sieben Uhr in die Kreisstadt gefahren, um die Gustav-Freytag-Oberschule zu besuchen.

Die Schüler wunderten sich, daß die Lehrer sich eine Stunde lang überhaupt nicht sehen ließen. Als sie ihren Klassensprecher ins Lehrerzimmer schickten, um sich zu erkundigen, was denn los sei, öffnete der bei den Schülern gefürchtete Sportlehrer Hering die Tür und sagte schnoddrig: »Nur ruhig Blut und warme Unterhosen.« Dann knallte er die Tür wieder zu. Wenn die Schüler durchs Fenster auf die Straße blickten, sahen sie bereits Mütter mit ihren Kindern, die mit

Gepäck auf dem Schlitten zum Bahnhof Kreuzburg zogen. In der zweiten Schulstunde forderte der Klassenlehrer endlich alle auf, nach Hause zu fahren oder zu gehen, denn sie würden evakuiert.

Die Züge waren bereits derart überfüllt, daß sich die auswärtigen Schüler zu Fuß auf den Weg machten. Bei siebzehn Grad Kälte marschierte auch mein Sohn mit einem Freund und mit dem Bruder unserer Sprechstundengehilfin Maria Mohrhöfer die siebzehn Kilometer nach Pitschen zurück. Ihnen entgegen kamen zahlreiche Pferdeschlitten und Pferdewagen mit Flüchtlingen. In ihrer Richtung bewegte sich kaum jemand. Nur einmal wurden sie von dem Landauer eines Gutsbesitzers überholt, in dem dessen Söhne mitfuhren. Der Fahrer dachte aber nicht daran, die durchgefrorenen Pennäler mitzunehmen, als wollte er ihnen zeigen: »Jetzt ist sich jeder selbst der Nächste.«

Meine Frau hatte indessen bereits die Rucksäcke mit einer Decke für jeden, Proviant und Kleidung gepackt, und wir warteten bis zum Nachmittag auf unseren Sohn. Als er, die Kreuzburger Straße passierend, in die Stadt kam, traf er einen Schulfreund, der ihm sagte: »Beeil dich, die meisten Pitschener sind schon evakuiert.«

Indessen wurde es dunkel. Es war zu spät, mit den Kindern noch aufzubrechen. Meine Frau wollte ursprünglich mit unserem zweiten Wagen Richtung Breslau fahren, dann hätte sie auch mehr Gepäck mitnehmen können. Aber beide Pkw waren alt und reparaturbedürftig. Den besseren Wagen mußte ich als Arzt dabehalten. Mit dem anderen – so fürchteten wir – würde sie wohl nicht mehr heil in Breslau ankommen.

Wir Erwachsenen, das Ehepaar Steinhoff, eine Freundin, Frau Evi Gansert, und wir, diskutierten den ganzen Abend, was zu tun sei. Die Kinder bekamen die Erlaubnis, länger aufzubleiben und sich Kompott aus dem Keller zu holen. Sie sollten es noch einmal gut haben. Wir hatten schon gehört, daß die Züge derart überfüllt waren, daß für eine

Frau mit vier Kindern an ein Mitkommen gar nicht zu denken war.

Da machte uns der Apotheker Hayk darauf aufmerksam, daß am nächsten Morgen ein Lazarettzug Kreuzburg verlassen würde, der neben Verwundeten auch Frauen und Kinder mitzunehmen bereit war. Allerdings nur Angehörige von Ärzten und Krankenschwestern, da die Zahl begrenzt war. Der Chefarzt des Reservelazaretts in Kreuzburg, Dr. Peukert, willigte am Telefon ein, daß meine Frau und die Kinder mitfahren dürften. Sie kamen auf die begehrte Liste, und am nächsten Morgen brachte ich sie mit meinem Auto nach Kreuzburg zum Bahnhof. Im Zug waren die letzten ungarischen Verwundeten, die noch nicht abtransportiert waren.

Der 18. Januar war ein sonniger Wintertag – ein Donnerstag. Das Thermometer zeigte dreizehn Grad Kälte. In der Luft glitzerten winzige Eiskristalle. Der Sanitätszug war weit aus dem Bahnhof herausgefahren. Um ihn zu erreichen, mußten wir eine acht Meter hohe Böschung hinab. Weil es einfacher war, ließen wir die kugelrunden Rucksäcke einfach hinabrollen, und die Kinder rutschten auf ihren Schuhen hinunter zu den Gleisen.

Für die kleine Kristine, die erst zwei Jahre alt war, hatte meine Frau eine große Pelzdecke aus Lammfell mitgenommen, die man so zuknöpfen konnte, daß das Kind völlig darin verschwand. Ich begleitete meine Frau und meine Kinder in das Abteil. Für Kristine bereiteten wir auf einer Holzbank mit dieser Pelzdecke eine Liegestatt vor, in der Hoffnung sie würde während der Fahrt darauf einschlafen. Aber das Kind machte kein Auge zu, sondern weinte ständig, weil es plötzlich aus der gewohnten Umgebung herausgerissen war. Das Rollen der Räder, die Geräusche der Mitreisenden und der Dampflok weckten Kristine immer wieder aus dem Halbschlaf auf. Außerdem hielt der Zug auf jeder Station. Und bei dieser Gelegenheit versuchten immer mehr Zivilisten, sich einen Platz im Waggon zu verschaffen. Es wurde langsam eng, denn keiner wollte zurückbleiben, und keiner wagte es, dem anderen die Fluchtmöglichkeit abzuschneiden. Meine Frau saß zuletzt nur noch auf dem Rand eines Waschkorbes und hatte Kristine im Arm.

Die Fahrt ging über Breslau und Liegnitz nach Sagan. Bei Liegnitz geriet der Lazarettzug noch in einen Fliegerangriff, wobei die Kinder zum erstenmal Bombenabwürfe in der Nähe erlebten. In Sagan versuchte meine Frau mit den Kindern, in einen der vielen nach Berlin rollenden und überfüllten Züge zu kommen. Vergeblich. Die Flüchtlinge standen bereits auf den Trittbrettern und lagen auf den Dächern der Waggons. Öffnete man eine der Türen, fielen Passagiere heraus und hatten Schwierigkeiten, wieder ins Wageninnere zu kommen.

Auf dem Bahnhof in Sagan in der Menge der Wartenden wurden die Kinder zusammengequetscht, hin und her gestoßen und umgeworfen. Kristine fiel so unglücklich auf die Nase, daß sie blutete. Sie fing an zu weinen, und aus Sympathie weinten die anderen gleich mit. Der eine oder andere hätte mitfahren können, aber niemals eine Frau mit vier Kindern. Der Eisenbahnvorsteher des Bahnhofs in Sagan konnte das nicht mehr mit ansehen. Er nahm meine Frau und die Kinder erst einmal in sein warm geheiztes Dienstzimmer: »Liebe Frau, alle zusammen kommen Sie niemals mit. Lassen Sie doch die Kinder der Reihe nach abfahren, und treffen Sie sich dann mit ihnen irgendwo wieder.« Das war meiner Frau selbstverständlich zu riskant.

Der Vorsteher, Pichotta hieß der gute Mann aus Gleiwitz, hatte ein Erbarmen, als er sah, wie unsere Kinder vor Erschöpfung auf dem Boden seines Büros einschliefen. Außerdem war er selbst Flüchtling aus Oberschlesien. Er überredete seine Frau, meine Frau und die Kinder in seiner kleinen Dienstwohnung aufzunehmen, bis sich eine Fahrgelegenheit bieten würde.

Ich tröstete mich indessen auf dem Heimweg von Kreuzburg nach Pitschen, daß ich meine Frau und meine Kinder bald wiedersehen würde. Damals glaubte ich noch an die

Propagandalüge, mit der die Parteiführung der NSDAP die Bevölkerung sogar im Augenblick höchster Lebensgefahr über den Ernst der Lage hinwegtäuschte.

Als ich mit meinem klapprigen DKW »Meisterklasse«, dessen Getriebe knirschte, in mein Haus zurückgekehrt war, fand ich eine Einquartierung vor. Der Bataillonskommandeur des Volkssturms, Forstmeister Grosser, hatte sich das schönste Haus ausgesucht. Ich hatte nichts dagegen. Er verfolgte besorgt die Nachrichten von feindlichen Panzerkeilen der »Ersten Ukrainischen Front«, die bereits nördlich und südlich von Pitschen vorgestoßen waren.

Geschützdonner war zu hören. Einzelne deutsche Jagdflugzeuge patrouillierten zwischen dem Fluß Stober und dem Fluß Posna hin und her. Die Rote Armee konnte nicht mehr weit sein. Gerüchte verbreiteten sich, daß man bei Wielun und Landsberg bereits russische Spähwagen gesehen habe. Aber so recht glaubte niemand daran. Sorgen hatten wir uns allerdings schon am Jahresende 1944 gemacht. Der unaufhaltsame Rückzug unserer Truppen an der Ostfront – wie sollte er enden? Und an der Westfront waren die Niederlagen fast noch deutlicher zu erkennen.

Zweimal Schlacht um Pitschen

Die Sowjets zeigten kein Verständnis für die Verteidigungsbereitschaft der ostdeutschen Bevölkerung, obwohl so viele Russen selber jahrelang in ihrer Heimat einen erbitterten Widerstand – oft als Partisanen – gegen die deutschen Truppen geleistet hatten und später dafür als »Helden der Sowjetunion« und »Freiheitskämpfer« mit Orden und Prämien belohnt wurden. Wer beim ersten Ansturm der Mongolen und Kosaken durch ein günstiges Geschick überlebt hatte, war noch lange nicht seines Lebens sicher.

In der Nacht nach dem Einmarsch der Truppen flog eine deutsche Staffel Stukas (Sturzkampfflieger) einen Angriff gegen die Stadt, die mit Fahrzeugen und Soldaten der Roten Armee überfüllt war. Sie bombardierten eine Nachschubkolonne mit Brennstoff, Waffen und Munition. Bei diesem überraschenden Angriff starben auch deutsche Einwohner, die sich in den Kellern versteckt hielten. Die Überlebenden ahnten schon damals: »So, wie sie einmal war, die alte Heimatstadt, wird sie nie wieder sein!«

Und was der Heimatforscher Otto-Fritz Glauer 1928 in seinem Buch »Wie's daheim einst war« über die Schlacht bei Pitschen im Jahre 1588 geschrieben hatte, wurde auch im Januar 1945 wieder so ähnlich Wirklichkeit: »Aber die polnischen Horden begnügte sich nicht mit der Verwüstung der Stadt Pitschen. Sie hausten noch tagelang in der Umgebung, brandschatzten die Dörfer, verfuhren grausam und unmenschlich gegen die Bewohner, mißhandelten und erschlugen Geistliche und raubten, was ihnen vor die Hände kam. Die Geistlichen von Pitschen, von Lowkowitz und Proschlitz wurden ermordet und der eisgraue Pfarrer in Bischdorf so grausam gequält, daß er nach vierzehn Tagen starb. In Schmardt sperrten die Unholde zwölf Personen in ein Haus und verbrannten sie. Von Pitschen bis Namslau waren alle Dörfer weggebrannt. In der Nacht von 26. zum 27. Januar 1588 hat man dagegen zweihundert Feuersbrünste gezählt. Diese haben den von Pitschen abgezogenen Truppen dermaßen vier Meilen weit auf den Weg geleuchtet, daß sie – wie beim hellichten Mondschein – gesehen haben.«

Russische Soldaten, die keine Kommunisten waren und die ich später als Arzt kennenlernte, haben mir gegenüber im Sommer 1945 zugegeben, daß in ihren Tagesbefehlen manchmal die erwähnten haßvollen Aufrufe des sowjetischen Schriftstellers Ilja Ehrenburg abgedruckt wurden: »Jeder sowjetische Soldat muß pro Tag mindestens einen Deutschen töten.«

Selbst wer die ersten Tage und Nächte überlebt hatte, war noch nicht sicher. Eine Pitschener Frau berichtete mir später: »Eines Abends kamen auch zwei russische Soldaten zu uns. Sie fragten mich nach meinen Papieren. Ich hatte keine, da sagten sie, ich müsse mit zur Kommandantur kommen. Sie hielten mir den Revolver vor und drohten, sie würden mich sonst erschießen. Da bekam ich Angst. Josef Mogai sagte, ich solle mitgehen, und so ging ich. Ein Russe ging neben mir, und einer ging hinter mir. Wenn ich mich umdrehte, drohte er mir mit dem Revolver.

Als wir gegenüber der Turnhalle waren, an dem Briefträgerhaus, schleppten sie mich in den Schuppen, und trotz meiner Gegenwehr vergewaltigten sie mich. Es ist scheußlich, wenn man sich daran erinnert. Ich fragte sie, warum sie mich nicht zur Kommandantur brächten. Da bekam ich Schläge, und sie jagten mich nach Hause. Elfriede Krögers Mutter wurde von den Russen erschlagen, als sie ihre Tochter vor den Russen retten wollte, aber es hat doch nichts genutzt. Elfriede mußte auch daran glauben. Erst in Wilmsdorf hatte ich es dann sehr gut. Dort waren sechs ältere Russen, ein alter Leutnant und so an die dreißig russische Mädchen.«

Auch das gab es, Menschlichkeit von Russen und Polen.

Aber in den ersten Tagen mußten die anständigen Kriegsgegner Angst haben vor ihren eigenen Leuten. So erzählte mir ein russischer Soldat, der später mein Patient war, folgendes Erlebnis: »Nach der Einnahme von Pitschen rückte meine Panzerdivision weiter vor. In einem Dorf, an dessen deutschen Namen ich mich nicht mehr erinnere, waren meine Kriegskameraden wieder auf der Jagd nach deutschen Frauen. Plötzlich stand ein zwölfjähriges Mädchen mutterseelenallein vor uns. Sie zitterte vor Angst am ganzen Leib. Mir tat das Mädchen leid, denn ich wußte, was ihr jetzt blühte. Da sagte ich zu meinen Kompaniegenossen: ›Zuerst bekomme ich sie, denn ich habe sie gefunden.‹ Sie waren damit einverstanden und johlten höhnisch, als ich noch sagte, ich möchte einen Augenblick mit ihr allein sein.

Das Mädchen zitterte vor Angst, als ich sie an die Hand nahm. Ich versuchte ihr klarzumachen, daß ich ihr nichts tun wollte und sie mit mir weglaufen müßte. Obwohl sie meine Worte nicht verstand, folgte sie mir instinktiv, und wir beide rannten um unser Leben. Denn kaum entdeckten meine Kameraden, daß ich sie um ihr Vergnügen bringen wollte, da schossen sie mit scharfer Munition hinter uns her. Aber wir konnten entkommen. Dem Mädchen blieb das Schlimmste erspart. Ich versteckte sie bei anderen Deutschen, traute mich aber mehrere Tage nicht zu meiner Einheit zurück, aus Angst, meine Kompaniegenossen würden mich vor Wut umbringen. Das hätten sie auch kaltblütig getan, wenn sie uns beide eingeholt hätten.«

Einige Überlebende des Volkssturms flohen nach Osten in polnische Dörfer. Dort wurden sie von Polen versteckt und erhielten Zivilkleidung. Nicht immer warteten die Deutschen ab, ob sie entdeckt würden oder nicht. Ein in Polen lebender polnischer Arbeiter erzählte mir später, in seinem Haus hätte sich ein deutscher Soldat in Zivil versteckt gehabt. Die Russen suchten so lange nach ihm, bis sie eines Tages auch in dieses Haus kamen. »Sag die Wahrheit, wo ist der Deutsche, sonst wirst du erschossen«, brüllte den Polen ein

Kommissar an. Da antwortete er ihm: »Dort hängt er!« Vor Angst hatte sich der Deutsche unterdessen erhängt.

Später, im Sommer 1945, hatte ich einen russischen Soldaten als Patienten. Er hieß Janek Tyrczynski, ein Ukrainer, den ich in meiner eigenen Wohnung gesund pflegte. Er hatte den Panzerangriff auf Pitschen am 19. Januar 1945 mitgemacht und schilderte die Einnahme etwas anders als die Deutschen, was man verstehen kann: »Unsere Panzerspitze kam von Roschkowitz (Röstfelde) unangefochten über den Panzergraben in die Stadt, ohne auf Widerstand zu stoßen, bis zum Friedhof. Dort erhielt unser Führungspanzer einen Volltreffer durch eine Panzerfaust. Der Kommandeur, ein tapferer Oberst, der im zweiten Panzer mitfuhr – er ist später bei Ratibor gefallen –, sprang mutig heraus und wollte mit gezogener MP in den Friedhof stürzen, um den Schützen umzulegen. Meine Kameraden hielten ihn aber davon ab.

Daraufhin ließ der Kommandant die Panzerspitze wenden und zum Ortsausgang zurückfahren, also bis zum Panzergraben an der Turnhalle, wo er Feuer des Volkssturms erhielt. Unsere Panzer walzten nun alles nieder und schossen auf die deutschen Volkssturmmänner. Wir hatten den Befehl, alle wie Partisanen zu erschießen. Weil die Stadt sich gewehrt hatte, wurde sie tagelang zur Plünderung freigegeben. Das war bei uns so üblich. Daher wurden auch noch in den nächsten Tagen alle Deutschen erschossen, die wir in Zivil aus ihrem Versteck holten.

Das Rathaus wurde angezündet, und die Häuser wurden in Brand gesteckt, die Kapitalisten gehört hatten (zum Beispiel wenn sie Polstermöbel hatten). Es stimmt, daß sich Frauen aus Angst vor uns erhängt haben. Viele Deutsche sind aber auch erst beim Angriff deutscher Stukas auf Pitschen umgekommen.«

Die Stadt wurde niedergebrannt, obwohl sich Zivilisten in den Häusern versteckt hielten. Aber das war für die Rote Armee kein Hinderungsgrund. Die Russen gingen ganz systematisch vor. Drei Tage lang warfen Brandkommandos benzingetränkte Lappen in die Häuser oder strichen die Mauern mit einer teerartigen Masse an. Die beiden Kirchen blieben verschont. In den Abendstunden wurden die Häuser dann angezündet. Welch ein Irrsinn, denn bald brauchten sie diese Häuser als Lazarette für verwundete Soldaten. Bevor die Häuser angezündet wurden, kamen polnische Plünderer. Vor der Fleischerei am Ring sah man Hunderte von Hartwürsten auf dem Bürgersteig liegen. Dabei bekamen die russischen Soldaten nicht einmal regelmäßig Verpflegung.

Die unbeschreiblichen sexuellen Verirrungen und Ausschweifungen russischer Soldaten versuchte später unser russischer Freund zu erklären und zu entschuldigen: »Kein russischer Soldat hat während des ganzen Krieges, also seit 1941, Urlaub erhalten. Daher waren wir so ausgehungert. Außerdem hatte man uns zum Haß gegen die Deutschen erzogen. In Flugblättern, die wir an der Front bekamen, stand immer wieder: ›Tötet die deutschen Männer und schändet die deutschen Frauen. Brecht ihren rassischen Hochmut.‹ Es war uns also nicht verboten, sondern wir wurden dazu aufgefordert. Außerdem waren viele betrunken und siegestrunken und durch den langen Krieg in unserer Heimat verroht.«

Seinem letzten Argument konnte ich nicht folgen, denn in Nachbarstädten wie in Kempen war nicht eine einzige Frau vergewaltigt worden, weil die Russen alle Einwohner für Polen hielten. Es war also mehr der blinde Haß gegen die Deutschen, die bis dahin einen Vernichtungsfeldzug in Rußland geführt hatten. Ein Haß, der auf der einen Seite vom Hitler-Regime und auf der anderen Seite von der Stalin-Diktatur ins Maßlose geschürt worden war.

Den Dörfern der Umgebung ging es nicht viel besser als der Stadt Pitschen. Die kleine Stadt, die seit 1400 ihren Namen trägt, hat viele Brände gesehen. Die schlimmsten 1407, 1512, 1563, 1588, 1617, 1719, 1757 und zuletzt 1945. Auch feindliche Einfälle mußte sie immer wieder erdulden: 1271 und 1427 Plünderungen durch die Polen, 1431 Verwüstung durch die Hussiten. 1441, 1471 und 1474 Brandschatzung durch die Polen. 1618, 1622, 1627 und 1633 – während des Dreißigjährigen Krieges – Plünderungen durch die kaiserlichen Truppen. 1643 hausten schwedische Reiter in der Stadt. Verheerend auch: die Blattern 1599, die Pest im Jahr 1600 und die Hungersnot im Jahr 1633.

In den siebenhundert Jahren seit Bestehen der Stadt wurde hier einmal europäische Geschichte gemacht: Im Streit um die polnische Krone zwischen dem habsburgischen Erzherzog Maximilian und dem Kandidaten der Gegenpartei, Prinz Siegismund Wasa von Schweden, kam es am 24. Januar 1588 am Kreuzberg vor Pitschen zur Entscheidungsschlacht. Ein zwölftausend Mann starkes Heer des polnischen Thronfeldherren und Kanzlers Jan Zamoyski und etwa fünftausend Mann Maximilians standen sich hier in einem ungleichen Kampf gegenüber. Es kam, wie es kommen mußte. An der Grenze Schlesiens wurden Maximilians Truppen geschlagen. Er zog sich aus der Stadt zurück und ergab sich am 25. Januar. Die Stadt Pitschen wurde danach von den Polen geplündert und bis auf die Pfarrkirche niedergebrannt.

Otto-Fritz Glauer schrieb über den denkwürdigen Januartag 1588: »Am Morgen des 25. Januar sandten der Rat und die Gemeinde von Pitschen eine Bittschrift an den Großkanzler Zamoyski, worauf dieser antwortete: ›Obwohl der schlesischen Fürsten Kriegsvolk in der Spitze wider mich gestanden, dennoch fürchtet Euch nicht. Euer Leben schenke ich Euch, Ihr Kinder.‹ Nachdem das Heer abgezogen war, begann aber erst das ganze Unglück für die bedauernswerte Stadt. Der Kanzler hatte sich einige Meilen zurückgezogen, und nunmehr wurde den Polen, Tataren und Kosaken das Städtchen zur Plünderung freigegeben. Es wurde mit Ausnahme der Kirche, des Rathauses und zweier kleiner Häuschen gänzlich eingeäschert, die Bürger entsetzlich gequält und gemartert. Besonders der Bürgermeister Martinus Maldrzyk und der Stadtschreiber Johannes Mazczka, weil diese sich weigerten, die Schätze der Stadt herauszugeben.

In der Kirche, die im übrigen unversehrt blieb, hauste das feindliche Gesindel ganz fürchterlich. Auf dem Epitaphium des Altares Opała, im südlichen Seitenschiff unserer Kirche, sind noch heute die Spuren von der barbarischen Aufführung der Polen und Tataren aus jenen Schreckensjahren zu sehen. Auch die Orgel wurde zertrümmert, wie eine Inschrift an ihrer nördlichen Wand, die aber 1888 beseitigt worden ist, besagt.«

Im Sommer 1945 hing das Epitaphium an der gewohnten Stelle. Dem Kruzifix, einer Holzplastik der Krakauer Schule aus dem Jahre 1530, einem schönen und vollkommenen Werk, vor dem ich schon so oft in stiller Andacht gestanden hatte, war ein Fuß abgehackt worden. Dieses wertvolle Kunstwerk hatte durch Kriegsvölker schon einige Beschädigungen erlitten.

Die überlebensgroße Figur des Gekreuzigten erinnert an Grünwald und gehört zu den besten spätgotischen Plastiken Schlesiens. Der Kopf erinnert an den Christuskopf des Hauptwerkes von Veit Stoß in der St.-Lorenz-Kirche zu Nürnberg. Und da Veit Stoß mehr als zwanzig Jahre seines Lebens, von 1477 bis 1499, in Krakau zugebracht hat, könnte diese Christusfigur in unserer St.-Nikolai-Kirche vielleicht von einem seiner Krakauer Schüler geschaffen worden sein.

Der Kirchenpatron St. Nikolaus hatte 1945 seinen gewohnten Platz in der Sakristei verlassen müssen und stand mitten im Kirchenschiff, rechts vom Altar. Man hatte ihm die betenden Hände abgehackt. Sein Gesicht war jetzt der offenen Kirchentür zugewandt, so, als ob er auf etwas warten würde. Sein Blick ging durch die offene Kirchentür in weite Ferne, als ob ihn nichts mehr verwundern oder erschüttern könnte. Der Fußboden der Sakristei war durch Axthiebe aufgebrochen. Die Russen hatten dort nach verborgenen Schätzen gesucht, aber nichts gefunden.

Die Rückwand des Hochaltars war ebenfalls beschädigt. Eine Menge alter Aufzeichnungen lag auf der Erde zertrampelt. Die Orgel war erhalten, nur die kleinsten Zinnpfeifen fehlten. Die Kinder der Bug-Polen hatten sich diese angeeignet und zogen nun pfeifend durch die zerstörten Straßen unserer Stadt wie der Rattenfänger von Hameln. Alles das erfuhr ich allerdings erst Monate später, im Sommer 1945, nach unserer Rückkehr in die Heimat.

Vor der Flucht

Für die Nachzügler, die Trecks, war es im Januar 1945 höchste Zeit. Die Panzer rollten schneller als die Pferdewagen. In dieser Situation wurde ich zu einer Geburt nach Baumgarten gerufen. Der örtliche Treck wartete auf die Geburt eines Kindes, dessen Eltern die Dorfbewohner nicht im Stich lassen wollten. In der Stunde der Gefahr verband sie – mehr als sonst – Solidarität und Hilfsbereitschaft.

Als ich mit meinem klapprigen Auto ankam, erwartete dort eine junge Frau ihr erstes Kind. Ihren Namen habe ich vergessen; sie wohnte in der Nähe des Gutshofs an der Straße, die über Bischdorf nach Kreuzburg und Konstadt führte. So weit ich blicken konnte, warteten voll beladene Pferdewagen auf den Start. Den Rest des Weges mußte ich zu Fuß zurücklegen, da mit dem Auto kein Weiterkommen war. Alle Dorfbewohner bangten um die junge Frau. Es wurde bereits dämmrig, deshalb forderte ich die Männer auf, doch ohne diese Familie loszufahren. »Wer weiß, wie lange es dauern wird, bis die junge Frau und das Kind transportfähig sein werden!«

»Wir nehmen die junge Mutter und das Kind mit, wir fahren nicht allein los!« Übermüdet, mit ängstlichen Blick lag die Gebärende blaß auf ihrem Kissen. Die Hebamme war schon da und hatte erste Hilfe geleistet. Sie brauchte mir nicht erst zu erklären, daß die junge Frau am Ende ihrer Kräfte war. Ihre Herztöne waren derart schwach, daß man nicht nur um das Leben ihres Kindes, sondern auch um ihr Leben bangen mußte. Eine Untersuchung ergab, daß ich das Kind nur noch retten konnte, wenn ich einen raschen operativen Eingriff riskierte.

Also arbeiteten wir beide im Schweiße unseres Angesichts, und als die junge Frau schließlich aus der Narkose erwachte, hatte sie ein gesundes Kind zur Welt gebracht. Aber in was für eine Welt. Die Mutter machte uns immer noch große Sorgen. Ein Schwächeanfall folgte dem anderen, bis sie sich durch Spritzen langsam erholte.

»Können wir jetzt losfahren?« drängte mich der Treckführer, der schon wie auf Kohlen saß. »Nein, noch nicht!« In immer kürzeren Abständen kam jemand ins Zimmer und fragte: »Wie lange wird es denn noch dauern, bis die beiden fahrbereit sind?«

Die russischen Truppen konnten nicht mehr weit sein. Auf den Fahrzeugen draußen saßen Mütter mit Kleinkindern und Säuglingen und auch alte Leute in der Kälte. Bei dem scharfen Ostwind froren manche jämmerlich. Die Situation wurde langsam für alle kritisch. Konnte ich als Arzt verantworten, daß die junge Mutter und das neugeborene Kind, nach dieser schwierigen Entbindungszeit, nach dem operativen Eingriff und dem lebensbedrohenden Zustand geschwächt, Schneetreiben und Kälte ausgesetzt wurden? Nach ärztlichem Ermessen hatte sie kaum eine Chance, den Transport zu überstehen. Aber niemand wollte auf mich hören.

Man hatte für die beiden einen Plateauwagen hergerichtet, auf dem Stroh ausgebreitet war. Wir packten die Frau und ihr kaum zwei Stunden altes Baby bis zum Kopf in warme Betten und legten sie in das Stroh, während der Schnee Pferdewagen und Menschen mit einer eisigen Kruste überzog. Schwerfällig setzte sich endlich der Treck in Bewegung. Lange blickte ich in der Dämmerung dem in der Ferne verschwindenden Elendszug nach.

Noch nie während meiner zwanzigjährigen Arzttätigkeit hatte ich mich in einer ähnlichen Situation befunden. Mich bohrten Gewissensbisse, daß ich nicht energischer gegen den Abtransport der jungen Mutter und des Kindes protestiert hatte. Dem Angreifer waren sie gerade noch entkommen. – Aber würden sie auch am Leben bleiben? Es klingt unglaublich, aber es ist wahr: Die junge Frau und ihr Baby haben diesen Todestransport überstanden, jedoch nur, weil sie am nächsten Bahnhof von einem Lazarettzug aufgenommen wurden. Sanitäter versorgten Mutter und Kind und brachten sie in ein Krankenhaus.

Jahre später habe ich das Kind, ein Mädchen, bei einem Schlesiertreffen in München wiedergesehen. Ihre Mutter kam zu mir und bedankte sich. Ein für mich sehr bewegendes, freudiges Ereignis.

Auf dem Weg nach Hause merkte ich, daß die Flüchtlingsströme wieder zunahmen. Eine Völkerwanderung des Elends. Wer nicht warm genug angezogen war oder in Decken eingewickelt, dem drohte sogar der Tod durch Erfrieren.

Der Bataillonskommandeur des Volkssturms, der Forstmeister Grosser, und der Kompanieführer, mein Freund Richard Steinhoff, waren bei mit zum Abendessen eingeladen. Unsere »Perle« Anna, das Dienstmädchen, und meine Schwiegermutter waren noch im Haus. Die beiden hatten im Lazarettzug keinen Platz gefunden und warteten noch auf eine Gelegenheit zur Flucht, da löste ein Bombenangriff auf das nahe Konstadt die Lichter aus.

Deutsche Sturzkampfflugzeuge, die Stukas, bombardierten auch die Dörfer Baumgarten und Bischdorf, um sowjetische Panzer vorübergehend zum Rückzug oder zum Ausweichen zu zwingen. Wir Männer saßen indessen bei Kerzenschein in der Wohndiele unserer Hauses. Bei jedem Bombeneinschlag gingen die Kerzen aus.

Nach dem Angriff läutete das Telefon. Der Bahnhofsvorsteher suchte einen Arzt. Auf dem Bahnsteig warteten immer noch etwa zweihundert Einwohner vergeblich auf eine Gelegenheit, in einem der unregelmäßig aus Richtung Kempen kommenden Züge einen Stehplatz zu erobern. Aber die wenigen Züge waren restlos überfüllt. Eine schwangere Frau war vor Aufregung und vor Kälte ohnmächtig geworden. Ich leistete Erste Hilfe und drückte vielen Patienten noch einmal die Hand.

Einen Tag später sollten die meisten nicht mehr leben. Sie wurden nach Augenzeugenberichten von Mongolen niedergemacht, erwürgt, erschossen, totgeschlagen. Die meisten Frauen wurden vorher vergewaltigt. Die Leichen wurden ausgeplündert.

Nur wenige Frauen, die sich als Polinnen ausgaben, überlebten das Massaker, wie zum Beispiel unsere Hebamme Maria Olschimke. Sie haben mir später von dem Gemetzel der verhetzten und zum Teil auch betrunkenen Sowjetsoldaten berichtet. Doch davon später mehr.

Nach meiner Rückkehr vom Bahnhof stärkten wir uns mit dem von mir selbst gebrauten Holunderbeerwein. Die letzten jeweils fünfundzwanzig Liter Holunderbeer- und Johannisbeerwein tranken einen Tag später die Russen. Am Vorabend des Untergangs der Stadt verabschiedeten sich auch die beiden Diakonissen unseres kleinen Krankenhauses tränenreich von mir, um mit dem – wie sich später herausstellte – letzten Transport überhaupt die Stadt zu verlassen. Um Mitternacht stellten Post und Eisenbahn ihren Betrieb ein. Auf dem Postamt war fortan nur noch ein Volkssturmmann als Notdienst.

Ich verbrachte den größten Teil der Nacht in der Küche des Freundes Anton Rudzki in der Breslauer Straße. Hier war auch der »Gefechtsstand« des Volkssturms. Offiziell gehörte ich nicht dazu, aber ich wollte meine Freunde, Nachbarn und Patienten nicht im Stich lassen und ihnen ärztliche Hilfe leisten, falls es zu Kampfhandlungen und Verwundungen kommen sollte.

Den frommen Katholiken und Pazifisten Rudzki hatte man in der Stunde der Gefahr zum Feldwebel des Volkssturms ernannt. Die meisten Volkssturmmänner hatten noch nicht begriffen, daß sie auf verlorenem Posten standen. Ab und zu tauchte ein Melder auf, um Bericht zu erstatten, was die Beobachter in den rings um die Stadt ausgehobenen Panzergräben bemerkt hätten.

Die einzige Verbindung zur Außenwelt war ein Feldtelefon, das sporadisch mit dem Bataillons-Gefechtsstand in Kreuzburg Kontakt erlaubte. In der Küche des Kaufmanns Rudzki saßen unter anderem Paul Langner, Breutmann, Julius Wünschirs, Rudolf Summa, Heinrich Löchel, Grötschel, Laas und Steinhoff. Vierundzwanzig Stunden später lebten die meisten nicht mehr. Ich habe nur zwei wiedergesehen. Die Stimmung war gespenstisch. Die Männer versteckten ihre Angst hinter Galgenhumor. Glühwein und Branntwein flossen in Strömen. Auch die im Krieg so knapp gewordenen Tabakwaren verteilte Julius Wünschirs in jeder Menge, sogar ohne Bezugsschein. Die Männer tranken sich den Mut der Verzweiflung an. Alles, was während des Krieges so knapp geworden war, wurde plötzlich in Unmengen angeboten: auch gehortete Ware!

Die beiden Kaufmänner Rudzki und Wünschirs boten zum Beispiel in Massen Zucker und Reis zur Versteigerung an, Julius Wünschirs zu Spottpreisen zweihundert Sack Zucker und dreißig Sack Reis, aber niemand konnte sich über das makabre Angebot freuen. Einige Männer murrten und forderten den Kompaniechef auf, der Volkssturm solle sofort die Stadt verlassen, bevor die Russen kämen. Aber die verantwortlichen Männer waren der Auffassung, das wäre Fahnenflucht. Sie sollten nur »Stellung halten«, bis reguläre Truppen die Verteidigung der Stadt übernehmen würden. Der Volkssturm sollte nur die zweite Linie besetzen, so lautete die Parole.

Es kamen keine »zurückflutenden deutschen Truppen«. Nur ein Panzer, der irgendwo im Hinterland repariert worden war, rollte durch die verlassene Stadt wieder an die Front. Ein blutjunger Ritterkreuzträger stoppte vor dem Laden von Rudzki, kam herein und bat meinen Freund Richard um eine Panzerfaust. Nur damit bewaffnet, fuhr er dem Feind entgegen. Der arme Kerl, weit wird er nicht gekommen sein.

Mein Freund Richard Steinhoff brachte mich in den ersten Morgenstunden noch zu meinem Haus, bis an den Durchgang in der Stadtmauer. Wir trennten uns, ohne zu ahnen, daß es kein Wiedersehen für uns beide geben würde. Als ich mich in meinem Haus im warmen Badezimmer rasierte, klopfte es an der Tür, und der Kaufmann Rudzki rief: »Ich rate dir, mit deinem Wagen zu verschwinden, es ist allerhöchste Zeit, euer Mädchen und deine Schwiegermutter müssen aus der Stadt. Die Russen können jeden Augenblick hier sein!« »Nur keine Panik«, sagte ich mir und frühstückte erst einmal in aller Ruhe.

Ich saß allein in unserem Wohnzimmer bei strahlendem Sonnenschein und knackigem Frost vor dem Fenster, auf dem Tisch mein geliebtes blaues Kaffeegeschirr. Dann ging ich noch einmal zur Kommandozentrale des Volkssturms, um mich zu verabschieden. Rudzki stand mit dem Volkssturmmann Ullrich Breutmann in der Haustür, die er gerade abschloß. Zum Abschied rief er mir einen seiner von mir so geliebten Sprüche nach: »Hau ab, Theo, ruck, zuck die Wendung!«

Auf dem Rückweg sah ich noch, wie der Volkssturm geschlossen, mit Panzerfäusten und Gewehren bewaffnet, über die Röstfelder-Straße zur Turnhalle im Osten der Stadt vorrückte. Zurück in der Wallstraße, verstaute ich etwas Handgepäck in meinem DKW.

Später habe ich es bereut: Ausgerechnet einen Sack Kartoffeln habe ich mitgenommen, aber dafür nicht einmal unseren Stammbaum und die Familienfotos. Statt Wäsche, Kleidungsstücken oder Silber oder kostbaren Instrumenten aus der Arztpraxis nahm ich auf dem Rücksitz Kartoffeln mit. Meine siebzigjährige Schwiegermutter, unser Hausmädchen Maria und ihre mindestens zwei Zentner schwere jüngere Schwester ließen ohnehin wenig Platz für Gepäck. Hätte ich doch lieber zwei Kanister Benzin mitgenommen. Aber ich bildete mir damals immer noch ein: »Du bringst die Frauen nach Breslau, dann kommst du wieder zurück.«

Die Mädchen hatten auch noch große Koffer, die verstaut werden mußten. Aber warum heute deswegen jammern:

Tempi passati! Seelenruhig knatterten wir endlich durch die menschenleere Stadt, ohne zu wissen, in welcher Gefahr wir bereits waren. In meinem Haus zurück blieb unser polnischer Hilfsarbeiter und Chauffeur, ein zwangsverpflichteter Landwirt, der mir während der letzten Kriegsjahre zugeteilt worden war, weil alle Deutschen eingezogen waren. Frantek, das heißt Franz, sollte mit seiner Mutter das Haus hüten bis zu meiner Rückkehr am Abend.

Schon Minuten später war der entsetzte Schrei einer Nachbarin, die es nicht mehr geschafft hatte, zu entkommen, zu hören: »Die Russen kommen!« Mit geschwärzten, unkenntlich gemachten Gesichtern hockten Polen beim Einmarsch als Kundschafter auf den sowjetischen Panzern und dirigierten sie zuerst an die wichtigsten strategischen Punkte der Stadt: zum Rathaus, zum Bahnhof, zur Kasse, zum Postamt und zur Turnhalle.

Eine Augenzeugin erzählte mir später: »Ich war mit meinem Jungen auf der Straße vor der Tankstelle, als plötzlich ein Panzer neben mir stoppte. Zuerst dachte ich, es wäre ein deutscher. Da öffnete sich die Luke des Führungspanzers, und ich erschrak zu Tode, denn heraus kletterte ein Rotarmist und winkte mir freundlich zu. Der Offizier der Einheit versuchte mir in gebrochenem Deutsch klarzumachen: ›Du brauchst keine Angst zu haben.‹ Mein Sohn sollte ihnen nur den Weg zum Bahnhof zeigen. Er hob den furchtlosen Jungen in den Einstieg, schloß den Deckel und fuhr davon.« Ihren Sohn hat die Frau niemals mehr wiedergesehen. Wahrscheinlich wurde der Panzer von einer Panzerfaust getroffen und brannte aus. Dabei ist der Junge wohl mit verbrannt.

Am westlichen Ortsausgang stoppte ich mit meinem Auto noch einmal vor der Reparaturwerkstatt. Zwar hatte ich zuvor in der Tankstelle noch Benzin – sogar ohne Benzingutschein – bekommen, aber ein Fahrgeräusch irritierte mich. In der Werkstatt waren nur noch zwei französische Kriegsgefangene, Zwangsarbeiter, die mir sehr gewogen waren, weil ich ihnen manchmal heimlich Zigaretten zugesteckt und mich französisch mit ihnen unterhalten hatte. Sie warnten mich aufgeregt: »Herr Doktor, fahren Sie sofort weiter, die Russen müssen schon in der Stadt sein.« Die Franzosen hatten die Nachrichten eines Feindsenders abgehört und wußten besser als der Volkssturm über die militärische Lage Bescheid.

Während ich mit sechzig Stundenkilometern über die vereiste Landstraße tuckerte, drangen direkt hinter mir bereits die ersten sowjetischen Panzer in die Stadt ein. Sie stoppten unmittelbar nach mir an der Tankstelle, wo sie nach dem Weg zur Turnhalle und nach dem Volkssturm fragten. Ihn erwartete ein schreckliches Schicksal. Wäre ich in meinem Haus geblieben, hätten die Russen auch mich sofort erschossen.

Mein polnischer Chauffeur Frantek, den sie mit mir verwechselten, erzählte nach unserer Rückkehr: »Nach Ihrer Abfahrt war ich mit meiner Mutter allein im Haus. Ich ging in den Keller und holte ihr einen Krug von dem Johannisbeerwein. Als ich den Wein getrunken hatte, wurde ich so müde, daß ich mich in Ihrem Schlafzimmer auf das Bett warf und einschlief. Plötzlich wurde ich unsanft aus dem Schlaf geweckt. Es war stockdunkel, der Strom war ausgefallen. Durch die Zimmer rannten russische Soldaten, rissen die Kleidung aus den Schränken und schleppten alles weg, was ihnen gefiel.

Ein Soldat hatte mich beim Kragen gepackt und schrie mich immer wieder an: ›Bist du der deutsche Doktor?‹ Ich stammelte: ›Nein, nein, ich bin Pole.‹ ›Was machst du dann hier im Bett des Kapitalisten?‹ Beim Schein einer Taschenlampe stießen mich zwei Russen die Treppe hinunter und führten mich mit gezogener Pistole die Wallstraße entlang ein paar Häuser weiter in das Haus des Tagelöhners, wo die provisorische Kommandantur eingerichtet war. Auf dem Weg dorthin hörte ich noch Schüsse und sah Brände flackern.

Beim Schein einer Petroleumlampe saß der Kommandant, ein junger Offizier, in der Küche an einem Eßtisch. Die Stiefel auf dem Tisch und neben sich die Pistole auf der Tischplatte. Während er sich eine Zigarette aus Tabak und Zeitungspapier drehte, verhörte er mich: ›Wie heißt du, was hast du für einen Beruf, was hast du dort in dem Haus gemacht, wenn du nicht der Arzt bist?‹ Ich versuchte vergeblich, ihm klarzumachen, daß ich nicht der Besitzer des Hauses und kein Deutscher war. Er glaubte mir nicht, obwohl ich gar nicht Deutsch sprechen konnte, und wunderte sich auch nicht, daß ich Polnisch sprach.

Ich hatte Todesangst, denn ich wußte, daß die Russen bei der Einnahme deutscher Städte alle männlichen Einwohner im wehrfähigen Alter zu erschießen pflegten. Schließlich hatte der Kommandant genug von mir. Er sagte zu dem Sergeanten, der mich verhaftet hatte: ›Mach mit ihm, was du willst.‹ Kaum hatten wir das Haus verlassen, da herrschte mich der Russe an: ›Lauf, so weit du kannst.‹ Ich weigerte mich, denn ich ahnte, daß er mich dann von hinten erschießen würde. Vielmehr warf ich mich auf den Boden, umklammerte seine Beine und bettelte um mein Leben.

Einen Augenblick zögerte der Sergeant, was er machen sollte. Dann bekam er wohl Mitleid mit mir, drehte sich um und ging wieder in die Kommandantur zurück. Da nahm ich meine Beine in die Hand und rannte so schnell ich konnte zu Ihrem Haus zurück, holte meine alte Mutter aus dem Keller, packte schnell noch einige Lebensmittel, Silbersachen, Bettzeug und Kleidungsstücke auf einen Handwagen und entkam zu Fuß nach Polen, wo mir nichts mehr passierte.«

Entsetzen, als die Russen kommen

Der Feind kam nicht wie erwartet aus dem Osten, wo Posten aufgestellt waren, sondern aus dem Süden und dem Norden. Nur wenige haben diesen Tag überlebt, denn die Rote Armee machte damals in der ersten Stadt auf deutschem Boden keine Gefangenen und kannte kein Pardon. Aus den Zeugenaussagen der Überlebenden läßt sich aber rekonstruieren, wie die Eroberung und Vernichtung der Stadt vor sich gegangen ist.

Wegen der Kälte und des eisigen Ostwindes hatte sich der Volkssturm in die Turnhalle zurückgezogen. Etwa sechzig Mann. Dort wurden auch Waffen ausgegeben. Der Kreisleiter der NSDAP, der aus Kreuzburg gekommen war, um das Kommando zu übernehmen, hielt eine letzte anfeuernde Rede und gab den Befehl, die Verteidigung der Stadt auch ohne militärische Unterstützung zu übernehmen. Jetzt gab es kein Zurück mehr. Die wenigen brauchbaren Waffen und Panzerfäuste wurden verteilt.

Um nicht als Partisanen von den Russen sofort erschossen zu werden, hatten sich manche Männer in Ermangelung von Militäruniformen aus dem Depot des Winterhilfswerks SA- und NSKK-Uniformen geholt und angezogen, was später erst recht die Wut und den Haß der Rotarmisten anstacheln sollte. Die Männer aber glaubten: »Besser in SA-Uniform als in Zivil!« Den Ablauf der Ereignisse schilderten später Augenzeugen.

Karl Kiener, Zimmermann aus Waldungen: »Nachdem die Trecks am 18. Januar 1945 Pitschen verlassen hatten, wurden abends verschiedene Gerüchte in Pitschen verbreitet, zum Beispiel, daß die Trecks nicht weiterkönnten und die Flüchtlinge auf offener Straße übernachten müßten, weil die

Straßen von anrollender Wehrmacht verstopft wären. Auch hieß es, daß man überall auf offener Straße Artillerie und Panzereinheiten ausgeladen hätte und wir von der deutschen Wehrmacht unterstützt beziehungsweise übernommen werden würden. So waren wir ziemlich zuversichtlich. Nun hieß es am 19. Januar früh: ›Mit Sturmgepäck antreten.‹ Das übrige Gepäck wurde in der Schule bzw. im Gasthaus bei Wyrwich zurückgelassen, und dann ging es zur Turnhalle.

Etwa um zehn Uhr dreißig kamen russische Panzer von Landsberg dort an. Wir wurden von ihnen völlig überrascht. Wie dies möglich war, kann ich mir bis heute nicht erklären, zumal wir einen Posten bis Kirchlinden vorgeschoben hatten. Auch auf dem Kreuzberg war ein Posten.

Unsere Ausrüstung ließ viel zu wünschen übrig. Wir wurden mit verschiedenen Waffen ausgerüstet, mit Gewehren und Karabinern verschiedener Modelle. Ich hatte zum Beispiel einen Karabiner 88 mit nur fünf Schuß Munition ohne Ladestreifen. Die meisten hatten nur fünf bis sechs Schuß für ihre Waffe. Die Panzerfäuste konnten wir später nicht gut anbringen, da die Russen das ganze Gelände hageldicht mit Maschinengewehren, Maschinenpistolen und Panzergranaten abstreuten.«

Otto Wollny, Kaufmann: »Nur wenige Pitschener traf man noch am frühen Morgen des 19. Januar, als ich einige Straßen durchquerte. Nur vereinzelt stieg Rauch aus den Kaminen. Ein Zeichen, daß Emil Malinsky und andere nicht geflüchtet waren. Einzelne standen vor Hermann Kerns Geschäft, um noch auf die Fleischmarken einzukaufen, die eine halbe Stunde später nicht mehr galten. Während die russischen Panzer schon von Wittenau anrollten, surrten noch die Maschinen der Werkstatt des Fleischermeisters Kern. Gesellen und Lehrlinge sangen einige Schlager, unbekümmert, nicht ahnend, was in den nächsten Stunden eintreten würde .... Oskar Weiss wollte auch nicht zurückstehen, um die Zurückgebliebenen nicht hungern zu lassen. Es war, als ob jeder noch seine Pflicht tun wollte – bis zuletzt.«

Fritz Opolka: »Wir waren ein paar Mann, die auf dem Bahnhof standen, als plötzlich die russischen Panzer anrollten. Einer fuhr gleich auf die Neudorfer Brücke, während die beiden anderen am Bahnhof hielten. Gustav Gora, der Zollbeamte Seider und ich liefen gleich los, am Güterbahnhof entlang und dann bis zur Kornfelder Brücke. Immer hinlegen – aufstehen – hinlegen – aufstehen! So ging es bis zum Posten 100, zu Herrn Bukall. Der Zug von Kostau kam nur bis zum Posten 99, dann erhielt er Feuer von der Neudorfer Brücke – zuerst der Zug und dann wir. Der Zug mußte infolgedessen nach Kostau zurück und fuhr über Kempen nach Breslau weiter. Mit ihm sollte der letzte Rest der Bewohner von Pitschen fortgebracht werden. Aber er kam halt eine Viertelstunde zu spät, sonst wären noch viele am Leben.«

Georg Preiss, Lehrer: »Richard Steinhoff, Summa und Wende teilten in der Turnhalle die Kompanie ein, gaben Munition aus. Als die Russen uns überraschten, sprang fast alles durch die hinteren Fenster, nahm Deckung bei der Ziegelei und dem Schuppen, wo bald ein heftiges Feuer losging. Wir kamen dann ganz gut, ohne beschossen zu werden, durch den Eingang heraus und sprangen, als wir Feuer bekamen, in den Graben. Als der Beschuß stärker wurde, sprangen wir wieder einzeln aus dem Graben.

Mein letzter Wortwechsel mit Richard Steinhoff war folgender: ›Richard, heraus aus dem Graben, sonst wird er unser Grab.‹ Richard rief: ›Schieß doch die Hunde zusammen, daß wir Luft bekommen.‹ Ich rief: ›Ich kann nicht, habe bloß Handgranaten. Aber nun heraus, es ist höchste Zeit.‹«

Karl Gieseler, Stadtrevierförster: »Der erste Panzer, der die Granate abfeuerte, stand schon vor dem Graben auf der Röstfelder Straße. In der Turnhalle entstand ein großes Durcheinander. Viele der Volkssturmmänner, namentlich die jüngeren, sprangen zu den Fenstern nach der Sportplatzseite hinaus. Ich folgte einem Volkssturmmann, der mit einer Panzerfaust bewaffnet war, zum Ausgang der Turnhalle. Schon stand der erste Russenpanzer vor der Turnhalle.

Der Mann – wer es war, weiß ich nicht mehr – feuerte die Panzerfaust ab und lag im selben Moment auf der Erde. Ich stolperte über ihn und fiel lang hin. Der Panzer war getroffen, denn ich sah, wie die aufgesessene Bemannung durch die Luft wirbelte. Dennoch feuerte jemand aus der Turmluke wie irrsinnig. Nun lief ich hinter die Ziegelei, um dort Deckung zu suchen. Reinhardt folgte mir. Otto war wahrscheinlich getroffen, denn er rührte sich nicht.

Ich hörte Rufe wie ›Sanitäter, Sanitäter!‹ vom Sportplatz her, aber weder kamen Sanitäter, noch gab es Verbandszeug. Der zweite und der dritte Panzer rollten von der Turnhalle her näher, und dreißig Deutsche kamen mit erhobenen Händen aus der Turnhalle heraus. Sie alle wurden von Russen niedergemäht und sofort der Schuhe und Stiefel beraubt. Josef Mogai aus Pitschen war auch dabei. Er stellte sich tot und entkam später barfuß. Die Panzer fuhren davon, in die Stadt.

Plötzlich sah ich zwei Panzer von Kreuzburg her querfeldein in Richtung Ziegelei fahren. Kommandos ›Schießen, schießen!‹ ertönten. Aber ein großer Teil der Männer war unbewaffnet oder hatte nur drei beziehungsweise fünf Schuß Gewehrmunition bei sich. Etliche riefen wieder: ›Ergeben, ergeben!‹ und streckten die Gewehrläufe mit weißen Taschentüchern aus den Lehmlöchern hinaus.«

Karl Pietsch, Bäckermeister: »Am 19. Januar vormittags elf Uhr fuhr Panzer auf Panzer vorüber. Plötzlich machte einer draußen halt. Die Besatzung sprang von ihrem Panzer, und drei Soldaten kamen zu mir in den Laden. Meine Frau und meine beiden Mädchen gingen ins Geschäft. Die Russen fragten, ob nicht Polizei im Ort sei, wo die Gestapo und das Militär wären und ähnliches. Plötzlich ertönte draußen ein Pfiff. Die Russen verließen daraufhin das Geschäft, sprangen auf die Panzer und fuhren wieder weiter. Es sollte aber bald schlimmer kommen. Nach den Panzern trafen motorisierte Truppen ein, Brandkommandos. Dann ging es los. Wir flüchteten in unseren Keller, konnten es aber bald vor Rauch und Dunst nicht mehr aushalten und liefen hinten aus dem Haus hinaus.«

Hildegard Pangsy: »Frau Wende wurde auf dem Bahnhof erschossen. Es traf sie ein Schuß, den die Russen durch das Fenster abgegeben hatten. Frau Olrich wurde von derselben Kugel an der Hand leicht verletzt. Der Malecha mit der einen Hand wollte als erster mit seiner Frau nach Hause gehen. Als er zehn Schritte gegangen war, schossen ihn die Russen von hinten nieder. Seine Frau lief nach Hause und verbrannte in ihrer Wohnung, wo man sie später fand. Herr Mogai nahm uns über Nacht auf. Dort wurden wir, die junge Frau Werner und ich, von den Russen vergewaltigt, obwohl wir uns wehrten, so gut wir konnten, so daß sie uns schon totschlagen wollten. Ich hatte einige Male meinen Tod vor Augen. Die weiteren Tage waren auch grauenhaft.«

Eine andere Zeugin berichtet: »Annemarie Kruse wurde auf furchtbar unmenschliche Weise ermordet, ebenso in der Stadt die Töchter von Karnetzky, er selbst auch. Frau Glauer, die viehisch umgebracht wurde, Herr Glauer, beide Grötschels, Herbert Auras, beide Dedetius, Langner und viele andere wurden ermordet.«

Ingeborg Köberich, geborene Karnetzky: »Besonders viele Tote hatte unsere alteingesessene Familie zu beklagen: den Vater Paul Karnetzky, einundsiebzig Jahre alt, seine Schwester Emmy Karnetzky, neunundsechzig Jahre als, beide wurden erschossen. Der alte Mann, weil er in den Augen der Russen ein ›Kapitalist‹ war, denn er trug einen Pelzmantel. Seine beiden Töchter, Ilse, einunddreißig, und Christa, neunundzwanzig Jahre alt, blieben nach Zeugenaussagen mehrere Tage in der Gewalt ihrer Peiniger und wurden gequält, vergewaltigt und erwürgt im Kohlenkeller des Hauses der Familie Mischol neben dem Schützenhaus aufgefunden. Die Muttert, Martha Karnetzky, war am Tag vor dem Einmarsch in ein einsam gelegenes Bauernhaus geflohen und erfuhr nach ihrer Rückkehr vom furchtbaren Tod ihrer Familie. Die Familie Karnetzky war seit zweihundertfünfzig Jahren in Pitschen ansässig.«

Gerd Steinhoff, Soldat: »Annemarie Kruse wurde auf unmenschliche Weise ermordet. Die Überlebenden erzählten mir furchtbare Einzelheiten, die nur von Tieren begangen werden konnten. Die Toten haben keine Gräber, sie sind verscharrt am Sandberg, in den Straßen und Gärten. Keiner darf ihre Gräber pflegen oder warten. Es ist, als stöhne Pitschen unter diesem verfluchten Verbrechen. Das ist die Wahrheit über Pitschen, das einst eine so traute Stadt war. Pitschen existiert nicht mehr!«

Gleich nach den etwas humaneren Elitetruppen der Dritten Gardeschützen-Division, die sogar beim Einkaufen von Brot einem deutschen Bäcker Rubel für Brot geben wollten, ehe sie weiterrückten, kam eine mordende und sengende, verkommene Soldateska, die jede Frau, vom zwölfjährigen Kind bis zur achtzigjährigen Greisin, wie Freiwild jagte. Der Fall der zwölfjährigen Sylvia, die allein innerhalb von wenigen Minuten von neun Rotarmisten vergewaltigt wurde und insgesamt sechsundzwanzigmal am ersten Tag, ist nur ein Beispiel dafür. Ihre Mutter konnte ihr nicht helfen, obwohl sie verzweifelt anbot, sich für ihre Tochter zu opfern. Die Russen lachten nur und vergewaltigten beide unzählige Male in den ersten drei Tagen. Das ging dann noch eine ganze Zeit so weiter. Das Mädchen war später körperlich und seelisch ruiniert, wie mir die Hebamme Olschimke erzählte, die sie nach Kriegsende behandelt hatte.

Es gab noch schlimmere Demütigungen: Eine über siebzigjährige bettlägerige Greisin wurde von einem fünfzehnjährigen, geschlechtskranken Jungen in Offiziersuniform mißbraucht, der nach Kriegsende in einem Reservelazarett der Roten Armee am Ring in Pitschen lag. Dagegen konnte sich die kranke alte Frau nicht wehren.

Unter den »Befreiern« kämpften und hausten häufig auch schon verrohte Kinder. Mindestens fünfundzwanzig Frauen und Mädchen wurden zu Tode gequält oder begingen Selbstmord. Die Tochter des stadtbekannten Fotografen Kruschinski wurde erst mehrmals in ihrer Wohnung vergewaltigt, dann wurde ihr mit einem Bajonett der Bauch aufgeschlitzt. Die Kaufmannstochter Steffi Wagemann wurde von einem T34-Panzer so lange gejagt, bis er sie einholte und zermalmte. Nur ihr Kopf lag nachher auf der Straße. Dafür gab es mehrere Zeugen.

Die größte Mordlust zeigten die Mongolen, die schon im Jahr 1241, als sie bis an die Prosna vorrückten, wegen ihrer Grausamkeit gefürchtet waren. Aber damals waren die Sümpfe der Prosna nach der Schneeschmelze des Frühjahrs unpassierbar. Daraufhin zerstörten die Mongolen Breslau und Liegnitz, bis sich ihnen polnische und deutsche Heere entgegenstellten. Die Demütigungen und Gewalttätigkeiten, denen besonders die Frauen ausgesetzt waren, sind unbeschreiblich.

Der bereits erwähnte Kaufmann Anton Rudzki, der zuletzt beim Volkssturm eingesetzt wurde, versteckte sich im Kohlenkeller seines Hauses. Er erzählte mir im Sommer 1945: »Kaum waren die ersten sowjetischen Truppen weitergezogen, da rollten Prosna-Polen mit ihren Pferdewagen in die Stadt und plünderten alles, was nicht niet- und nagelfest war. Ich mußte mitanhören, wie sie aus meinem Geschäft und aus meiner Wohnung Lebensmittel, Waren, Kleidungsstücke, Porzellan, Möbel und Schmuck herausschleppten. Ich durfte mich nicht bemerkbar machen, sonst hätten sie mich umgebracht. Aber als der Qualm des brennenden Hauses immer tiefer in den Keller eindrang, mußte ich ans Tageslicht.

In diesem Moment waren keine russischen Truppen in der Stadt. Also rannte ich in der Dunkelheit Richtung Osten, nach Polen. Plötzlich lief ich einer sowjetischen Streife in die Arme. Die Soldaten wollten mich erschießen, aber ich sagte, ich wäre Pole, und bettelte um mein Leben. Da sperrten sie mich erst einmal ein und nahmen mir die Stiefel weg. Der Soldat, der auf mich aufpassen sollte, verlangte später noch meine Uhr und meinen Ehering. Andere Wertsachen hatte ich nicht mehr bei mir. Als er mich filzte, entdeckte er unter meinem Hemd eine Kette mit einem goldenen Kreuz. Er nahm mir den Schmuck ab und fragte, ob ich griechisch-orthodoxer Religion sei. Ich bejahte das. Da sagte er zu mir: ›Ich auch!‹ Und dann ließ er mich laufen.«

Wer eine Uniform anhatte, mußte sterben. Die Eisenbahner, die wegen ihrer blauen Uniformen für höhere Wehrmachtsoffiziere gehalten wurden, mußten sich in Reih und Glied aufstellen und wurden dann durch Genickschuß umgebracht. Noch monatelang stand die zerschossene Bahnhofsuhr mit ihren unbeweglichen Zeigern auf elf Uhr zehn, der Todeszeit. Nur ein Eisenbahnarbeiter, der Zivilkleidung anhatte und einen tschechischen Ausweis bei sich trug, blieb am Leben. Die Russen legten damals viel Wert auf Dokumente, die sie in der Regel aber gar nicht lesen konnten. Der Mann hatte Glück: Der Ausweis war mehrere Jahre alt und berechtigte ihn lediglich dazu, mit seinem Fahrrad über die tschechische Grenze zu fahren, als es diese Grenze zwischen Deutschland und der Tschechoslowakei noch gab.

Ein Eisenbahner mit einem Bauchschuß schleppte sich bis in die Nähe meines Hauses und rief stundenlang: »Herr Doktor, Herr Doktor, helfen Sie mir doch.« Ich konnte ihm nicht helfen, denn ich war mit den drei Frauen nach Breslau losgefahren. Deutsche Nachbarn, die sich im Keller ihres Hauses versteckt hatten, trauten sich nicht, ihm zu helfen. Sie wären selbst entdeckt worden. Die Russen und die Polen berührte das nicht. Keiner war so menschlich, ihm den Tod zu erleichtern.

Erschütternd auch das Schicksal des katholischen Geistlichen, Pfarrer Wroszydlo. Er mußte betrunkene Sowjetsoldaten mit Wein bewirten. Als er sich schließlich weigerte, auch noch den Meßwein herauszurücken, durchlöcherten ihn die mordlustigen Sieger mit ihren Maschinenpistolen. Und schließlich der tragische Tod des Volksschullehrers Alfons Auras. Dem Gemetzel an den Volkssturmmännern war er zuerst entkommen, doch später stöberten ihn Rotarmisten in seiner Wohnung auf. Sie zwangen ihn, ihr Saufgelage auf dem Klavier musikalisch zu begleiten. Der schreckliche Lohn der Angst: ein Genickschuß. Vornübergebeugt, den Kopf und die Hände auf den Tasten, wurde er erst Wochen später gefunden und wie die anderen Deutschen verscharrt.

Auf dem Friedhof durften Deutsche nicht beerdigt werden, nur am Sandberg, in Gärten und auf Straßen. Eine Handvoll Bewohner überlebte das tagelange Morden, Brandschatzen und Plündern. Alles, was ich weiß, habe ich von ihnen nach Kriegsende erfahren. Wer damals dabeigewesen ist, wird es nie vergessen können, das grausame Inferno der Januartage des Jahres 1945.

Flucht in Etappen

Während sich in Pitschen Grauenhaftes abspielte, fuhren wir am 19. Januar seelenruhig in Richtung Breslau. Unterwegs passierten wir auch Angersdorf (Proschlitz). Dort sah ich neben dem Schloß mit laufendem Motor einen »Fieseler Storch« stehen, in dem die Familie von Watzdorf ihr Gepäck verstaute. Deutschen Heeresverbänden begegnete ich auf einer einhundert Kilometer langen Strecke zwischen Pitschen und Breslau nirgendwo. Nur bei Oels stand mutterseelenallein ein einziges deutsches Pak-Geschütz mit einem Ritterkreuzträger. Mein Treibstoffvorrat war indessen fast verbraucht. Ich mußte also zuerst einmal zum Polizeipräsidium, um mir einen Bezugsschein zu holen.

»Ich möchte mit meinem Pkw zurück nach Pitschen und habe kein Benzin mehr«, erklärte ich dem Beamten. »Wohin wollen Sie?« Er hob den Hörer seines Telefons ab, verlangte eine Verbindung mit dem Postamt in Pitschen und wartete, bis sich eine Stimme meldete. Der Teilnehmer sprach russisch. Ich war entsetzt. »In Pitschen sind schon längst die Russen.« Vor Schreck blieb mir die Sprache weg. Da hatte ich ja noch einmal Glück im Unglück gehabt.

Zuerst versuchten wir in einem der überfüllten Züge für meine siebzigjährige Schwiegermutter und die beiden Hausmädchen einen Platz zu bekommen. Doch vergeblich. Tausende Flüchtlinge blockierten die Bahnhofshalle, so daß man selbst nach stundenlangem Warten nicht einmal bis zum Bahnsteig vordringen konnte. Eineinhalb Tage versuchten wir unser Glück. Nur wenn Fliegeralarm war, ließen wir das Gepäck im Stich und rannten in den nächsten Luftschutzkeller. Den Sack Kartoffeln ließen wir dann einfach stehen. Wenn wir zurückkamen, war er immer noch da. Es gelang uns nicht, mitzukommen. Also saßen wir auf unserem Gepäck und wußten nicht, was wir tun sollten. Es klingt unglaublich, aber noch immer konnte man unter den Wartenden Stimmen hören wie: »Unser geliebter Führer wird uns nicht im Stich lassen!«

Schließlich brachte ich die drei Frauen erst einmal zu meiner Schwägerin Erika Lepsy, die in der Gandauer Straße wohnte. Dann fuhr ich allein in die Stadt, um Neues über die militärische Lage zu hören, um Benzin zu organisieren und mich um eine Fahrgenehmigung zu bemühen. In Breslau wurden bereits Gerüchte von der bevorstehenden Räumung des Ostufers verbreitet. Nirgends konnte ich meinen Wagen unterstellen, eine Garage war nicht zu bekommen. Unverrichteter Dinge besuchte ich am Abend eine Pitschener Familie, Freunde, die sich wie wir abgesetzt hatten, Frau Gansert und ihre Schwester, die Frau des Pastors Schwarz. Frau Gansert feierte an diesem Abend ihren Geburtstag.

Am nächsten Tag versuchten wir noch einmal, einen Platz in einem Zug zu erobern. Wieder warteten Tausende – es war sinnlos. Und das, obwohl wir den Sack Kartoffeln natürlich längst aufgegeben und kaum noch Gepäck bei uns hatten. Da kündigten Sirenen Fliegeralarm an. Wir rannten in den Bahnhofsbunker, bis die Luft rein war. Hier verbrachten wir den ganzen Tag, es war ein Sonnabend. Die Hauptstadt Schlesiens war damals noch nicht zerstört. Breslau hatte im Frieden etwa sechshunderttausend Einwohner und galt während des ganzen Krieges als »Luftschutzkeller Deutschlands« für die vor den Bombenangriffen Geflüchteten aus dem Westen des Reiches, weshalb die Stadt kurz vor Kriegsende fast eine Million Einwohner hatte. Ende Januar 1945, als wir dort Zuflucht gesucht hatten, war sie auch noch nicht eingekreist.

Schließlich gaben wir das Warten auf. Ich hatte unterdessen eingesehen, daß mir nur noch ein Fahrbefehl der NSDAP helfen konnte, denn es wurden alle privaten Fahrzeuge für die Wehrmacht beschlagnahmt, wenn der Fahrer nicht einen Fahrbefehl der Partei hatte. Also mußte ich zum Amt des Gauleiters. Dort fand ich zuerst niemanden, der bereit gewesen wäre, mir einen Fahrbefehl zu geben. Der Zufall wollte es, daß ich auf dem Flur einen Pitschener traf, der früher einmal mein Patient gewesen war und Karriere bei der Partei gemacht hatte.

Er war erschüttert über die Einnahme unserer Heimatstadt. Durch ihn bekam ich Benzin und den ersehnten Fahrbefehl der Partei nach Berlin für mich und meine Familie, der später von großer Bedeutung für uns werden sollte. »Wir Pitschener müssen doch zusammenhalten«, wies er freundlich meinen Dank zurück. Wer weiß, was aus dem Parteigenossen nach der Kapitulation geworden ist.

Die ganze Nacht lang hörten wir Durchsagen des Gauleiters, der den »geliebten Führer« zitierte: »Haltet aus!« Unsere Pitschener Freundin, Helene Rudzki, pflegte bei derartigen Sondersendungen immer statt »unser geliebter Führer« ironisch »unser geliebter Spitzbube« zu sagen. So eine Bemerkung durfte man nur vor Freunden wagen, denn sie konnte einen schon ins Gefängnis oder sogar ins Konzentrationslager bringen.

Die Uniformträger der NSDAP sowie der SS waren damals noch von ihrer Wichtigkeit überzeugt. Die Enttäuschung und das Entsetzen kamen erst später. Viele gaben vor den Flüchtlingen noch an – wie unsere Freundin Marga Steinhoff es nannte – wie »eine Tüte Mücken«. Dafür wäre sie wohl nicht eingesperrt worden. Am schlimmsten waren die Parteiführer, die sogenannten »Goldfasane«. Sie stammten zumeist aus einfachen Verhältnissen, waren oft übergeschnappt, weil sie eine Uniform tragen durften, und handelten nach dem Motto: »Führer befiehl, wir folgen dir!« Unser Pitschener Ortsgruppenleiter zum Beispiel, der Bauer Hoffmann, war ein Mensch von anspruchsloser Denkungsart, der nach 1933 auf einmal von seiner Wichtigkeit überzeugt war. Obwohl er sehr einfältig war, versuchte er in seinen Reden den Reichspropagandaminister Joseph Goebbels nachzuahmen. Auch für Goebbels hatte unsere Freundin einen treffenden Spitznamen. Sie nannte ihn ironisch »Joseph Kulawik«, »Joseph den Hinkenden«.

Nun forderte der Breslauer Gauleiter Frauen und Kinder über den Rundfunk auf, unverzüglich die Stadt zu verlassen – zu Fuß, bei Schneetreiben und zehn Grad Kälte. Die Nationalsozialistische Partei hatte zwar in Nürnberg große Aufmärsche organisieren können, aber bei der Evakuierung der Zivilbevölkerung aus dem Kampfgebiet versagte sie völlig. Mein Auto stand indessen am Bahnhofsvorplatz. Da es empfindlich kalt war, ließ ich ab und zu den Motor laufen, damit er nicht einfror. In den frühen Morgenstunden des 21. Januar – es war ein Sonntag – konnten wir Breslau mit dem Auto verlassen.

Die ganze Nacht über hatte ich das Elend auf dem Bahnhof beobachten müssen. Jeder wurde hereingelassen, aber nur Frauen und Kinder wieder heraus. Alle kriegsverwendungsfähigen Männer wurden sofort zu größeren Gruppen zusammengestellt und abgeführt. Sie mußten die Stadt verteidigen. Selbst Urlauber wurden sofort neu eingezogen: Sie wollten nach Hause fahren, obwohl sie wußten, daß die Russen in der Heimatstadt waren; sie ahnten nicht, was sie dort erwartete.

Unterwegs hatte ich zwei Reifenpannen, die ich gottlob in einer Werkstatt reparieren lassen konnte. Während des Gesprächs mit dem Kfz-Meister – es war bei Liegnitz – sagte ich wehmütig zu ihm: »Sie haben es gut, Sie brauchen nicht zu fliehen. Wir liegen auf der Straße.« Der Mann konnte nicht ahnen, wie recht er hatte, als er mir antwortete: »Was Ihnen heute blüht, kann uns morgen passieren.« Damals konnte ich das noch nicht so recht glauben.

Ich überholte Flüchtlinge, die zu Fuß gingen und einen Schlitten zogen und gegen den schneidenden Wind ankämpften. Manche schoben auch Kinderwagen vor sich her – und das bei leichtem Schneetreiben. Gegen Abend kamen wir über Frankfurt an der Oder auf die sogenannte

Reichsautobahn, die nach Berlin führte. Mein Ziel war Ketschendorf bei Fürstenwalde, wo Verwandte aus Breslau wohnten. Der Diplomingenieur Achim Licht mit seiner Frau Ella und den Kindern Wolf und Knut erwartete uns schon.

Vor 1939 hatte das Ehepaar uns oft in Pitschen besucht, und während des Krieges schickten wir der Familie manche Weihnachtsgans, denn bei uns in Schlesien gab es damals noch genug zu essen, und als Arzt bekam ich auch ohne Lebensmittelmarken von meinen Patienten, was ich wünschte. Die Familie Licht war zwar nur durch Heirat über meinen Schwager Paul Lepsy entfernt mit uns verwandt, aber wir waren gut miteinander befreundet. Die Frau dieses bedeutenden Breslauer Architekten, der damals Autobahnen und Flughäfen baute, die bildhübsche Ella Licht, war während des Krieges einen Sommer lang unser Gast in Schlesien gewesen und bei mir als Patientin in Behandlung.

Wir hatten mit den beiden Lichts ausgemacht, daß wir uns alle, meine Frau mit den Kindern und ich, auf der Flucht in Ketschendorf bei ihnen treffen wollten. Etwa achtzehn Kilometer vor dem ersehnten Ziel ging mir der Sprit aus. Keines der Fahrzeuge, die vorbeifuhren oder uns entgegenkamen, hatte Treibstoff für uns übrig. Sie fuhren mit Holzgas, und die Wehrmachtsfahrzeuge durften Zivilisten sowieso kein Benzin abgeben. Jeder Tropfen wurde für den »Endsieg« gebraucht. Erst spät in der Nacht schleppte uns ein gutmütiger Lastwagenfahrer ab und brachte uns bis nach Ketschendorf.

Überrascht öffnete Ella die Tür, als wir uns bemerkbar machten. Freilich hatte sie nicht damit gerechnet, daß ich noch zwei Hausmädchen und meine Schwiegermutter mitbringen würde. Dafür wartete sie schon tagelang auf meine Frau und unsere Kinder, die noch nicht eingetroffen waren. Wir übernachteten erst einmal bei ihr und waren froh, den Russen entkommen zu sein.

Zwei Tage lang hörte ich nichts von meiner Familie. Indessen füllte sich die wohnlich eingerichtete Baracke, in der die Familie wohnte. Immer mehr Verwandte aus Schlesien kamen angereist. Erika Lepsy mit Oma Lepsy, Opa und Oma Licht aus Breslau, die Eltern von Achim Licht, dann noch eine entfernte Tante, mit der niemand gerechnet hatte. Da tauchte ein Bahnbeamter aus Fürstenwalde auf. Er war bei dem Sauwetter mit dem Fahrrad vom Bahnhof Fürstenwalde bis nach Ketschendorf geradelt, um mir eine Nachricht zu bringen: »Ihre Frau und die Kinder leben. Sie halten sich bei einem Eisenbahnbeamten in Sagan auf.«

Mir fiel ein Stein vom Herzen. Ich muß dazu erklären, daß es damals für Zivilpersonen unmöglich war, private Telefongespräche zu führen. Nur weil der Gastgeber meiner Familie Eisenbahnbeamter war, konnte er ein Dienstgespräch mit seinem Kollegen am Bahnhof in Fürstenwalde führen, den er bat, diese Nachricht nach Ketschendorf zu übermitteln. Zuerst weigerte sich der Eisenbahnbeamte, das zu tun. Er hätte Wichtigeres zu erledigen, denn Tag und Nacht rollten die Transporte mit Flüchtlingen aus dem Osten. Aber dann ließ er sich erweichen und fuhr nach Dienstschluß auf einem alten Fahrrad bis Ketschendorf, nur um mir die frohe Botschaft zu bringen. Ich werde ihm ewig dankbar sein.

Es war damals nicht leicht, Benzin zu organisieren, aber Ella Licht gelang es – dank ihrer Beziehungen und ihres Charmes. Ich konnte mich auf den Weg nach Sagan machen. Unterwegs beunruhigte mich aufs neue ein Kühlergeräusch, ein eigenartiges Quietschen. Aber ich erreichte noch mein Ziel. Die Freude war auf beiden Seiten natürlich riesengroß. Alle schienen erst einmal gerettet. Meine Frau wohnte mit der kleinen Tochter Kristine im Hotel »Walfisch«, Hans und Sybille schliefen in der Zweizimmerwohnung des Bahnhofsvorstehers aus Gleiwitz, in der insgesamt zehn Personen kampierten. Im gleichen Hotel übernachteten auch andere Pitschener Flüchtlinge, zum Beispiel Frau Klara Noell, die Inhaberin der Getränkefirma OPALE.

Am 25. Januar machten wir uns wieder auf den Rückweg

nach Ketschendorf. Kaum hatten wir die Stadt Sagan verlassen, fing mein Auto wieder an zu knirschen. Das ging so bis nach Guben. Dort wurden wir von einer Streife des NSKK (des Nationalsozialistischen Kraftfahrkorps) gestoppt. Das Auto sollte beschlagnahmt werden, aber der Fahrbefehl der Partei aus Breslau wirkte Wunder. Ein NSKK-Mann setzte sich mit seinem Karabiner auf einen Kotflügel und ließ sich von mir nach Guben zu seiner Dienststelle fahren. Dort wurden viele private Personenkraftwagen festgehalten, die ohne Fahrausweis auf der Flucht waren. Sie standen verschneit auf der Straße und warteten auf eine Fahrgenehmigung. Die nationalsozialistische Bürokratie der Diktatur funktionierte immer noch, als wäre sie nicht schon dem Untergang geweiht.

Die Belastung des alten Wagens mit sechs Personen, Gepäck und dem NSKK-Mann gab meinem braven DKW den Rest. Zwei Reifenpannen und einen Vergaserbrand hatte ich schon überstanden. Bei der Abfahrt aus Sagan knirschte ein Vorderrad wieder verdächtig. Ich glaubte damals, die Bremse wäre blockiert, und fuhr einfach weiter. Kurze Zeit danach, bei dem Ort Steinsdorf, mitten im verschneiten Winterwald auf offener Chaussee, ereilte uns das Schicksal. Ein Kreischen – und der Wagen war endgültig festgefahren. Wir waren die einzigen, die in Richtung Westen wollten. Von den entgegenkommenden Wehrmachtsfahrzeugen, die an die Front mußten, blieb keines stehen, als wir winkten.

Die Dämmerung war schon hereingebrochen, und es wurde langsam eiskalt im Auto, als plötzlich ein Förster mit geschulterter Flinte neben uns auftauchte und sich die Autonummer ansah. »Pierunje – verdammt, ihr seid doch aus Oberschlesien?« fragte er uns und ließ sich dann unser Mißgeschick erklären. »Ich bin auch Oberschlesier, ich werde euch helfen!« Zuerst schickte er meine Frau und die Kinder in die Försterei, sie brauchten dorthin nur zweihundert Meter durch den Wald zu laufen. Dort wurden sie von der Frau des Försters freundlich aufgenommen und mit

Kaffee und Kuchen bewirtet. Im Wohnzimmer war es mollig warm.

Unterdessen holte der Förster Brendel seine Pferde herbei, um den Wagen abzuschleppen. Er hatte vor, den Schaden zu beheben. Obwohl ich von den technischen Fähigkeiten eines Forstmanns auf dem Gebiet der Autoreparatur nicht hundertprozentig überzeugt war, in dieser Situation war mir jede Hilfe recht. Was hätte ich auch anderes tun sollen? Wir hatten erst einmal ein Obdach gefunden. In der warmen Stube waren die Kinder schnell eingeschlafen. Nachdem wir uns mit dampfendem Kaffee und Wurstbrot gestärkt hatten, wurden die Kinder ins Bett gebracht, und der Förster machte sich – im Schein einer Lampe – an die Reparatur des Wagens. Als Verstärkung hatte er sich noch den Dorfschmied herbeigeholt.

Die beiden versuchten, das festgefahrene Rad von der Nabe zu ziehen. Unser Gastgeber meinte, der Bremsbelag wäre festgeschmort und erschwerte das Abziehen des Rades. Ich bewunderte den Förster wegen seiner riesigen Kräfte und der Geschicklichkeit, mit der er an die für ihn doch ungewohnte Aufgabe heranging. Doch obwohl er sich stundenlang abquälte, kam er nicht voran. Also gingen wir alle erst einmal schlafen.

Am nächsten Morgen wurde das Auto mit seinen Vorderreifen auf einen Birkenstamm gehoben und daran befestigt. Der Baumstamm lag zum Teil auf dem Pferdewagen, zum Teil auf der Erde. Und so wurde das beschädigte Auto langsam in die Werkstatt nach Guben transportiert. Zum Glück gab es dort eine große DKW-Werkstatt. Die dort beschäftigten Facharbeiter – es waren Franzosen – gingen schnell ans Werk. Ein Vorderradlager mußte ausgetauscht werden. Zuerst wurden mit einem Meißel die Schmelzreste beseitigt. Dann wurde das Radlager ausgetauscht. Gegen fünfzehn Uhr bekam ich mein Auto fahrtüchtig wieder zurück.

Im Forsthaus waren noch andere Flüchtlinge und Evakuierte aus Köln, die vom Regen in die Traufe gekommen waren. Außerdem erwartete der Förster Berufskollegen aus dem Wartegau, die auch auf der Flucht waren. Noch ehe das Haus voll war, machten wir uns wieder auf den Weg. Es dämmerte bereits, als wir uns bei den Gastgebern für die herzliche Aufnahme bedankten. Die Kinder hatten sich wieder erholt und waren – trotz unserer mißlichen Lage – guter Dinge und fröhlich. Auf der Weiterfahrt beunruhigte mich nur noch das Bewußtsein, daß ich mit meinem Treibstoff nicht mehr weit kommen würde, denn der Tank war fast leer.

Nachdem wir in Frankfurt die Oderbrücke passiert hatten, begegneten wir in den Abendstunden einer motorisierten schweren Artillerie-Einheit, die an die Front mußte. Die Fahrzeuge parkten in einer Nebenstraße. Meine Frau fragte einen jungen Oberleutnant, ob er uns nicht einige Liter Benzin abgeben könne. Der Offizier schrie sie an: »Sie sind wohl verrückt geworden, wir brauchen jeden Tropfen Benzin, um an die Front zu kommen«, und ließ sie einfach stehen. Ein Feldwebel, der das Gespräch verfolgt hatte und Mitleid mit uns hatte, versprach, uns zu helfen. »Meine Frau ist mit den Kindern jetzt auch auf der Flucht. Vielleicht braucht sie auch jemanden, der ihr hilft. Warten Sie, bis es völlig dunkel ist, dann holen Sie sich mit einem Kanister bei mir Benzin.« Das war für beide Seiten nicht ganz ungefährlich und hätte böse Folgen haben können, aber im Schutz der Dunkelheit holten wir unser Benzin vom Bagage-Wagen des Zahlmeisters, wo der Feldwebel den Treibstoff einfach entwendete. Wir konnten endlich weiterreisen.

Um Benzin zu sparen, schaltete ich beim Bergabfahren jedesmal den Motor aus. So erreichten wir – nur mit wenigen Tropfen Sprit im Tank – schließlich Fürstenwalde. Die letzten Kilometer bis Ketschendorf mußten wir laufen. Ella Licht staunte nicht schlecht, als wir in Ketschendorf zu Fuß ankamen. Unser Auto schoben wir am nächsten Morgen mit Muskelkraft in die Garage. Die Wiedersehensfreude war groß. Das Haus der Lichts war inzwischen voll, immer mehr Verwandte hatten hier Obdach gefunden. Aber damals, als

Partei und Regierung versagten, als alle Dämme brachen und viele nach der Devise handelten »Rette sich, wer kann«, bewährte sich eine menschliche Gemeinschaft wie keine andere: die Familie! Sogar Verwandte, die sich in Friedenszeiten nicht besonders »grün« waren, halfen einander. Raum war in der kleinsten Hütte, und alle teilten ihr Brot. Die Stunde der Not war zugleich auch die Stunde der Bewährung.

Ella öffnete ihren Vorratsschrank und verteilte ihre eiserne Ration an die Kinder, zum Beispiel Kakao und Schokolade. Sie bot meiner Tochter Sibylle Kleider und Schuhe aus ihrem großen Kleiderschrank an. Aber leider hatte keine der Frauen eine so zierliche Figur wie sie.

Ella Licht hatte auch ein Herz für die russischen Kriegsgefangenen, die in Ketschendorf die Müllabfuhr übernommen hatten. Heimlich versteckte sie unter dem Abfall kleine Päckchen mit Lebensmitteln und Zigaretten, weil sie wußte, daß die Gefangenen hungerten und gerne rauchten. Das war verboten und wurde streng bestraft, wenn man dabei erwischt wurde. Die gefangenen russischen Soldaten warnten uns vor ihren Truppen und rieten uns, dringend weiterzureisen, bevor die Rote Armee auch dieses Gebiet erobern würde. Sie hatten selber Angst vor der Befreiung. Ihnen drohte wegen »Feigheit vor dem Feind« oder »politischer Unzuverlässigkeit« eine Bestrafung oder sogar Deportation.

In unseren Ohren klang das damals übertrieben. Wir kannten die Siegermacht und ihre Methoden noch nicht. Siebzehn Personen drängten sich mittlerweile bei Lichts auf kleinstem Raum. Wir übernachteten auf Sesseln, auf einer Truhe und auf dem Boden. Der alte Opa Licht aus Breslau, ein bekannter Architekt, vertrieb meinen Kindern die Zeit dadurch, daß er mit ihnen Rechenaufgaben löste oder Karten spielte. Manchmal brachte er ihnen auch Zauberkunststücke bei oder ahmte einen Jongleur nach, womit er Lachsalven hervorrufen konnte. Schon damals litt er an Wassersucht und hatte geschwollene Beine. Er starb ein Jahr später in Celle.

Im Februar 1945 erlebten wir einen schweren Luftangriff

auf Berlin. Am hellichten Tag, bei herrlichem Sonnenschein sah man die feindlichen Bomberverbände anfliegen. Man hörte das bedrohliche Getöse der Motoren. Man sah, wie die Bomben vom Himmel fielen. Nur ab und zu wurde ein feindliches Flugzeug getroffen und stürzte ab. Mit Donnergrollen entwickelte sich eine ungeheure schwarze Staubwolke über der Reichshauptstadt. Achim Licht hatte sich im Garten einen kleinen zementierten Bombenkeller gebaut, den wir bei Sirenengeheul aufsuchten.

Eines Tages erschien ein in der Nachbarschaft wohnender Ingenieur mit der Parole: »Die Russen sind bereits in Frankfurt durchgebrochen und befinden sich auf der Reichsautobahn im Anmarsch.« Die Autobahn verlief direkt neben unserem Wohnhaus. Der Überbringer dieser Hiobsbotschaft bepackte schleunigst seinen Opel bis oben hin mit Kisten, Kästen und Koffern, dazu noch Teppichen. Aber wir nahmen ihn nicht ernst und warteten ab. Als am nächsten Tag alles ruhig blieb, sahen wir den Ingenieur sein Auto wieder abladen. Aber wir hatten doch einen Schreck bekommen. Außerdem konnten wir nicht ewig mit so vielen Personen in der kleinen Wohnbaracke bleiben.

Achim Licht gelang es, Verbindung zur Organisation Todt zu schaffen. Mit ihrer Hilfe konnten wir unsere Flucht fortsetzen. Zuerst mußte ich mir etwas Benzin verschaffen. Die SS – die ganz in der Nähe ein großes Lager hatte – lehnte es ab, mir zu helfen.

Wie oft in entscheidenden Momenten des Lebens kam uns der Zufall zu Hilfe. Eines Tages lernte ich den Oberleutnant Boysen kennen, der eine Strafkompanie führte. Er fuhr die Materialtransporter an die Front. Diese Strafkompanie war ein eigenartig gemischter Haufen. Die Lkw-Fahrer sprachen polnisch und waren aus Czenstochau. Die Mannschaft und die Unteroffiziere kannten sich gegenseitig kaum dem Namen nach.

Boysen selbst, ein reizender Mensch, war zu diesem Truppenteil gekommen, weil er zu den Männern des 20. Juli 1944 gehört hatte, die Widerstand gegen Hitler geleistet hatten. Da er ein tapferer Offizier gewesen war, wurde er damals nicht hingerichtet, sondern »nur« strafversetzt. Diese Strafkompanien waren das reinste Todeskommando. Benzin hatte Boysen nicht, aber Schweröl. Das tauschte er für mich bei einer anderen Kolonne gegen Benzin. Er ging auch in Uniform zur Organisation Todt, um uns die Wege zu ebnen. Nur diesem Offizier verdanken wir es, daß die nationalsozialistische Organisation uns ohne Papiere von Fürstenwalde nach Dessau abschleppte.

Bombenterror der Alliierten

Also koppelten wir eines Tages unseren DKW an einen Lastzug der Organistion Todt an, der nach Dessau fahren sollte. Das Auto war durch eine Stange mit dem Anhänger verbunden, der abgeschleppt wurde. Ich mußte Benzin sparen und hatte schließlich auch keinen Fahrbefehl. Der Lkw-Anhänger war mit einem Lastzug verbunden, der wiederum von einer Zugmaschine gezogen wurde. Wir fuhren – wegen der vielen feindlichen Flugzeugangriffe – auf dem Berliner Ring fast ohne Beleuchtung, nachts auf der Autobahn. Mit uns hatten noch mehr Verwandte die Flucht ergriffen. Die Familie Licht aus Breslau, meine Schwiegermutter und unser Hausmädchen Anna. Ihre jüngere Schwester hatte sich bereits vorher abgesetzt.

Die zehn Personen paßten natürlich nicht alle in mein kleines Auto. Also verteilten wir uns. Meine Söhne, unser Hausmädchen und das Ehepaar Licht fuhren in einem geschlossenen Anhänger mit, der bis knapp unter das Dach mit Kartoffeln beladen war. Auf diesen Kartoffeln hatten wir ihnen aus Decken ein Nachtlager vorbereitet. Warm war es dort zwar, aber auch eng. Man konnte auf den Kartoffeln bequem liegen, aber nicht sitzen. In meinem Auto saßen meine Frau, meine kleine Tochter, Oma Lepsy, meine ältere Tochter Sibylle und ich.

Im Schutz der Dunkelheit wurden wir bei Kontrollen nicht entdeckt oder erst dann, wenn sich unser Abschleppwagen bereits wieder in Bewegung gesetzt hatte. Dennoch zitterten wir jedesmal, wenn der Transporter angehalten wurde. Sobald uns eine Streife stoppte, schalteten wir das Licht aus, auch das Standlicht, mit dem ich wegen der Flugzeugangriffe fuhr. Wenn uns die »Kettenhunde« schließlich entdeckten, war es immer schon zu spät. Wir fuhren dann einfach stur weiter.

Die Fahrt war sehr anstrengend und ermüdend. Gegen Morgen erreichten wir eine Autobahnraststätte in der Nähe der Stadt Dessau. Die Abfahrt führte nach Mildensee. Ich war heilfroh, daß ich so weit gekommen war, ohne einzuschlafen. Unterwegs hatte ich ständig nur die graue Wand des Kartoffelwagens vor Augen. Die Monotonie machte schläfrig. Ständig mußte ich mir auf die Lippen beißen, um nicht einzuschlafen. Sibylle, meine älteste Tochter, löste mich ab. Sie hatte zwar keinen Führerschein, konnte aber steuern. Außerdem war es im Auto eiskalt. Völlig durchgefroren erreichten wir schließlich Mildensee und wurden abgekoppelt. Jetzt hieß es: allein weiterfahren. Aber zuerst brauchten wir eine Pause.

In der Gaststätte »Korth« stärkten wir uns mit dem damaligen Nationalgetränk: einer Tasse Malzkaffee. Dann suchte ich mit meiner Frau den Bürgermeister auf, um ihn um Lebensmittelkarten für die Familie zu bitten und ein Quartier für die Nacht. Der Bürgermeister, Parteigenosse, Hoheitsträger und Milchbruder des Prinzen Jochen von Dessau, überredete uns, nicht weiterzureisen. Mildensee hatte damals keinen Arzt, aber eine vollkommen eingerichtete Arztpraxis. In der Arztwohnung wohnte damals nur die Witwe.

Fürs erste wurden wir bei dem stellvertretenden Gauleiter untergebracht, dem NSDAP-Parteigenossen Büchmann. Der Mann war sehr gastfreundlich, bis wir eine andere Wohnung fanden. Dann wurden wir bei einer Witwe einquartiert, bei der wir sehr beengt wohnten. Ihr Mann war während eines Fliegerangriffs auf Leipzig umgekommen.

Ich bekam sofort – wie versprochen – die Arztpraxis zur Verfügung gestellt. Besonders freute sich die örtliche Hebamme. Meine Tochter Sibylle wurde meine Sprechstundengehilfin. Sie war damals fünfzehn Jahre alt. Zur Praxis war es für uns ziemlich weit. Jeden Morgen fuhr ich mit dem Fahrrad zum Dienst, während meine Tochter sich am Sattel festhielt und hinterherlief. Bis wir eine eigene Kochgelegenheit hatten, aßen wir mittags im Gasthof »Korth« gegen Essensmarken.

Nach drei Wochen fuhr ich noch einmal mit der Organisation Todt zu Ella Licht, die aber nicht mehr in Ketschendorf wohnte, sondern indessen in ein neues Haus nach Bad Saarow umgezogen war. Kurz vor Kriegsende hatte ihr Mann Achim Licht diese Villa noch im Wald gebaut, die versteckt am Scharmützelsee lag. Bei Ella holte ich verschiedene Haushaltsgegenstände ab und nahm bei dieser Gelegenheit für sie einige Perserteppiche und Brücken mit, außerdem einige Koffer mit Textilien und Schuhen. Nach dem Krieg waren diese Teppiche und diese Koffer für unsere Verwandten Gold wert. Dagegen gingen die Koffer, die wir von Mildensee per Bahn nach Celle schickten, verloren oder wurden gestohlen. Vielleicht sind sie auch bei einem Bombenangriff verbrannt.

Der Bürgermeister von Mildensee hielt Wort. Er teilte uns eine leerstehende Wohnung an der Brücke über dem Fluß Mulde zu, die wir allerdings zuerst einmal mit heißer Sodalauge reinigen mußten. Es stank fürchterlich in den leeren Räumen, denn dort hatte längere Zeit ein riesiger Hund gelebt, der auch den Fußboden stark verunreinigt hatte. Einige alte Möbelstücke, Betten, Tische und Stühle stellten uns mitleidige Nachbarn zur Verfügung. Wir waren sehr bescheiden geworden und fanden es ganz gemütlich mit den alten Klamotten.

In jenen Tagen flogen fast täglich Bombengeschwader von Hannover/Braunschweig Richtung Berlin. Mit der Pünktlichkeit eines Uhrwerks warnte der Rundfunk jeden Abend gegen zwanzig Uhr: »Bombengeschwader im Anflug auf Hannover/Braunschweig.« Die schöne Stadt Dessau war damals noch unzerstört, nur ein Teil der IG-Farbenwerke in den Außenbezirken war bombardiert worden.

Auf den Besucher machte die Stadt mit ihrem alten Schloß, den Baudenkmälern am Markt, die an den »Alten

Dessauer« erinnerten, den Eindruck einer verträumten Residenzstadt. Unter den Nationalsozialisten war Dessau aber auch Hauptstadt und mit der Entwicklung der Junkers-Flugzeugwerke Rüstungsschwerpunkt geworden. Aus ganz Deutschland waren Menschen in die Dessauer Betriebe geströmt. Hitler hatte die Nachbarstadt Rosslau eingemeindet und die Verkehrslage durch den Bau der Autobahn Berlin – Münster erheblich verbessert. Doch die Rüstungsbetriebe bedeuteten auch eine Gefahr für die alte Stadt.

Eine Junkers-Maschine hatte am 12. April 1928 erstmals den Atlantischen Ozean von Ost nach West überquert. Der Bremer Hermann Köhl, Günther Freiherr von Hünefeld und der irische Flieger Fitz Maurice sorgten für einen Wendepunkt in der Geschichte des Weltverkehrs.

Als wir nach Dessau kamen, war auch Sachsen-Anhalt in Gefahr, zerstört zu werden. Und tatsächlich fielen dann Städte und Werke in Trümmer, brannten Stätten der Kultur aus und gingen unschätzbare Werte verloren. Auch Magdeburg erlebte ein schlimmes Schicksal. Zerbst, das »anhaltische Rothenburg«, und Halberstadt wurden fast vernichtet. Das flammende Inferno von Dessau haben wir aus nächster Nähe miterlebt.

Am 7. April 1945, es war ein Sonnabend, fliegt die 8. US-Luftflotte mehrere Einsätze. Die Bomber, begleitet von Langstreckenjägern, greifen Flugplätze und Eisenbahnanlagen an. Hauptziel eines Großverbandes ist jedoch die Stadt Dessau. Eintausenddreihundertsiebzehn B17- und B24-Bomber, geschützt von achthundertfünfzig Jägern, zerstören in fünfundvierzig Minuten fünfundachtzig Prozent der Stadt durch Brandbomben, Phosphor und Luftminen. Wir waren nicht in den Luftschutzkeller gerannt, weil wir noch nie einen derartigen Angriff erlebt hatten.

Während des Bombardements war in Mildensee buchstäblich die Hölle los. Das schrille Pfeifen herabsausender Brandbomben, ununterbrochene Detonationen, die bald näher kamen, bald sich weiter entfernten, das taghelle Licht der sogenannten »Christbäume« am Himmel. Alles das jagte uns Angst und Schrecken ein. Wir lagen zitternd auf dem Bauch und beteten: »Herr, erbarme dich unser!« Bei uns zu Haus in Schlesien hatte es während des ganzen Krieges keine Luftangriffe gegeben. Die schöne Stadt brannte an allen Ecken und Enden. Der Himmel war glutrot. Mächtige glühende Rauchwolken wälzten sich über die Stadt Dessau. Das heißt Innen- und Südstadt waren nach kurzer Zeit weithin ein einziges Trümmerfeld. Gemäldegalerie, Landesbücherei: verschwunden. Das Theater beschädigt. Achtzig Prozent der Wohnungen zerstört. Von sechsunddreißigtausendfünfhundert wurden in einer Nacht neunundzwanzigtausendzweihundert schwer beschädigt und dreitausendzweihundert völlig zerstört. Von dem Verlust an Menschenleben ganz zu schweigen. Das Grauen, das viele in diesem Höllenfeuer erlebten, läßt sich gar nicht beschreiben.

Auch Mildensee wurde von einigen Brandbomben und verirrten Luftminen getroffen. Der Luftdruck einer vorbeifliegenden Mine riß auch die Tür unseres Hauses auf, Ziegeln vom Dach, Scheiben aus den Fenstern. Meine Frau saß, Kristine auf dem Schoß, in einem tiefen Sessel neben mir. Hans lag daneben und zitterte am ganzen Körper. Helmut und Hans wußten, in welcher Gefahr wir uns befanden. Nur Kristine nahm alles nicht ganz ernst. Jedesmal, wenn nach einem kreischenden Pfeifen eine Detonation in nächster Nähe erfolgte, rief sie ahnungslos aus: »Bumm!«

In diesen Momenten waren wir nur zwei Kilometer von den Einschlägen der Bomben entfernt. Zuerst hatten Erkundungsflugzeuge Leuchtkörper und sogenannte »Christbäume« abgeworfen, um den Teil Dessaus verteilt, der bombardiert werden sollte. Mit der Zeit aber wurden die Leuchtkörper durch den Wind in Richtung Mildensee getrieben. Dort ließen die letzten Bombenschützen ihre tödliche Traglast ab.

Wir hatten Angst um unsere Tochter Sibylle, die während des Angriffs nicht bei uns war, sondern in einem kleinen

Erdbunker im Garten der Familie Bückmann. Dort überstand sie den Angriff unverletzt, obwohl in nächster Nähe eine Luftmine mehrere Häuser einstürzen ließ. Noch zitternd vor Schreck, erzählte unsere Tochter, daß nicht weit entfernt Bomben explodiert wären. Auch wir kamen mit dem Schrecken davon.

In dieser Nacht spielte sich auch die letzte größere Luftschlacht dieses Krieges über Europa ab. Die überraschten amerikanischen Piloten erlebten einen Angriff des sogenannten Selbstaufopferungsverbandes. Einige Wochen vor dem Angriff auf Dessau war im Raum Magdeburg ein Sonderkommando der Luftwaffe für seinen ersten und letzten Großeinsatz zusammengestellt worden. Kaum ausgebildete junge Jagdflieger hatten den Auftrag, »das Feuer nur aus kürzester Entfernung zu eröffnen, mindestens einen viermotorigen Bomber abzuschießen und, wenn erforderlich, ihn durch Rammstoß zu vernichten«.

Diese Kamikaze-Verbände lagen auf den Flugplätzen bei Stendal und Gardelegen. Ein Teil stammte von den Jagdgeschwadern 300 und 301 »Wilde Sau«. Es sollen einhundertzwanzig Jagdflugzeuge der Typen Me 109 G und FW 190 gewesen sein. Auch Düsenjäger Me 262 zur Bekämpfung der überlegenen feindlichen Jäger vom Typ Mustang. Zwischen Uelzen und Celle stürzten sich die deutschen Selbstaufopferungsverbände aus elftausend Metern Höhe auf die überraschten Besatzungen der Führungsverbände der US-Bomber.

Was dann geschah, davon gibt es widersprüchliche Berichte. Die Deutschen behaupteten hinterher, etwa fünfzig Jägern und einigen Me 262 sei es gelungen, an die Bomberpulks heranzukommen. Fünfundvierzig Minuten lang tobte eine erbitterte Luftschlacht. Nach deutschen Quellen sollen einundfünfzig US-Maschinen zerstört worden sein, bei einhunderteinunddreißig Maschinen gab es eigene Verluste. Nach amerikanischen Angaben dagegen wurden nur acht Bomber verloren, dagegen einhundert deutsche Jäger angeschossen.

Wahrscheinlich haben beide Seiten übertrieben. Fest steht nur, daß von diesem Unternehmen »Wehrwolf« nur fünfzehn Jäger zurückgekehrt, jedoch mindestens siebenundsiebzig Flugzeugführer gefallen sind. Die anderen haben sich mit dem Fallschirm gerettet. Auch der Mut der Verzweiflung dieser deutschen Piloten konnte an der Luftüberlegenheit der Alliierten nichts mehr ändern. Von diesem Tag an war die Luftüberlegenheit der Alliierten über dem gesamten Reichsgebiet absolut, und die deutsche Rüstungsindustrie hörte praktisch auf zu existieren.

Nachdem neun Wellen amerikanischer Bomberverbände Dessau in Brand gesetzt hatten, flüchteten Tausende zu uns nach Mildensee. Ihr Zustand war unbeschreiblich. Die meisten hatten nur ihr nacktes Leben gerettet, indem sie über die Elbe geflüchtet oder schwimmend den Strom durchquert hatten. Tiefflieger machten sich einen Spaß daraus, auf diese verängstigten Opfer des Bombenkrieges zu schießen.

Auf den Straßen von Mildensee und in den Häusern lagen Verwundete mit Brandwunden oder mit von Bombensplittern zerfetzten Gliedern, stöhnten und riefen um Hilfe. Überall rief man nach Ärzten und Sanitätern. Aber außer mir war kein Arzt da, auch keiner aus Dessau. Mit primitivsten Mitteln leistete ich, so gut ich konnte, Erste Hilfe, bis andere Ärzte auftauchten. Elf Verletzte starben noch in derselben Nacht, ehe genügend Verbandszeug und andere Ärzte kamen. Verbittert dachte ich: »Es ist ein Wahnsinn, eine solche Stadt kurz vor Kriegsende noch vollständig zu zerstören.« Stadt um Stadt wurde damals bombardiert, ohne militärischen Sinn, nur um die Deutschen zu bestrafen. Rache für die deutschen Bombenangriffe auf London und auf Coventry.

Nach dem Angriff auf Dessau funktionierten in Mildensee Licht- und Wasserleitungen nicht mehr. Im Schulgebäude erwartete mich ein wüstes Durcheinander. Die Klassenräume waren mit Verwundeten überfüllt, die man auf Stroh gebettet hatte. Immer mehr Verletzte wurden hereingetragen.

Auf provisorischen Tragbahren brachte man auch schwerverletzte Frauen und Kinder herein. Darunter waren auch Franzosen, wahrscheinlich Kriegsgefangene.

Die meisten waren durch Phosphor verbrannt, schrien vor Schmerzen, und ich konnte ihnen im ersten Augenblick nicht helfen, denn ich hatte keine Betäubungsmittel und kein Verbandszeug. Die Vernichtung der Städte durch Brandbomben und Phosphor war eine teuflische Methode, die Bevölkerung unter Qualen sterben zu lassen. Was auch immer zuvor geschehen sein mag, diese Art des Luftkrieges war ein Verbrechen gegen die Menschlichkeit.

Eine junge Frau lag wie skalpiert auf der Tragbahre. Die Kopfschwarte war im Genick gelöst, hatte sich nach vorn geschoben und bedeckte mit ihren langen Haaren das Gesicht. Eine andere junge Frau wurde mit zerschmettertem Oberarm und Schultergelenk hereingetragen. Amputieren war das einzig Richtige. Aber wie und womit? Auch die weniger schwer Verletzten waren in Staub, Schutt und Asche eingehüllt.

Auf entsetzliche Weise hatte sich die Begeisterung der Massen verwirklicht: »Führer, befiehl, wir folgen dir.« Und noch ein anderer makabrer Ausspruch, den ich einmal bei der Vereidigung von NSKK-Männern gehört hatte, bekam angesichts dieser Opfer eine neue Bedeutung für mich: »Wer auf diese Fahne schwört, hat nichts mehr, was ihm selbst gehört.«

Für die Schwerverletzten wurden mit Stroh gepolsterte Plateauwagen bereitgestellt, sie sollten ins Lazarett nach Wittenberg befördert werden. Die Leichtverletzten wurden von mir versorgt, genäht oder verbunden. Meine Frau half mir dabei. Wir hatten nur eine einzige Schüssel zur Verfügung und nur wenig Wasser. Eine Rot-Kreuz-Schwester beleuchtete mit einer Kerze die Patienten – der Strom war nach dem Bombenangriff ausgefallen. Drei andere Rot-Kreuz-Schwestern halfen mir. Erst später kamen noch zwei männliche Sanitäter dazu, die auch Verbände anlegen konnten. Gott sei Dank brachten sie auch Verbandsmaterial mit.

Wir arbeiteten die ganze Nacht hindurch ohne Pause. Um drei Uhr morgens ertönte noch einmal Fliegeralarm durch eine Handsirene. Die anderen Alarmsirenen waren wegen Unterbrechung der Stromleitungen außer Betrieb. Meine Frau, die auch als Rot-Kreuz-Helferin ausgebildet war, half mir so gut sie konnte die ganze Nacht hindurch, während die Kinder allein und verängstigt in der Wohnung auf uns warteten. Ich weiß nicht, wie vielen Verwundeten ich in dieser Nacht helfen konnte, aber mancher wäre ohne unsere Erste Hilfe gestorben.

Als wir gegen Morgen am Ende unserer Kräfte waren, schickte uns der Bürgermeister eine Flasche Gin, die er für »besondere Anlässe« als Reserve aufgehoben hatte. Dabei hatte er bestimmt nicht an einen solchen Anlaß gedacht. Gläser hatten wir nicht, also stärkten wir uns mit purem Gin aus Pappbechern. Als die Morgensonne des 8. März aufging, lagen auf dem Hof der Schule bereits elf Tote, die wir nicht hatten retten können.

Im Licht der Morgensonne gingen wir in das Dorf zurück, um den dort angerichteten Schaden anzusehen. Eine Luftmine hatte eine ganze Straße vernichtet. Die Häuser waren wie Karten umgefallen und hatten die Menschen unter sich begraben. Fieberhaft versuchten die Überlebenden in die Kellerräume vorzudringen, um womöglich Verschüttete zu retten. In den Ruinen eines Hauses hatte man sich bis zum Keller vorgearbeitet, aber zu spät. Unter den Sandmassen lag ein Vater mit seinen fünf Kindern begraben. Alle waren erstickt. Die Mutter lebte noch, sie sagte nur immer wieder verwirrt »Gott sei Dank, Gott sei Dank.« Wenige Minuten später starb sie vor meinen Augen. Ich kannte die Frau und die Familie. Vielleicht war es eine Gnade, daß keiner von ihnen am Leben blieb.

Ich mußte noch für viele andere Kinder, die aus den Kellern geholt wurden, den Totenschein ausstellen. Einige Häuser waren völlig zerstört, bei anderen waren nur die Dächer abgedeckt. Zwischen Mildensee und Dessau gab es damals den sogenannten Tierpark, den der »Alte Dessauer« angelegt hatte. Auf dem riesigen Naturgelände lagen viele Bombenblindgänger, Geschoßhülsen und Seidenschirme der Leuchtkörper. Am 8. April 1945 reihte sich Bombentrichter an Bombentrichter.

Die meisten Dessauer Bürger waren obdachlos geworden, suchten nun Zuflucht in den umliegenden Dörfern. Viele auch in Mildensee. Die Flüchtlinige mußten noch enger zusammenrücken, doch zum Glück wurde uns ja die leerstehende Wohnung an der Mulde zugeteilt, wohl auch als Dank für meine Hilfe.

Von nun an gingen wir bei jedem Luftangriff in den Keller, oft mehrmals am Tag und mehrmals in der Nacht. Wir konnten keine Nacht mehr ausschlafen. Immer mußten wir bekleidet bereit sein, zu dem immerhin sieben Minuten entfernten Luftschutzkeller zu laufen. Jedesmal wenn die Sirene ertönte, hieß es: Kristine auf den Arm nehmen, den Luftschutzkoffer in die Hand, Rucksäcke auf den Rücken und im Dauerlauf zum Luftschutzkeller rennen. Nicht selten durch die dunkle Nacht, denn wegen der Angriffe war Verdunklung angeordnet, am Tag kamen oft auch ohne jede Vorwarnung die Tieffliege der Alliierten.

Mein Sohn Helmut wäre einmal beinahe von einer Salve getroffen worden, als er allein auf dem Weg zu einem Lebensmittelgeschäft war. Die britischen und amerikanischen Piloten schossen damals auf jeden Bauern und jeden Passanten, den sie erwischen konnten. Mit einem regulären Krieg zwischen Armeen hatte das nichts mehr zu tun. In dem nicht besonders stabilen Luftschutzkeller saßen wir oft stundenlang bei Tag und bei Nacht und warteten auf die Entwarnung.

Wir hörten die Detonationen bis von Hannover und Braunschweig, sahen das Aufblitzen der Flugabwehrgeschütze, der Flak, und waren jedesmal froh, wenn wir wieder einmal davongekommen waren. Müde taumelten die Kinder fast jede Nacht hin und her, manchmal zweimal in der Nacht. Wir waren allmählich am Ende unserer Kräfte angelangt und nur noch Nervenbündel.

Eines Tages beobachtete ich, wie Pioniere Vorbereitungen für die Sprengung der Brücke über die Mulde trafen. Da wurde mir und meiner Frau klar: Es war zu gefährlich, weiter dort auszuhalten. Ein Brief bestärkte unseren Entschluß, die Flucht fortzusetzen. Unsere Freundin Marga Steinhoff aus Pitschen schrieb uns aus dem Sudetengau – sie war, wie mehrere hundert Pitschener – mit dem Treck in Leitmeritz gelandet, wo noch tiefer Frieden herrschte, und riet uns dringend zu den Landsleuten und alten Nachbarn zu kommen.

Kriegsende im Sudetengau

Die Heimat hatten wir verloren, aber nicht das Heimatbewußtsein, das uns zu den anderen Pitschenern zog. Auch auf der Flucht blieb das Heimatgefühl als Bindung an andere Menschen erhalten. Deshalb zog es uns nach Leitmeritz in den Sudetengau. Wir suchten Geborgenheit nicht so sehr durch die Landschaft, die Ortschaft, sondern durch die Landsleute. Wir suchten Menschen, zu denen wir gehörten, die wie wir dachten und die das gleiche Schicksal hatten.

Am Abend des 19. Januar waren die Trecks aus dem Kreis Kreuzburg bereits unterwegs gewesen. Das Wehrmeldeamt hatte der Notverwaltung des Landratsamtes in Kreuzburg die Genehmigung zum Abzug erteilt. Ihr Weg führte über Grottkau und Trautenau, das sie am 25. Januar erreichten. Tag und Nacht zogen unendliche Kolonnen dahin. Hauptsächlich Bauern treckten mit Pferdegespannen. Es war eine neue Völkerwanderung von Ost nach West. Die harte Kälte machte den Flüchtlingen zu schaffen.

Den Trecks aus dem Kreis Kreuzburg, also auch aus Pitschen, war Leitmeritz im Sudetengau als Aufnahmeort zugeteilt worden. Hier wartete der letzte größere Sammelpunkt der Flüchtlinge aus dem Kreuzburger Kreis für Stadt- und Landleute, die Ausweichstelle der Kreissparkasse. Auch die Angehörigen des Landratsamtes stellten sich dem Landratsamt in Leitmeritz bis zur Kapitulation zur Verfügung.

Die meisten Pitschener wohnten in Pokratitz bei Leitmeritz. Dort herrschte noch Friede in einer schönen landschaftlichen Umgebung. Es gab keine Bombenangriffe wie in der Nähe von Dessau. Unsere Kinder waren schon ganz nervös wegen der ständigen Bombardements. Kristine konnte nicht mehr schlafen, auch nachts nicht. Als die Fronten näher rückten, setzten sich verschiedene Flüchtlinge wieder in Bewegung tiefer in den Harz hinein oder nach Süddeutschland.

Nach dem Bombenangriff auf Dessau hatte ich den Erbprinzen von Dessau kennengelernt. Er war nach der Zerstörung seines Schlosses zum Bürgermeister von Mildensee umgezogen, seinem Milchbruder. Als seine Gattin an einer Angina erkrankte und meine Patientin wurde, bot er mir an, mit ihm nach Augsburg zu flüchten. Auch ein Privatdozent aus Österreich, er hieß Dominik von Kripp auf Krippstein, aus Hall bei Innsbruck, wollte mich auf seinem Stammschloß aufnehmen, wenn ich seine schwangere Frau in meinem Auto mitnehmen würde. Das war leider unmöglich, dann hätten zwei Kinder getrennt von uns die Reise antreten müssen. Eine Lösung, mit der wir uns nicht anfreunden konnten.

Auch der Direktor der Gasanstalt drängte mich, in den Harz umzuziehen. Dort wären wir viel sicherer als in der Nähe von Dessau. Hätte ich auf einen von ihnen gehört, wäre mir viel Kummer und Leid erspart geblieben. Aber damals konnten wir uns nicht entscheiden. Unsere Heimatliebe war zu groß. Wir glaubten, nach Kriegsende zurückkehren zu können. Wir faßten also den Entschluß, mit unserem Auto in den Sudetengau zu fahren.

Auf dem Dach unseres Autos befestigten wir mit einem Strick Matratzen, Decken und Rucksäcke – was waren wir wieder reich! – und fuhren am 10. April in eine ungewisse Zukunft los Richtung Sudetengau. Vorher hatten wir Treibstoff organisiert. Mildensee lag direkt an der Autobahn. Streckenweise war sie durch Bombentrichter derart aufgepflügt, daß sie gesperrt war. Leipzig hatte in der Nacht davor einen schweren Bombenangriff erlebt. Überall sah man rauchende Trümmer, auch schwelende Straßenbahnen und Arbeitskräfte, die versuchten, die Bombentrichter einzuebnen.

In langen Reihen zogen gramgebeugte Menschen mit kleinen Bündeln, dem Rest ihrer Habe, durch die Straßen. Gegen Mittag passierten wir Dresden. Vor den Trümmern des Zwingers, den ich meinem Sohn Hans noch 1943 gezeigt hatte, als ich in Dresden einen Pkw abholen mußte, machten wir halt. Nur Mauerreste und nackte Schornsteine waren übriggeblieben. Ein trauriger Anblick. Die Gegend kam mir so unwirklich vor, daß ich erst einige Offiziere fragen mußte, ob dies tatsächlich die Überreste des berühmten Gebäudes wären.

Weiter ging unsere Fahrt durch das Elbsandsteingebirge mit seinen teilweise steilen und abschüssigen Straßen. Einmal mußte sogar die Familie aussteigen und den überlasteten Wagen den steilen Berg hinaufschieben. Unterwegs trafen wir überraschend einen Landwirtschaftsassistenten, Herrn Kusche, einen Bruder des bereits erwähnten Mediziners Kusche aus Pitschen, der noch 1944 zu Weihnachten in meiner Praxis geholfen hatte. Die Kusches freuten sich sehr über das unerwartete Wiedersehen, denn es hatte geheißen, ich wäre beim Einmarsch der Russen gefallen. Der Elbe entlang näherten wir uns Pokratitz. Unterwegs blühten bereits die Aprikosen.

Noch vor Sonnenuntergang trafen wir in dem Dorf ein. Schnell hatte es sich herumgesprochen: »Der Doktor ist da!« Viele Landsleute aus der Heimat umringten unseren Wagen und begrüßten uns herzlich. Einer brachte ein Brot und einer eine Büchse Fleisch zur Begrüßung, auch Zigaretten, weil sie wußten, daß ich ein starker Raucher war. So suchte jeder auf seine Art, seiner Wiedersehensfreude Ausdruck zu verleihen.

Unsere Freundin Marga Steinhoff hatte uns schon erwartet. Wir zogen zu ihr, die mit ihrer Tochter Eva ein geräumiges Zimmer bewohnte. Die Kinder bekamen bei Bekannten eine Schlafgelegenheit. Uns gefiel es hier sehr gut. Wir hatten uns bei prächtigem Frühlingswetter bald eingelebt. Hier merkte man kaum, daß Krieg war.

Ein derart schöner, früher Frühling war auch im Jahr 1923 gewesen, dem Jahr der Abstimmung über die Zugehörigkeit Oberschlesiens zu Deutschland. Große Tulpenfelder glichen prächtigen Blumenteppichen. Zu so früher Jahreszeit gab es schon Gemüse wie Salate und Oberrüben. Wir fanden bald auch eine größere Wohnung etwas außerhalb des Ortes in einer Villa, in der nur eine Frau mit Tochter lebte. Vom Balkon hatte man einen schönen Ausblick über die Stadt Leitmeritz und die Berge.

Einmal gab es einen Fliegerangriff russischer Flugzeuge, die einige leichte Bomben abwarfen, aber nicht in unmittelbarer Nähe. Noch hatten wir unser Auto, mit dem wir sogar einen Ausflug nach Aussig unternahmen. Eine schöne, altertümliche Stadt, in der ich die Ärztekammer aufsuchte und nach einer Praxis fragte. Diese Autofahrt im Sonnenschein am Ufer der Elbe entlang war ein Erlebnis. In einem Vorort besuchten wir meine Schwägerin Emma Wolf, die das Schicksal mit ihrer Tochter Edeltraut dorthin verschlagen hatte. Meine Schwägerin wohnte bei einer Tschechin, die sie herzlich aufgenommen hatte. Sie versprach uns sogar, nach Kriegsende Aprikosen nach Schlesien zu schicken. Wir alle wußten nicht, was uns wirklich nach der Kapitulation erwartete. Unsere deutsche Hauswirtin, die selbst Flüchtling aus Berlin war, hatte für unsere Familie wenig Verständnis und schikanierte uns, wo sie nur konnte.

Ich hatte mir eine Nierenerkältung zugezogen und verbrachte meinen einundfünfzigsten Geburtstag im Bett. Meine Frau hatte einen zeitgemäßen Kuchen gebacken und zum Kaffee alte Freunde aus der Heimat eingeladen. Von meinen früheren Patienten bekam ich zweihundertachtzig Tulpen geschenkt. Ich habe nie in meinem Leben so viele Blumen bekommen wie 1945 – und das knapp zwei Wochen vor Kriegsende – , auch nicht zuvor an meinen fünfzigsten Geburtstag in der Heimat.

Anfang Mai wurde es auch in unserer Gegend unruhig. Die Stadt Aussig erlebte einen schweren Bombenangriff. Wir hörten, daß in Dresden schwere Kämpfe tobten. In der Abenddämmerung sah man Hunderte Flugzeuge in Richtung Prag fliegen. Auf dem Marktplatz in Leitmeritz versammelten sich SS-Verbände, die angeblich zuvor von Amerikanern gefangengenommen worden waren, neue Waffen erhalten hatten und damit in den Kampf um Prag eingreifen wollten. Jedenfalls haben sie uns das erzählt. Und sie hatten amerikanische Maschinenpistolen bei sich. Auch sowjetische Offiziere sagten mir nach der Einnahme: »Jetzt geht es gleich gegen die amerikanischen Kapitalisten weiter!«

Es gab Generäle auf beiden Seiten, die eine kriegerische Auseinandersetzung zwischen den beiden Siegermächten für möglich hielten. Aber die Politiker waren dagegen. In jenen Tagen gab es auch viele Gerüchte, die keiner nachkontrollieren konnte. Zwischen Pokratitz und Leitmeritz lag ein Konzentrationslager mit Tausenden von Häftlingen. Ein kleiner Teil waren Kriminelle. Die meisten waren wegen ihrer politischen Überzeugung eingesperrt oder weil sie Juden waren. Die SS wollte nicht, daß die noch lebenden Gefangenen von den Kriegsgegnern befreit würden und die menschenunwürdige Behandlung der Häftlinge ans Tageslicht käme. Also wurden die Insassen genau wie die Kriegsgefangenen gezwungen, sich in Marsch zu setzen, wenn die Front näher kam.

Zu den angeblich vor dem Feind noch sicheren Orten gehörte auch Leitmeritz. Eines Tages kam über die Berge aus Richtung Aussig ein solcher Elendszug. Hunderte von Häftlingen aus anderen Konzentrationslagern. Sie mußten zu Fuß gehen, obwohl sie vor Schwäche kaum noch laufen konnten. Wir hatten viel von den Konzentrationslagern gehört, aber noch nie hatte ich einen KZ-Insassen gesehen. Die Menschen waren glattgeschoren und trugen breitgestreifte Anzüge. Die Kinder am Straßenrand, die entsetzt auf die heruntergekommenen Menschen blickten, sagten laut: »Die sehen ja aus wie Zebras.«

Die Häftlinge waren restlos erschöpft, mußten aber in

Marschkolonne weitertaumeln. Und mitten im Ort machten sie Rast, weil einige vor Schwäche überhaupt nicht mehr laufen konnten. Ein Teil legte sich einfach auf die Straße. Wir warfen ihnen Zigaretten zu, worüber sich die Wachmänner der SS aufregten. Andere Passanten brachten ihnen Wasser, bis ein Wachmann kam und den Eimer mit dem Fuß umstieß. »Sie wollen wohl mitkommen«, drohte er dem Samariter.

Einige waren so schwach, daß sie nicht mehr aufstehen konnten. Daraufhin wurden sie von anderen Gefangenen, die sich selbst kaum auf den Beinen halten konnten, mitgeschleppt. Sonst wären sie wohl erschossen worden. Die Gefangenen machten auf uns den Eindruck, als hätten sie ein Stadium erreicht, in dem ihnen alles gleichgültig war. Wir starrten sie entsetzt an, als wären sie wie Tote aus einem Grab auferstanden. Ich fragte einen SS-Wachmann: »Was sind denn das für Gefangene?« – »Das ist der Abschaum der Menschheit.« Wir konnten ihm das nicht glauben.

Als der Geschützdonner der Front näher kam, öffnete die SS die Tore des Konzentrationslagers und führte alle, die noch laufen konnten, zu der Elbbrücke. Ein SS-Offizier sagte ihnen höhnisch zum Abschied: »Gehet hinaus in alle Welt!« Die Bevölkerung erbarmte sich der Entlassenen, gab ihnen Nahrung und Kleidung. Ein Teil der Entlassenen wußte nicht, wohin er sollte, oder konnte nicht nach Hause. Und niemand kümmerte sich um sie. Sie bettelten Einheimische an. Kapos, die noch nicht so geschwächt waren, fingen an zu plündern und Deutsche zu erpressen.

Ich habe selbst gesehen, wie total betrunkene Entlassene aus dem Konzentrationslager durch die Straßen von Pokratitz wankten, auf den Schultern prall gefüllte Säcke. Manche hatten sich Waffen besorgt, mit denen sie andere bedrohten. Nach dem Einmarsch der sowjetischen Elitetruppen zogen entlassene Strafgefangene und bewaffnete Fremdarbeiter, die sich für das ihnen angetane Unrecht wahllos rächen wollten, plündernde Russen vom Troß und fanatische Tschechen, die über Nacht die Herren geworden waren, durch die Stadt und drangsalierten die Deutschen.

Kurz vor Kriegsende setzte man Reste deutscher Truppen gegen plündernde Häftlinge ein. Oft peitschten nachts MG-Salven durch die Finsternis. Man konnte bei Dunkelheit nicht auf die Straße gehen, denn man wußte nie, ob es Freund oder Feind war. Die meisten Gefangenen der KZs aber waren nicht mehr transport- oder gehfähig. Sie starben wie die Fliegen, und Tag und Nacht stieg Rauch aus den Schornsteinen des Konzentrationslagers auf. Die Toten wurden verbrannt, sie sollten dem Feind nicht in die Hände fallen.

Wir hatten gehofft, die Amerikaner würden Leitmeritz und Pokratitz besetzen. Dieses Gerücht verbreitete sich hartnäckig auch noch dann, als schon längst russische Panzer Richtung Prag durch die Stadt rollten. Der gesamte Himmel im Süden war dabei bis in die späten Nachtstunden von roten, blauen, grünen und silbernen Leuchtkugeln illuminiert.

Auf unserer Villenstraße fuhr ein motorisiertes Artillerie-Regiment der Roten Armee, 18-cm-Rohr-Geschütze mit schweren Zugmaschinen. Die Mannschaft nahm in den umliegenden Häusern Quartier. In unser Haus kamen keine Soldaten, weil es voller Flüchtlinge war. Aber in den Nachbarhäusern begannen nun die Plünderungen und Vergewaltigungen. Dabei ging es verhältnismäßig glimpflich ab, denn in vielen Häusern wohnten Tschechen, die ihre Fahne herausgehängt hatten. Als wir aus Angst vor den Russen das auch machten, wurde es uns von tschechischen Milizbeamten streng verboten.

Nachts knallten Schüsse und gellten Schreie von Frauen in Not. Vereinzelte SS-Fahnenjunker, bewaffnete Ausländer, sowjetische Soldaten und Angehörige der tschechischen Miliz kämpften gegeneinander einen erbitterten Kampf im Dunkeln. Viele Frauen, besonders einheimische Deutsche, wurden vergewaltigt und erschossen. Die Frauen zitterten, wenn die Nacht heranrückte.

Bei uns fühlten sie sich noch am sichersten, da ich polnisch sprechen konnte. In unseren zwei Räumen hielten sich auf: Emma Wolf mit Tochter Edeltraut, Marga Steinhoff mit ihren Kindern Gerd und Eva, dazu meine Frau und meine vier Kinder. Die jungen Mädchen hatten natürlich Angst vor den Russen, vor allen Dingen Eva, Trautel und Sibylle. Hinzu kam noch die Tochter unserer Wirtin, ein Mädchen von siebzehn Jahren. Sobald sich russische Soldaten unserem Haus näherten, was wir vom Balkon aus gut sehen konnten, kletterten die Mädchen über eine Steigleiter in einen Abstellraum auf den Wäscheboden.

Großmut im KZ

Von einem Abstellraum aus konnte man auf den Wäscheboden klettern und die Leiter nachziehen. Soldaten, die mehrmals im Haus rumschnüffelten, betrachteten mißtrauisch diesen eigentümlichen Bodenraum ohne Treppe. Doch schien es ihnen nicht der Mühe wert, sich extra eine Leiter zu besorgen. Wehe uns, wenn sie die Mädchen entdeckt hätten.

Doch eines Tages hatten wir nicht aufgepaßt. Plötzlich standen zwei Russen vor mir im Zimmer. Die Tochter meiner Schwägerin, Edeltraut, kämmte gerade meine kleine Tochter Kristine und konnte nicht fliehen. Während der eine Russe sich sehr für meine im Flur hängende Jacke interessierte, wobei er meine Taschenuhr entwendete und verschwand, machte es sich der andere auf dem Bett bequem und fragte, ob Trautel meine Frau sei, was ich natürlich verneinte. Er hätte es mir doch nicht geglaubt. Daraufhin wollte er wissen, wo denn ihr Mann sei, denn er nahm an, daß Kristine ihr Kind wäre.

Der Soldat war angetrunken, warf seine Zigarette auf den Fußboden und spuckte auf den Teppich, während er meine Nichte gierig mit den Augen verschlang. Immer wieder brachte er das Gespräch auf das Mädchen und auf ihren Mann. Mit viel List und vielen guten Worten gelang es mir endlich, ihn hinauszukomplimentieren. Später, als er nüchtern war, hat er unser Haus wohl nicht wiedergefunden.

Um uns in der Nacht vor unliebsamen Besuchern zu schützen, hatten wir die Haustür nicht nur verschlossen, sondern auch noch mit einem dicken Balken abgesichert. Doch eines Nachts wurde an die Tür geklopft und gepoltert. Vom Balkon aus konnte man nicht erkennen, wer es war. Wir verhielten uns mucksmäuschenstill, machten aber die ganze Nacht kein Auge zu. Die Lösung des Rätsels am nächsten Morgen war verblüffend einfach: Eine Frau, die uns flüchtig kannte, war von einem Soldaten belästigt worden. Es gelang ihr, zu fliehen und unser Haus zu erreichen. Da wir nicht öffneten, mußte die Arme die ganze Nacht in einem Winkel unseres Gartens zubringen.

Unvergeßlich wird mir auch der Einmarsch der Russen in Leitmeritz bleiben. Ich stand auf dem Balkon und hörte das Rasseln der Panzer. Aus einem nicht weit entfernten Haus tönte das Weinen von Kindern, die »Mama, Mama« schrien. Dann krachten zwei Schüsse. Es trat Grabesstille ein. Russen hatten die Mutter erschossen, weil sie sich gegen die Vergewaltigung wehrte. Das Morden und Plündern, das im Januar auf deutschem Boden eingesetzt hatte, ging Ende Mai immer noch weiter.

Einmal wurde die Situation auch für meine Schwägerin Emma Wolf brenzlig. Sie war unvorsichtig genug, mit der kleinen Kristine auf dem Arm im Garten spazierenzugehen, um einmal frische Luft zu schnappen. Als sie aus der Tür trat, lagen plötzlich Russen auf dem Rasen. Vier Soldaten sonnten sich im Gras. Meine Schwägerin blieb wie angewurzelt stehen, denn bei einem Fluchtversuch hätte man sie sowieso eingefangen. Die Russen freuten sich über den Zufall, neckten sie und dachten sie sei Tschechin, weil sie polnisch sprach. Eine Frau also, zu der man nett sein mußte. Ein Soldat schenkte ihr Brot und fragte: »Wohnst du hier?« Er versprach ihr, nachts wiederzukommen. Meine Schwägerin antwortete ihm geistesgegenwärtig: »Das geht nicht, denn bei uns schläft schon ein russischer Kommissar.« Diese Ausrede wirkte Wunder.

Im Ort Pokratitz hatte ich eine Patientin, eine deutsche Bäuerin, deren Finger operiert werden mußte. Da ich keine Instrumente mehr hatte, brachte ich sie ins Lazarett nach Leitmeritz. Während ich auf sie wartete, sah ich im Verbandsraum einen jungen, völlig abgemagerten Mann sitzen, der gerade von einer Schwester verbunden wurde. Seine Arme waren wund und mit eitrigen Striemen bedeckt. Als ich ihn fragte, was die Ursache dafür sei, sagte er mit leiser Stimme: »Ich komme aus dem KZ und bin von einem Kapo derart verprügelt wortden, daß meine Unterarme anfingen zu eitern.«

Nach der Besetzung des Konzentrationslagers in der Nähe von Leitmeritz durch die Rote Armee, in dem unbeschreibliche Zustände herrschten, wurden unsere Frauen auf der Straße eingefangen und in Scharen dorthin getrieben, um sich der vielen abgemagerten, mißhandelten, von schweren körperlichen und seelischen Leiden und ansteckenden Krankheiten geplagten Häftlinge anzunehmen. Bei der Besetzung des Lagers lebten noch eintausendfünfhundert Häftlinge. Zwischen Kranken und Sterbenden, in mit Gestank und Unrat gefüllten Räumen pflegten und säuberten die Frauen und Mädchen die zu Skeletten Abgemagerten oder schaufelten Gräber für die Toten. Von Entsetzen und Ekel gerüttelt, schwebten sie ständig in Angst, von den sowjetischen Wachsoldaten vergewaltigt zu werden.

Als die Russen das KZ befreiten, wollten sie den Häftlingen eine Freude machen und gaben ihnen eine fettreiche Kost, auch Eier und Bier. Deren ausgehungerte Mägen konnten eine derartige Kost natürlich nicht verdauen. Die Häftlinge bekamen die Ruhr, und viele starben erst daran. Von Schmerzen gepeinigt, krümmten sich die zu Skeletten abgemagerten Häftlinge im Konzentrationslager. Wegen ihres Durchfalls mußten sie ständig auf provisorische Steckbecken gesetzt und danach gesäubert werden.

Ein bestialischer Gestank verbreitete sich in den Krankensälen. Die meisten Frauen waren für eine derart harte Krankenpflege gar nicht ausgebildet und ständig der Infektionsgefahr ausgeliefert. Viele erbrachen sich gleichzeitig mit den Erkrankten. Dazu kam noch das Stöhnen der Leidenden und Sterbenden. Die Rüstigeren erzählten unseren Frauen von den Qualen, die sie hatten erleiden müssen, oft nicht ahnend, daß sie bereits dem Tode geweiht waren.

Eva Steinhoff, die Tochter unserer Freundin, wurde auch eingefangen und mußte Kranke pflegen. Eines Morgens sagte sie weinend: »Ich gehe nicht mehr dorthin, denn ich kann dieses Elend nicht mehr mit ansehen.« Auch Frau Plater aus Pitschen, bis dahin eine überzeugte Nationalsozialistin, mußte in dieser KZ-Hölle erkennen, welche Verbrechen das Regime auf dem Gewissen hatte.

Eines Tages hatte die tschechische Miliz auch die fünfzehnjährige Tochter des Pastors Kanus aus Alteichen zu dieser furchtbaren nächtlichen Krankenpflege verpflichtet. Der Pastor, der Angst um seine bildhübsche Tochter hatte, begleitete sie abends um acht Uhr zur Zwangspflege. Er wurde tatsächlich mit zur Arbeit eingeteilt und mußte Gräber schaufeln und die nur in Decken gehüllten Leichen darein versenken.

Die Tochter, die noch ein Kind war, wurde trotz seines Protestes von ihm getrennt und wie die Frauen zur Krankenpflege eingeteilt. Ihre Aufgabe war es, drei Schwerkranke zu pflegen. Die behandelnden Ärzte waren Russen oder Juden. Das arme Mädchen hatte ständig Angst, von den sowjetischen Wachsoldaten vergewaltigt zu werden. Und nur die Großmut und Anständigkeit einer russischen Ärztin rettete das Mädchen davor, geschändet zu werden. »Du rührst dich hier auf keinen Fall aus dem Zimmer, und ich komme ab und zu, um nach dir zu sehen.«

Es dauerte nicht lange, da waren Soldaten im Zimmer und forderten das junge Mädchen auf, mit ihnen zu gehen. Jedes Sträuben wäre zwecklos gewesen, deshalb folgte das Mädchen zitternd den diabolisch lachenden Soldaten. Wie sie mir später erzählte, mußte sie ihnen in einen großen Wachraum folgen, wo viele Soldaten saßen, rauchten und tranken. Man gab ihr eine Schale mit Eiern und forderte sie auf, Rührei zu machen. Einer der Soldaten verschloß die Zimmertür mit einem Schloß. Als die Ärztin nach kurzer Zeit das Krankenzimmer betrat und die junge Deutsche nicht vorfand, kam sie sofort zur Wachstube. »Aufmachen,

Genossen!« schrie sie. Die freche Antwort: ein höhnisches Gelächter. Da begann sie, mit ihren Fäusten an die Tür zu trommeln. Als das nichts half, drohte die Ärztin, den wachhabenden Offizier zu holen, der gegen weitere Gewaltanwendung war, vor allem im KZ. Das verfehlte seine Wirkung nicht, und sie konnte das völlig verängstigte Kind aus seiner Lage befreien. Um eine Wiederholung zu verhindern, nahm sie das deutsche Mädchen in ihr eigenes Zimmer mit. Das war die Rettung der Pfarrerstochter. So viel Menschlichkeit erforderte damals Mut – und den zeigten besonders häufig die Frauen der Roten Armee.

Am 10. Mai, also einen Tag, nachdem die Kampfhandlungen um Leitmeritz beendet waren, ging ich zu einem Nachbarn, um die Nachrichten zu hören. Wir hatten damals kein Rundfunkgerät. Nach der Durchsage des Berliner Rundfunks sagte ein Sprecher: »Und nun hören Sie die Sendung ›So tanzt Jung, so tanzt Alt‹« Mir lief ein Schauer über den Rücken. Kurz nach Beendigung eines so furchtbaren Krieges in Europa wurde schon wieder zum Tanz aufgefordert. In den umliegenden Wäldern ratterten nachts noch die MGs, hörte man das verzweifelte Schreien vergewaltigter Frauen. Ich dachte an unser völlig verwüstetes, zerstörtes, zerbombtes und von Hunger gequältes Deutschland. An die vielen Gräber und die Inschriften: »Unbekannter Soldat«. An die vielen Soldaten, die noch unbeerdigt in den Wäldern und auf den Feldern lagen. An die Zehntausende von Soldaten, die man gerade erst in Gefangenschaft trieb. Ein neuer »Tanz auf dem Vulkan« aber hatte bereits wieder begonnen.

Ich mußte an die deutschen Landser denken, die in zerrissenen Uniformen wie gehetzte Tiere hungernd und an Zäunen und Hecken entlangschlichen, um auf irgendeine Weise noch nach Hause zu kommen. Ich mußte an die tapferen Soldaten denken, die bis zum letzten Augenblick für eine sinnlose Idee gekämpft hatten und dafür sterben mußten. An das Bataillon bildhübscher, junger Fahnenjunker in Leitmeritz, die, von allen Seiten umzingelt, mutig in den Tod gegangen waren und ihr junges, ungelebtes Leben für einen Mann geopfert hatten, der sich unterdessen feige erschossen hatte. Für Adolf Hitler, während sein Paladin Joseph Goebbels theatralisch und großschnäuzig verkündete: »Unser geliebter Führer ist bei der Verteidigung Berlins auf den Barrikaden kämpfend gefallen.« Als dieser Vabanquespieler den letzten Einsatz verloren hatte, erklärte er menschenverachtend und herablassend: »Das deutsche Volk ist nicht wert, daß es am Leben bleibt!«

Erst Tage später, Ende Mai 1945, wurde uns völlig bewußt, daß wir endgültig zu Bettlern degradiert worden waren. Wir Flüchtlinge waren die großen Verlierer, und das wurde uns von den Siegern auch schnell beigebracht. Die Tschechen machten uns klar, daß wir nicht länger im Sudetengau bleiben durften. Sie behaupteten, dieses Gebiet sei uralter tschechischer Boden. Alle Deutschen, die erst während des Krieges in den Sudetengau gekommen wären, hätten in ihre Heimatorte zurückzukehren. Und überhaupt alle Deutschen hätten das Land zu verlassen. Die Sieger begannen, sich das »Fell des Bären« zu teilen, und nannten das Gerechtigkeit.

In jenen Tagen der Angst und des Schreckens, als die Siegermächte sich daranmachten, die Spaltung Deutschlands zu vollziehen, schien das Ende der Nation gekommen. Wir sollten nicht länger als Volk existieren. Ich als Arzt hatte nicht so viel Muße, über die Zukunft nachzudenken, wie andere, denn Patienten gab es – wie zu allen Zeiten – auch im Frühsommer 1945.

Um die Flüchtlinge schneller loszuwerden, versprachen die Behörden, die deutschen Ostflüchtlinge bis in ihre alte Heimat zurückzubefördern. Auf Drängen unseres alten Bürgermeister Jelinek stellten die tschechischen Behörden einen Zug bereit, der am 1. Juni Leitmeritz verlassen sollte. Bei uns war unterdessen auch Gerd Steinhoff, der zuletzt abkommandiert worden war, um die Stadt Posen zu verteidigen.

Die Front brach zusammen, im Kampf bekam er einen Durchschuß, und zwar im Bereich des linken Ellenbogens, also einen, wie die Landser es damals nannten, »Heimatschuß«. Als Kriegsverletzter kam er in ein Lazarett im Sudetengau, in der Nähe von Komotau. Der Arm war fast ausgeheilt, da traf er in der Stadt die Frau seines Pitschener Friseurs, Frau Krakau, in einem Geschäft. Sie konnte ihm sagen, was aus seiner Mutter, seinem Vater und seiner Schwester geworden war. Vierhundert Kilometer fern der Heimat, hörte er zu seiner Überraschung, daß wir ganz in seiner Nähe waren. Ich ließ ihn zur ambulanten Behandlung nach Leitmeritz überweisen und versorgte seine Wunde weiter.

Viele Flüchtlinge versetzten nach Kriegsende einen Teil ihrer Habe, weil vor allem jene, die mit dem Treck geflüchtet waren, noch mehr besaßen, als sie tragen konnten. Ich verkaufte mein Auto an einen tschechischen Professor, von dem ich ganze fünftausend Kronen bekam. Der Wagen stand bei Kriegsende hinter der Scheune eines Bauern versteckt. Sogar Benzin hatte ich noch. Der in der Nähe wohnende Professor Jan Czapek wollte mein Auto seiner Tochter schenken, die in Prag lebte.

Heimkehr aus Heimweh

Am 28. Mai war tatsächlich ein Zug bereitgestellt. Die Tschechen hatten mit Kreide die Namen der Orte auf die Türen geschrieben: »Pitschen« stand auf mehreren Waggons, und das hielten wir auch für den Bestimmungsort. Wir kamen in einen offenen Wagen. Draußen war wunderbares Frühsommerwetter. Unsere Winterkleidung hatten wir bei Professor Czapek in Leitmeritz gelassen. Trotzdem hatten wir noch genug zu schleppen. Das Geschirr, die Töpfe und das Porzellan hatten wir vor der Abfahrt einem freundlichen tschechischen Siedler geschenkt.

Mit der Familie Steinhoff saßen wir zusammen in einer Ecke des Güterwaggons. Wir nahmen Abschied vom schönen Elbsandsteingebirge, das ich im Jahr 1943 während einer Kur kennengelernt hatte. Unterwegs fotografierten wir noch mit einem Fotoapparat, den wir vor den Russen gerettet hatten.

An der deutschen Grenze überraschte uns ein Wolkenbruch, was in dem offenen Wagen weniger angenehm war. Der Zug fuhr nachts nicht weiter. Wir übernachteten in einem leeren Personenwagen, der auf dem Nebengleis stand. Die Kinder streckten sich im Gepäcknetz aus. Am nächsten Morgen strahlte wieder die Sonne vom Himmel. Wir fuhren weiter. Aber gegen Mittag hieß es plötzlich an der Grenze: »Alles aussteigen, Endstation. Dieser Zug kehrt in die Tschechoslowakei zurück!« Damit hatten wir nicht gerechnet. Auf dem Bahnhof von Ober-Oderwitz in Sachsen kümmerte sich niemand um uns. Auf den Bahnsteigen lagen schon Matratzen, Betten und Kleidungsstücke von Deutschen, die vor uns hier angekommen waren.

Unser Sägewerksbesitzer Siegert, der mit dem Pferdewagen in den Sudetengau gekommen war, hatte noch sein ganzes Gepäck bei sich. Auch wir hatten mehr, als wir tragen konnten. Die Bahnstation und das schöne Bauerndorf mit behäbigen Fachwerkhäusern waren uns völlig unbekannt.

Meine Frau, meine Schwägerin und Frau Steinhoff gingen ins Dorf, um eine Übernachtungsmöglichkeit zu suchen. Meine Frau kam schon nach einer halben Stunde wieder zurück mit der frohen Botschaft, sie hätte ein Quartier. Ein kleiner Siedler, der – wie sich später herausstellte – Kommunist war, selbst arm wie eine Kirchenmaus, hatte Mitleid mit uns und nahm uns in seinem kleinen Häuschen auf. Kühe hatte er nicht, dafür eine Ziege, die Milch gab. Seine Frau richtete uns in den oberen Räumen ein Schlafzimmer ein. Morgens und abends kochte sie uns Mehl- oder Graupensuppe.

Wie sollten wir die Riesenstrecke bis nach Pitschen zu Fuß bewältigen? Das war die Frage. In der Nähe gab es eine Handwagenfabrikation, die für vierhundert Reichsmark Handwagen herstellte und verkaufte. Doch wegen der vielen Flüchtlinge waren die Vorräte bald erschöpft. Zuerst hieß es, wir sollten sechs Wochen auf einen Wagen warten. Das konnten wir unseren Gastgebern nicht zumuten. Unser Wirt besorgte uns schließlich für zweihundert Reichsmark einen gebrauchten Handwagen, und unsere Reise ins Ungewisse konnte beginnen.

Auch meine Schwägerin Emma Wolf besorgte sich einen Handwagen. Alles Entbehrliche ließen wir in Ober-Oderwitz zurück, zu unserem Glück, wie sich später herausstellte. Bei unseren Wirtsleuten deponierten wir auch meinen Fotoapparat und Kleidungsstücke. Eine Bettmatratze tauschte meine Frau beim Bahnhofsvorsteher gegen Eier und Reiseproviant. Und dann machten wir uns zu Fuß auf den Weg in Richtung Schlesien. Es regnete gleich am ersten Tag.

In Ober-Oderwitz hatte man uns beim Abschied gewarnt: »Ihr werdet unterwegs von russischen Posten ausgeplündert!« Wir hatten Glück. Außerdem regnete es anfangs so stark, daß der Wachposten keine Lust hatte, uns zu kontrollieren. Er winkte nur: »Weitergehen, weitergehen!« Vielleicht war der Soldat auch ein anständiger Mensch.

Am Mittag des ersten Tages erreichten wir einen Bahnhof, in dessen Güterschuppen wir bis achtzehn Uhr auf den nächsten Zug warteten. Ein Mitreisender, angeblich ein ehemaliger Großgrundbesitzer, der umgeschwenkt war, versuchte, uns in der Zwischenzeit mit Marx, Engels und Lenin vertraut zu machen. Ich nehme an, es war ein Agent der Armee. Während der Wartezeit bot mir eine Pitschenerin eine rasch gebraute Tasse Bohnenkaffee an, die mir gut bekam.

Da tauchte eine Streife auf. Die Russen wollten wie immer Dokumente. Ich hielt ihnen meinen Rot-Kreuz-Ausweis vor die Nase. Der kam ihnen verdächtig vor, denn ich hatte eine Rot-Kreuz-Uniform auf dem Foto an, die aussah wie eine Offiziersuniform der Luftwaffe. Doch das Glück war uns hold. In diesem Augenblick setzte sich der Zug in Bewegung. Die Kontrolleure mußten ihn verlassen. Ich befreite mich anschließend von allen Ausweisen des Dritten Reiches, auf denen ein Hakenkreuz zu sehen war. Denn davon hatten wir noch genug. Zum Glück hatten wir auch eine Ausreisebescheinigung der tschechischen Behörden, die uns in Zukunft weiterhalf.

Schon auf der zweiten Bahnstation mußten wir wieder aussteigen. »Endstation!« Also weiterlaufen zu Fuß, bis wir wieder einen Bahnhof erreichten! Diesesmal übernachteten wir in einem leeren Personenzug. Die Türklinken verschnürten wir mit Draht von innen, um vor nächtlichen Überfällen sicher zu sein. So ging es Tag für Tag weiter zu Fuß oder mit der Bahn.

An dem Tunnel bei Wartha arbeiteten deutsche Kriegsgefangene. Die Talsperre bei Otmachau war beschädigt. Am nächsten Tag machten wir Rast bei dem Bruder eines uns begleitenden Pitscheners. Bei ihm konnten wir zum erstenmal wieder in einem Bett schlafen. Die Frau des Hauses hatte auf dem Hängeboden einen alten ausrangierten Kinderwagen aus Großmutters Zeiten, der mit einem Stoßgriff geschoben wurde. Derartige Kinderwagen waren zu Beginn des 19. Jahrhunderts modern. Es fehlten einige Speichen, aber noch konnte man damit fahren. Bislang war die kleine Kristine auf dem Handwagen gesessen, und einer von uns hatte hinter dem Wagen hergehen und stets darauf achten müssen, daß sie nicht herabstürzte.

In dem Korbgeflecht hatte Kristine schön Platz und konnte sich bequem ausstrecken. Ein Allwetter-Verdeck besaß der pompöse Wagen allerdings nicht. Wir befestigten deshalb am oberen Rand des Korbgeflechts blattreiche Zweige, die genügend Schatten boten, und freuten uns sehr, als wir das Kind ausgestreckt und zufrieden im Wagen liegen sahen.

Nun besaßen wir also zwei »Fahrzeuge«. Diesen Kinderwagen von anno 1910 schob meine Frau Hunderte von Kilometern. Auch durch das Riesengebirge. Das ließ sie sich von keinem nehmen. Den Handwagen zogen Sibylle und Hans, während bei ernsthaften Steigungen Helmut, damals zehn Jahre alt, den Handwagen von hinten schieben mußte. Doch der kleine Kerl war so verhungert und müde, daß er sich eigentlich mehr auf den Wagen stützte, als daß er ihn schob, bis Hans das merkte und seinen kleinen Bruder wütend beschimpfte. Also löste ich selbst unser »Gespann« ab.

Wir waren nicht allein. Anfangs gingen noch andere Pitschener, die sich Fahrzeuge verschafft hatten, in der Kolonne mit. Zuerst waren wir sechzehn Wagen, dann nur noch acht. Aber wir waren die Schnellsten, denn wir konnten uns abwechseln und hängten alle ab.

Jetzt konnte ich meine polnischen Sprachkenntnisse gut gebrauchen. Eines Tages kamen wir an einem Armee-Lastwagen vorbei, von dem Brot für polnische Soldaten abgeladen wurde. Ich ging allein hin und bettelte die Soldaten an: »Genosse, hast du nicht ein Brot für mich, ich bin polnischer Arzt und habe vier Kinder.« Der Unteroffizier hatte ein Herz für Kinder. Er warf mir ein ganzes Kommißbrot zu und sagte: »Hier hast du was zu essen. Wenn du so ein deutsches Schwein gewesen wärst, hätte ich dir nicht eine einzige Scheibe gegeben.« Ich bedankte mich überschwenglich, wie es die Polen lieben, und feixte im stillen: »Reingefallen!«

Ohne solche Notlügen kam man damals einfach nicht durch. Aber einmal wäre uns das beinahe schlecht bekommen. Auf einem verfallenen Bauernhof wurden wir von einer Streife kontrolliert, die aus polnischen und russischen Soldaten bestand. Wir mußten mit anderen Familien die Überprüfung unserer Ausweise durch deutsche Behörden abwarten. Aus Angst gab ich mich als Pole aus und mußte prompt zurückbleiben, während meine deutschen Landsleute weitergehen konnten. Damals wurden alle heimkehrenden Polen zusammengezogen und anschließend mit Zügen in die Heimat transportiert. Die Deutschen mußten laufen. Meine Frau und meine Kinder bekamen es mit der Angst zu tun und beschimpften mich. Ich war wütend. Ein Pole sprach mich an: »Ihr seid doch keine Polen. Na, was glaubst du, was die Posten mit euch anstellen, wenn sie das herausbekommen«, versuchte er uns noch mehr einzuschüchtern. Aber man ließ uns laufen.

Unser Weg führte unter anderem über Löbau, Herrenhut, Lauban, Hirschberg, Waldenburg, Dittersbach, Neuroden, Glatz, Neiße, Kandrzien, Groß-Strehlitz, nach Kreuzburg über Voßwalde. Wir hatten Frühlingswetter. Das Wandern machte Freude. Das Ziel kam immer näher. Wir hatten Glück, wir wurden nachts nicht ausgeplündert. Abends entzündeten wir auf den Bahnsteigen Lagerfeuer und kochten Pellkartoffeln oder Kaffee. Ab und zu fanden wir ein Nachtlager bei einem Bauern. Viele deutsche Bauern saßen noch auf ihren Höfen. Nur das Vieh hatten ihnen die Russen aus dem Stall geholt. Die meisten, auch schlesische Landsleute, waren hartherzig, denn sie hatten noch nicht viel durchgemacht. Lebensmittel bekamen wir nur über Tauschgeschäfte. Für ein silbernes Armband gab uns ein Bauer ein kleines Stückchen Butter. Höchstens ein paar Kartoffeln und etwas

Weichkäse bekamen wir manchmal umsonst und Milch, die sauer war.

Wir lebten, ohne es zu wollen, sehr gesund, aßen fettarm und marschierten den ganzen Tag in der Sonne. Helmut hatte keine Hemmungen und erbettelte sich öfter mal ein Stück Brot. Hans war zum Betteln nicht zu gebrauchen.

Manche Bauern spendierten uns eine Mehlsuppe. Je ärmer sie waren, desto freigebiger waren sie auch. Ein Schweizer nahm uns sechzehn Personen in seine Wohnung auf und bewirtete uns mit Kartoffelbrei und Milchsuppe, reichlicher als die reichsten Bauern, die wir trafen.

Einmal mußten wir erleben, wie einem wohlhabenden Bauern die letzte Kuh aus dem Stall geholt wurde. Die Russen gaben ihm dafür ein lahmendes abgemagertes Kalb. Vor Angst gab der Bauer ihnen gleich einen großen Batzen Butter dazu, während er uns etwas Butter nur gegen Schmuck umtauschte. Da brachte uns sein Knecht heimlich einen ganzen Eimer Milch, wovon wir uns Suppe kochten.

In Schönberg übernachteten wir in einem großen Kinderheim. Wir alle, auch die Erwachsenen, mußten auf Kinderliegen schlafen, wie sie in Kindergärten für den Mittagsschlaf benutzt werden. Natürlich waren die Liegen viel zu kurz.

Wir kamen auch nach Lauban, das sehr zerstört war. Am Stadtrand sahen wir zum erstenmal Gefangenenlager. Dort warteten Tausende deutscher Soldaten. Als eine Streife der Russen sich näherte, versteckten wir uns schnell in einer Hausruine und beobachteten durch die Ritzen des Balkons ein Heer von Zivilisten, die auf ihren Schultern Gepäckstücke wie Kisten, Koffer und Säcke schleppten. Es waren Parteigenossen der NSDAP, die einem ungewissen Schicksal entgegengingen.

Auf der Hauptstraße, die in den Ort Niederlangen führte, kamen wir an einem Wachposten vorbei, der auf einem Sessel saß und sitzend den Verkehr kontrollierte. Die Russen pickten sich aus unserem Zug den jungen Mehlhändler Kirsch aus Pitschen heraus, der in Zivil mit Frau und zwei

Kindern in unserer Gruppe mitlief. Sie vermuteten zu Recht, daß er Soldat gewesen war. Seine Frau und die Kinder weinten. Da ging ich noch einmal zu dem Posten zurück und bat die Soldaten, den Mann laufenzulassen. Doch ohne Erfolg. Die Uniformierten drohten mir, sie würden mich auch festnehmen, wenn ich nicht sofort verschwände. Also zogen wir weiter.

Am nächsten Morgen machte sich Frau Kirsch mit meiner Schwägerin Emma Wolf auf den Weg nach Lauban zurück, um nach dem Verhafteten zu forschen. Es war ein Sonntag. Alle Büros und Behörden waren geschlossen. Daher erreichten die Frauen nichts und kamen am Spätnachmittag verstaubt und ermüdet zurück. Eine Stunde später aber erschien der Gesuchte. Doch in welchem Aufzug? An den Füßen trug er ein paar völlig zerrissene, überdimensional große ausrangierte Stiefel. Dazu zerlumpte Hosen und Hemden. Die Russen hatten ihn in einen Keller eingesperrt. Am Abend hatte er mit einem Wachposten Kontakt aufnehmen können, dem er seine goldene Armbanduhr und seine Stiefel anbot. Dafür ließ ihn der Russe laufen. Er zeigte ihm sogar einen Weg, auf dem er weiteren Kontrollen entgehen konnte.

In der Nähe von Hirschberg grüßten von weitem die Schneekoppe, die »olle Gake«, die Prinz-Heinrich-Baude sowie die Schneegruben. Am Stadtrand saß ein verdreckter polnischer Milizsoldat, das Gewehr zwischen den Knien, und plärrte uns entgegen: »Ausweise!« Ein Landsmann rief ihm zu: »Du hast ja schnell Deutsch gelernt.«

Ab Dittersbach konnten wir wieder einmal einige Kilometer mit der Eisenbahn fahren. Doch schon an der nächsten Brücke war Endstation. Sie war gesprengt. In Neurode ließ ich unseren Kinderwagen reparieren. Er bekam neue Speichen eingezogen. Hier in dieser schönen Gebirgsstadt hörten wir zum erstenmal von an deutschen Ärzten verübten Greueltaten. Hier bekamen wir auch zum erstenmal vom Deutschen Roten Kreuz Verpflegung.

Am gleichen Abend erreichten wir Glatz, wo wir bei Freunden des Pitschener Kaufmanns Rudzki übernachten konnten. Der Mann war steinreich und geizig. Er war Marmeladenfabrikant. In seinem Lager waren noch hundert Zentner Trockenobst. Aber er dachte nicht daran, uns etwas davon abzugeben.

Von Glatz ging es per Bahn auf einem offenen Güterwaggon weiter Richtung Heimat.

Ein trauriges Wiedersehen

Beinahe hätten wir Helmut verloren. Er sprang mit seinem Freund Dieter Plater an einem Bahnhof aus dem Wagen, weil es so heiß war, um Wasser zu suchen. Plötzlich setzte sich der Zug wieder in Bewegung. Meine Frau schrie auf. Wir wußten auch nicht, wann der Zug wieder haltmachen würde. Doch wir hatten Glück. Der Güterzug wurde nur umrangiert und kam wieder in den Bahnhof zurück.

Wir legten pro Tag etwa vierzig Kilometer zurück. Vier Familien, meine gehörte dazu, die neue Handwagen hatten und gut zu Fuß waren, hatten sich schnell von dem Elendszug gelöst, der immer weiter auseinanderfiel. Oft begegneten wir deutschen Kriegsgefangenen, die von den Wachmannschaften in Gewaltmärschen nach Oberschlesien abgeführt wurden. Die meisten gingen – ohne es zu wissen – ihrem sicheren Tod entgegen. Wegen der Hitze hatten wir großen Durst, konnten aber nicht den Waggon verlassen. Da kam ein russischer Soldat vorbei, der einen gefüllten Wassereimer in der Hand hatte. Ich rief ihm auf russisch zu: »Genosse, gebt uns etwas Wasser.« Daraufhin gab er uns bereitwillig den ganzen Eimer.

Der Zug bummelte die ganze Nacht von Bahnhof zu Bahnhof. Wegen der Hitze verbreitete sich Leichengeruch von den Feldern. Aus den Schützengräben war das Korn hochgeschossen, und auf den Feldern, im Gras und im Klee lagen überall noch Leichen, die nicht bestattet worden waren. Soldaten, die im Winter gefallen waren – Tote beider Seiten. Auf der Fahrt sah man immer wieder zerstörte Häuser in den Dörfern.

Auf irgendeinem verlassenen Bahnhof hielt der Zug längere Zeit an. Wir nutzten die Gelegenheit und kochten Kaffee. Gegen Mittag überquerten wir die Oder, und Gerd Steinhoff sagte bei Cosel: »Nun sind wir in einer Mausefalle. Wer weiß, ob wir es richtig gemacht haben, zurückzukehren?«

In Kandrzin stiegen wir aus und gingen wieder zu Fuß weiter, zum Teil auf Sandwegen durch unsere schlesischen Wälder, bis zu einem großen Dorf vor Groß-Strehlitz. An einem einsamen Haus machten wir Rast. Die Bewohner hatten einen Zuber im Garten und heißes Wasser. Nach langer Zeit konnten wir einmal baden. Und die Männer konnten sich rasieren. Dann mußten wir ein russisches Arbeitslager im Wald umgehen, um nicht ausgeplündert und womöglich zu Zwangsarbeit festgehalten zu werden.

Die Sandwege machten uns sehr zu schaffen. Russische Soldaten überholten uns auf Fahrrädern, plünderten uns aber nicht aus. Schließlich erreichten wir ein großes Dorf, in dem noch viele deutsche Bauern wohnten. Sie hatten noch ihr Vieh, wollten uns aber dennoch nicht einen Tropfen Milch abgeben, denn ständig kamen andere Flüchtlinge an ihnen vorbei.

Am 9. Juni 1945 kamen wir gegen zehn Uhr in Groß-Strehlitz an. Die Gegend kannte ich seit meiner Kindheit. Auch diese Stadt erreichten wir nur auf Umwegen, um vor Plünderern sicher zu sein. Auf der Hauptstraße werde jeder Fußgänger ausgeraubt, hatten uns unterwegs Einheimische gewarnt. Die Stadt war stark zerstört und ausgebrannt. Aber die Züge fuhren wieder. Polnisches Geld besaßen wir damals noch nicht. Um überhaupt mitfahren zu dürfen, mußten wir zum polnischen Stadtkommandanten, einem Hauptmann der Armee. Deutsche bekamen aber damals keine Freifahrscheine.

Da ich fließend Polnisch sprach, wollte er wissen, ob ich nun eigentlich Deutscher oder Pole sei. »Deutscher!« – »Dann kann ich nichts für Sie tun!« Als ich ihm erklärte, man könne seine Staatszugehörigkeit doch nicht wie ein Hemd wechseln, verfehlte meine Ehrlichkeit nicht ihre

Wirkung. Aber helfen wollte er mir trotzdem nicht. Dann verhandelte ich lange mit dem Fahrkartenkontrolleur, der sich als Pole ausgab, in Wirklichkeit aber ein Deutscher war. Er hatte Angst um seinen Posten, wenn er mir helfen würde. Aber schließlich stempelte er doch unsere tschechischen Reisepapiere, so daß uns der Lokführer seinen klapprigen Personenzug besteigen ließ. War das eine Zeit! Ein Lokführer bestimmte, wer mitfahren durfte oder nicht!

Meine Lieben saßen solange verlassen in einem Stellwerk, umgeben von schwatzenden und feilschenden Bug-Polen. Meine Frau versuchte, eine Strickjacke gegen Lebensmittel einzutauschen, denn wir hatten schon eine ganze Zeit lang nur Kaffee getrunken, aber nichts mehr gegessen. Die Bug-Polen hatte man umgesiedelt, und sie warteten darauf, in ihre neuen Wohnorte zu kommen. Sie hatten genügend Lebensmittel für die Reise mitgenommen, weil sie unterwegs nicht verhungern wollten und recht hatten mit der Annahme, daß niemand sie auf der Reise nach Schlesien mit Nahrung versehen würde.

Die Umsiedler hatten sich auf den Bahnhöfen provisorische Backöfen gebaut, in denen ihre Brote gebacken wurden. Obwohl wir schon zehn Tage zu Fuß unterwegs waren, konnte uns jeder ansehen, daß wir Deutsche waren. In unserer Kleidung wirkten wir wie Marsmenschen auf die armen Leute. Ein Umsiedler wollte für Zloty und Tabak meinen Anzug haben. Dieses Geschäft konnte ich nicht machen. Aber die Polen verkauften uns Sahne, woraus wir in einer Thermosflasche bei der Hitze Butter machten, frische Butter. Wir konnten es kaum glauben nach so vielen Hungertagen.

Ein polnischer Großgrundbesitzer vom Bug, der ebenfalls zwangsumgesiedelt war – er kam von der Curzon-Linie –, war in Kristine vernarrt und schenkte ihr Kekse und Kuchen. Diese armen Menschen waren damals in einer ähnlichen Situation wie wir, aber sie hatten wenigstens eine Zukunft. Unser Schicksal war ungewiß. Das merkten wir von Tag zu Tag mehr. Immer mehr Zweifel kamen in uns auf, ob wir in der alten Heimat noch einmal würden Fuß fassen können.

Zum erstenmal in ihrem Leben machten meine Kinder die Erfahrung, was Hunger wirklich bedeutet. Was wir nur entbehren konnten, tauschten wir gegen Nahrungsmittel ein, zum Beispiel Muttis letzte Strümpfe. Ich bettelte russische Soldaten um Brot an. Aber diese armen Genossen hatten oft selbst nichts.

Als die Abfahrtszeit näher rückte, verfrachteten wir unser Gepäck im Packwagen. Gerd Steinhoff und ich blieben dort als Wache, während die anderen sich in einen leeren Personenwagen des Zuges setzten. Die Fahrt ging durch Voßwalde, das jetzt Vossowska hieß. Hier wohnte meine Schwester Fella Skupin bis zum Kriegsende mit ihrem Mann, der Eisenbahnbeamter war, und ihrem Sohn Gregor. Ich konnte nicht aussteigen, um sie zu suchen.

Abends gegen zwanzig Uhr trafen wir mit dem polnischen Personenzug in Kreuzburg ein. Das Bahnhofsgebäude war ausgebrannt und völlig zerstört. Da wir wenigstens noch einen Teil des siebzehn Kilometer langen Weges nach Pitschen vor Anbruch der Dunkelheit zurücklegen wollten, setzten wir uns sogleich mit unseren kleinen Handwagen in Bewegung und kamen auf der Pitschener Straße an den Ortsausgang der Stadt.

Viele Häuser links und rechts des Weges waren ebenfalls ausgebrannt. Eine Streife der polnischen Miliz aus Kreuzburg in Uniform stoppte uns und wollte angeblich nur unsere Papiere sehen. Zum Glück besaßen wir – außer unseren deutschen Ausweisen, die alle einen Stempel mit Hakenkreuz hatten – noch einen tschechischen Fahrausweis, der uns bei der Abreise in Leitmeritz ausgehändigt worden war. Natürlich war er in den Augen der Polen ungültig. Sie fingen an, uns anzupöbeln, obwohl ich mit ihnen in fließendem Polnisch verhandelte: »Arzt bist du«, höhnte einer. »Das ist jetzt vorbei. Mit der Schippe werdet ihr für uns arbeiten, bis an euer Lebensende. Deutschland gibt es nie mehr.«

Nachdem sie unser Gepäck gründlich durchsucht hatten, ließen sie uns ziehen. Ich fragte noch, ob das die letzte Kontrolle bis Pitschen gewesen sei. »Das könnte euch so passen«, höhnte einer der Milizbeamten hinter uns her. Und er hatte recht. Als wir an das Überlandwerk kamen, lauerte dort eine Streife uniformierter Polen in Begleitung eines einzigen bewaffneten russischen Soldaten. Blutjunge Kerle, die noch nicht einmal wußten, wie man ein Gewehr auf der Schulter trägt. Auch der russische Soldat war blutjung und machte einen verwahrlosten Eindruck. Wir merkten bald, daß es eine der vielen illegalen Streifen war, die deutsche Heimkehrer ausplünderten und sich Polizeigewalt anmaßten. Aber niemand schritt damals dagegen ein.

Diese sogenannten Polizeibeamten stürzten sich auf unser Gepäck und durchwühlten die Koffer und Rucksäcke. Das ging ihnen nicht schnell genug, weshalb sie die Gepäckstücke einfach aufbrachen oder mit dem Messer zerschlitzten. Auch halbwüchsige Jugendliche in Zivil plünderten uns aus. Die letzten Wäschestücke und die letzten Nahrungsmittel wurden uns abgenommen. Ein etwa Sechzehnjähriger spielte sich besonders auf. Zu mir sagte er barsch: »Du kannst gehen, du sprichst mir zu gut polnisch, aber die anderen bleiben noch hier.« Die anderen, Nachbarn und Freunde aus Pitschen, riefen mir flehentlich nach: »Herr Doktor, bitte bleiben Sie bei uns.«

Also blieben wir in kurzer Entfernung wieder stehen und warteten, bis sie endlich weitergehen durften. Vorher hatte man ihr Gepäck gründlich gefilzt. Die Bande amüsierte sich über die Angst der deutschen Frauen, Kinder und alten Leute. Männer waren kaum dabei.

Plötzlich kam aus Richtung Kreuzburg ein Auto angefahren. In diesem Moment verschwand die sogenannte Streife im nächsten Gebäude. Wir benutzten die Gelegenheit, um weiterzulaufen. Einer der Banditen rief noch hinterher:

»Aber geht ja nicht weiter als bis nach Schönwald, und wartet dort auf uns.«

Um nicht noch einmal ausgeplündert zu werden und die Frauen vor Belästigung zu bewahren, beschlossen wir, im Freien zu übernachten. Es wurde auch bereits dunkel, als wir Unterschlupf im Windschatten eines hohen Kornfeldes fanden. Ein abgemähtes Kleefeld wurde unser Nachtlager. Der Klee war trotz der Tautropfen verhältnismäßig trocken. Wir legten uns darauf und deckten uns mit Kleeblättern zu. Alle waren so erschöpft, daß sie erst einmal einschliefen. Aber bald wachten wir vor Kälte auf. Die Nacht war kühl, und die Kleeblätter wurden immer feuchter. In der Morgendämmerung, als wieder die ersten Fahrzeuge vorbeifuhren, waren wir vor Entdeckung sicher, solange wir liegenblieben. Also konnten wir nicht aufstehen, um uns die Füße zu vertreten.

Meine kleine Tochter, die keine drei Jahre alt war, lag mäuschenstill in ihrem Korbwagen, nachdem ihr meine Frau zugeflüstert hatte: »Du mußt ganz leise sein.« War es Instinkt, der ein Kleinkind wie ein Tier die Gefahr ahnen läßt? Am meisten bedauerte ich Frau Mistrol, die Mutter von Frau Plater aus Pitschen, eine über sechzig Jahre alte Dame, die nicht nur vor Kälte, sondern auch vor Angst zitterte.

Nach Sonnenaufgang kreiste in der Nähe ein sowjetisches Aufklärungsflugzeug, das vermutlich die Felder nach versteckten deutschen Landsern absuchte. Wir aber bildeten uns ein, der Pilot wäre auf der Suche nach uns, und machten uns schleunigst wieder auf den Weg nach Pitschen. Die warme Sommersonne ermutigte uns und verbesserte unsere Stimmung. Und endlich ging es Richtung Heimat, Richtung Pitschen.

Zuerst kamen wir durch Schönwald, dort erkannte mich eine Frau wieder, die uns in dem verlassenen Dorf begegnete. Sie gab mir den dringenden Rat, sofort umzukehren. »Schlesien ist jetzt polnisch, Deutsch darf man nicht mehr sprechen, und in eure Häuser dürft ihr nicht wieder zurück.« Und dann erzählte sie uns, in Pitschen wären fast nur Polen und Russen, nur wenige Deutsche hätten den Einmarsch der Roten Armee überlebt. Die völlig verstörte Frau, eine frühere Patientin, meinte es gut. Aber so dicht am Ziel wollten wir nicht aufgeben. »Umkehren können wir immer noch«, dachten wir damals.

In den Dörfern Sarnau und Bischdorf sahen wir große Bombentrichter und abgedeckte Häuser wie nach einem Luftangriff. Damals wußten wir noch nicht, daß die Dörfer vor Kriegsende von der Luftwaffe bombardiert worden waren. Als wir den Eisenbahnposten Nummer 100 erreichten, nicht weit von Pitschen entfernt, machten wir noch einmal Rast im Straßengraben. Ich fragte den polnischen Schrankenwärter, ob mein Haus noch stehe: »Das ist heute russische Kommandantur, aber in Pitschen sind viele Häuser zerstört.«

Man sah schon aus der Ferne, daß die Stadt vom Krieg gezeichnet war. Die Silhouette der lieben alten Stadt war verändert. Das Rathaus hatte keine Haube mehr und war ausgebrannt. Am Stadtrand auf der Kreuzburger Straße standen nur noch Ruinen. Kurz vor dem Ziel wären wir am liebsten umgekehrt, was erwartete uns zu Hause? Aber das Heimweh war zu groß, und das Ziel war zu nahe, und es war ein wunderschöner Sommertag. Alles sah so friedlich aus.

Bereits am Stadtrand sahen wir die ersten Spuren der Kämpfe auf der Kreuzburger Straße. Auf der ersten Kreuzung neben dem katholischen Friedhof stand ein ausgebrannter sowjetischer Panzer. Viele Häuser hatten keine Dächer mehr und waren verkohlt, nur selten sah man einen Menschen auf der Straße. Da tauchte plötzlich, wie aus dem Boden gewachsen, unsere Freundin Helene Rudzki auf und fiel uns um den Hals: »Gott sei Dank, daß ihr da seid. Hoffentlich kommen jetzt noch mehr Deutsche wieder zurück. Wir sind hier fast allein.«

Polen, die uns beobachteten, forderten uns barsch auf, sofort zur polnischen Miliz zu gehen, die sich im unzerstörten Haus des Heimatforschers Raabe eingenistet hatte. Zuerst wurden wir Männer verhört, die Personalien wurden aufgenommen. Alle Ankömmlinge, Jugendliche über sechzehn, aber auch Frauen, die Mitglieder der Partei oder nationalsozialistischer Massenorganisationen gewesen waren, wurden sofort verhaftet und verhört. Einige kamen gar nicht mehr zurück.

Die polnischen Milizbeamten waren im Besitz sämtlicher belastender Parteiakten, die zu vernichten die Funktionäre natürlich versäumt hatten. Auch Deutsche, die angeblich Polen während der Hitlerzeit schlecht behandelt hatten, wurden festgenommen. Die unbewiesene Behauptung eines Polen genügte damals, um ins Kittchen zu wandern. Einer der nach der Ankunft Verhafteten war Herr Plater aus Pitschen. Er wurde anschließend sofort in das Straflager für Parteigenossen nach Kreuzburg gebracht. Ich mußte zum polnischen Bürgermeister und wurde dort noch einmal verhört.

Die Polen waren im Besitz sämtlicher Akten der NSDAP. Zu meinem Glück ging daraus hervor, daß ich zwar 1933 in die Partei eingetreten, aber schon 1935 wieder ausgetreten war. Man hatte mich damals ausgeschlossen, weil ich nach Ansicht unseres Ortsgruppenleiters nicht eifrig genug war und angeblich nie Zeit hatte, an Versammlungen teilzunehmen. Als Arzt hatte ich auch Wichtigeres zu tun und war damals nicht traurig darüber. Außerdem hatte mir die kleinkarierte Vereinsmeierei des Ortsgruppenleiters Hoffmann und der kleinen Bonzen mißfallen. Alle waren mehr oder weniger Spießer in Uniform, die sich ungeheuer wichtig vorkamen. Aber das wußten die Polen nicht, die mir auf die Schulter klopften, weil ich nicht Parteigenosse geblieben war.

Dafür war ich seinerzeit dem Rat von Freunden gefolgt und Mitglied des NSKK, des Nationalsozialistischen Kraftfahrkorps, geworden, das den Autofahrern offenstand und in Friedenszeiten ab und zu Spritztouren machte, die sich Übung nannten. Außerdem hatte ich einen hohen Dienstrang im Deutschen Roten Kreuz. Aufgrund der Parteiakten wurde ich von dem polnischen Bürgermeister fast wie ein Opfer des Faschismus behandelt. Zugute kam mir auch, daß ich fließend Polnisch sprach.

Auch HJ-Führer und BDM-Führerinnen wurden in der Regel bei der Ankunft verhaftet. Meinem Sohn Hans, der bis zum Kriegsende stolzer jüngster Fanfarenzugführer Oberschlesiens war, blieb die Verhaftung erspart, da er noch nicht sechzehn Jahre alt war und als von Hitler verführter Jugendlicher galt, was er im Grunde genommen auch war.

Auch meine älteste Tochter Sibylle, die damals fünfzehn Jahre alt und bis 1945 Zwangsmitglied beim BDM (Bund deutscher Mädchen) war, wurde aus demselben Grund nicht verhaftet, zudem hatte sie auch keinen besonderen Rang innegehabt. Junge Mädchen und Frauen, die zum Beispiel Arbeitsmaiden gewesen waren, wanderten damals ins Straflager nach Kreuzburg.

Nach dem Verhör durch den neuen polnischen Bürgermeister brachten mich Milizbeamte zur russischen Kommandantur, die ausgerechnet in meinem Haus untergebracht war. Mit gemischten Gefühlen betrat ich die Villa, Wallstraße Nummer 3, die wir am 1. September 1939 bezogen hatten.

Das Wartezimmer, der Behandlungsraum und das Sprechzimmer waren zu Büros umfunktioniert. Die anderen Räume dienten als Wohnung für die Kommissare und ihre Konkubinen. In den Büroräumen lagen riesige Teppiche, die aber nicht alle aus meinem Haus stammten. An meinem weißen Sprechzimmerschreibtisch saßen zwei Offiziere, denen ich vorgeführt wurde. Links in der Ecke stand meine schöne Standuhr aus dem Eßzimmer, ein Hochzeitsgeschenk meines Schwagers Paul Lepsy. In der rechten Ecke war ein alter Instrumentenschrank, der noch aus meiner ersten Praxis in der Friedrichstraße stammte und zum Zeitpunkt meiner Flucht im Treppenhaus gestanden hatte. Im Wartezimmer hing ein bekanntes Porträt von Friedrich dem Großen, das aus dem Rathaus gestohlen war.

Ein Armeeschreiber fragte mich auf russisch nach Namen,

Beruf, Herkunft und Adresse und was ich eigentlich in Pitschen wolle. Ich sagte ihm, ich wäre hier zu Hause und unvorsichtigerweise auch: »Das hier ist doch mein Haus.« Da lachte der Kommandant dröhnend, schlug sich auf die Schenkel und brüllte: »Gewesen, Genosse, gewesen. Ihr habt doch den Krieg verloren!« Danach scheuchte er mich mit einer Handbewegung wieder hinaus auf die Straße.

Noch wußten wir nicht, wo wir eigentlich bleiben sollten. Ich stand auf der Wallstraße gegenüber dem Nachbarhaus, in dem unser Bürgermeister Jelinek und die mit uns befreundete Familie des Hauptlehrers Richard Steinhoff gewohnt hatten, da kam mir eine junge Frau entgegen, die ich kannte. Frau Kraft, die Tochter meiner Hebamme Olschimke, fiel mir um den Hals. Sie erzählte mir, daß sie mit ihrer Mutter den Einmarsch der Russen überstanden hätte und wieder in ihre alte Wohnung am Ring eingezogen wäre, die groß genug sei, um auch unsere Familie aufzunehmen.

Ihre Mutter hatte mit mir gemeinsam Hunderte von Kindern zur Welt gebracht, was ihr den Spitznamen »Storchentante« eingebracht hatte. Nach dem Einmarsch der Roten Armee behandelte sie, so gut sie konnte, verletzte russische Soldaten, weil die Sieger zuerst keinen Arzt oder Sanitäter hatten. Sie konnte manchem Verletzten das Leben retten und erhielt dafür die Erlaubnis, wieder in ihre Wohnung einzuziehen und sich aus anderen Häusern Möbel auszusuchen, denn ihre eigene Wohnung war indessen von Russen und Polen ausgeplündert worden.

Im Erdgeschoß ihres Hauses am Ring war ein polnischer Uhrmacher eingezogen. Die Fünfzimmerwohnung im ersten Stock bewohnte sie allein mit ihrer Tochter. Drei Räume trat sie an mich, meine Frau und unsere vier Kinder ab. In dem geräumigsten Raum mit Blick auf das zerstörte Rathaus und den Eingang zum Ratskeller richtete ich mir ein Sprechzimmer ein und eröffnete meine Praxis, die schnell florierte, denn ich wurde nun Arzt für Deutsche, Russen und Polen.

Die anderen Deutschen waren nach ihrer Ankunft zuerst in das Haus des Gutsbesitzers Gebauer am Ring eingewiesen worden. Sie lagen dort nur auf Stroh, direkt auf dem Boden. Sie mußten sehen, wie sie sich selbst ernährten. Lebensmittelkarten oder Mahlzeiten für Deutsche gab es nicht. Zahlungsmittel waren Schmuck, Gold oder Schnaps. Es dauerte nicht lange, da mußten die meisten Deutschen in Straf- und Erntelager. Wir waren bald die einzigen Deutschen, die noch in einer Privatwohnung leben durften, und das nur, weil Pitschen damals keinen Arzt hatte.

Außer uns wohnten zeitweise noch andere Landsleute in dieser Wohnung, zum Beispiel die Hebamme aus Röstfelde und später eine junge Frau, die bei Erntearbeiten eine lebensgefährliche Schnittwunde am Oberschenkel erlitten hatte und wochenlang von mir und meiner Tochter Sibylle ärztlich versorgt werden mußte, damit sie ihr Bein nicht verlor. Unsere Wohnung wurde bald zu einem Treffpunkt der wenigen deutschen Landsleute, was der polnischen Miliz ein Dorn im Auge war. In dieser Wohnung wurde ungestört deutsch gesprochen, deutsch gesungen. Bis zu seiner Verhaftung hielt sich zum Beispiel unser Freund, der Kaufmann Julius Wünschirs, oft bei uns auf, ferner der Sohn des ermordeten Lehrers Alfons Auras, zwei Kinder von Frau Werner, die sich täglich bei uns ihr Brot holten, und natürlich auch unsere Freundin Marga Steinhoff, ihr kriegsverletzter Sohn Gerd und ihre Tochter Eva. Auch die Frau Wünschirs, Erna, saß in ihrer Freizeit oft bei uns auf dem Sofa, um ihr Herz auszuschütten.

Zwangsarbeit im Erntelager

In den Sommermonaten strömten täglich Polen in die Stadt, die von den Russen vertrieben worden waren. Sie kamen in Güterzügen und hatten meistens nur eine Kuh oder eine Ziege bei sich, dazu noch einige wenige Habseligkeiten. Zuerst wurden diese Polen notdürftig in unbenutzten Häusern untergebracht. Viele waren so arm, daß man sich nur wundern konnte, wovon sie bisher gelebt hatten. Die meisten trugen nur ein Bündel Kleider mit sich oder hatten all ihre Habe in einer alten Truhe.

Viele waren überfordert, als man ihnen die schönen großen deutschen Bauernhöfe in den umliegenden Dörfern schenkte. Zuerst begnügten sie sich damit, die Ernte aus der Saat der Deutschen zu verhökern. Sie bestellten nur einen kleinen Teil der Äcker, die ihnen in den Schoß gefallen waren. Nur so viel, wie sie persönlich brauchten. Zuerst lebten sie, wie sie es gewohnt waren, hauptsächlich vom Tauschhandel, ja sogar zum Teil vom Betteln. Tagsüber saßen sie auf der Schwelle ihrer neuen Bauernhöfe, plauderten mit den Nachbarn und ließen die Schnapsflaschen kreisen. Die erste Ernte wurde ihnen ja geschenkt.

Als das Getreide auf den Äckern reifte, verkauften die meisten die Ernte noch auf dem Halm an die polnischen Bauern jenseits der Prosna für etwas Butter oder Alkohol und Mehl, um sich die Arbeit zu ersparen. Dabei feierten sie gern und oft. Mindestens jeden Sonntag gab es irgendein Tanzvergnügen. Die alteingesessenen Prosna-Polen lachten ihre Landsleute aus und behandelten sie wie Menschen zweiter Klasse. Ein Prosna-Pole sagte mir damals: »Falls ihr Schlesien zurückhaben wollt, dann müßt ihr auch die Bug-Polen behalten, denn wir wollen mit denen nichts zu tun haben.«

Die meisten alteingesessenen Polen an der Grenze glaubten damals nämlich gar nicht daran, daß sie die Ostgebiete geschenkt bekommen würden. Auch wenn die Partei nicht müde wurde, uns vorzulügen, es handle sich um »uralten polnischen Boden«.

Indessen war die Erntezeit näher gerückt. Soweit man blickte, ringsum Pitschen sah man wogende, goldene Kornfelder, die viele Spuren des Krieges, zerstörte Waffen, Gerät und unbestattete Leichen verdeckten. Ein Teil der Äcker, die im Frühjahr hätten bestellt werden müssen, lag brach. Dort bot sich dem Auge ein besonders buntes Bild. Millionen Kornblumen und wilder Mohn wogten im Wind. Riesige Rechtecke, bald kornblumenblau, bald mohnrot wie Schachbrettmuster.

Das Gut »Röstfelde« wechselte damals aus russischer in polnische Hand. An einem Sonnabend, als ich in Kempen zum Einkaufen von Medikamenten weilte und meine Ziehmutter, meine gute alte Tante Emilie, besuchte, rüsteten sich fast alle noch in Pitschen lebenden Deutschen zum Abtransport ins Erntelager. Sie schnürten ihr Bündel und die wenigen Habseligkeiten, räumten das Gebauersche Haus am Ring und versammelten sich auf dem Marktplatz zum Abmarsch in das Gut »Röstfelde«. In der Mehrzahl waren es Frauen, Kinder und alte Leute, die bisher in der Stadt gewohnt hatten und Landarbeit nicht gewohnt waren. Man kann sich vorstellen, mit welch gemischten Gefühlen sie ihre Heimatstadt verließen.

Am Sonntag morgen ordnete sich auf dem Markt dieser Elendszug mit seinen kleinen Handwagen zum Abmarsch. Von den wenigen, die wie wir zurückbleiben durften, verabschiedeten sich unsere Landsleute mit Tränen. Auch unsere beste Freundin Marga Steinhoff zog mit ihrer Tochter Eva unfreiwillig hinaus, während ihr Sohn Gerd sich bei uns versteckt hielt. Er wurde übersehen, da er schon eine ganze Zeit heimlich bei uns gewohnt hatte.

Von mit Gewehren bewaffneter polnischer Miliz begleitet,

setzte sich der Elendszug in Bewegung. Ich erinnere mich noch, daß uns bekannte Mitbürger wie Frau Plater mit ihrem Sohn Dieter, Familie Malinsky, der Bahnhofswirt mit seiner Frau, Familie Siegert und Frau Gebauer, die Witwe des einst reichsten Mannes von Pitschen, darunter waren.

Auf dem Gutshof angekommen, brachte man die deutschen »Erntehelfer« in einer alten Baracke unter, wo früher polnische Arbeiter gewohnt hatten, einige in dem am schlechtesten erhaltenen Tagelöhner-Häuschen. Auch aus der Kreisstadt Kreuzburg brachten Lastwagen etwa vier- bis fünfhundert Menschen zur Erntearbeit nach Röstfelde, meist alte, gebrechliche Leute. Sie wurden auf Stroh wie Heringe im sogenannten Kavaliershaus im Schloßpark und im Pastorenhaus mehr schlecht als recht untergebracht. Die Verpflegung war – besonders in der Anfangszeit – äußerst minderwertig. Die Portionen waren klein, obwohl die Deutschen körperlich schwer arbeiten mußten. Hauptsächlich gab es grobkörniges Roggenmehl. Wer nicht arbeitsfähig war, bekam gar nichts!

Die vielen älteren, nicht arbeitsfähigen Deutschen holten sich Kartoffeln aus den Mieten, die schon leicht angefault waren, um auf der Ofenplatte Kartoffelpuffer daraus zu backen. Manche hatten tagaus, tagein nichts anderes als Kartoffelpuffer ohne ein Gramm Fett zu essen. Das Resultat dieser einseitigen Ernährung und der mangelnden Hygiene in den Schlafräumen waren Hauterkrankungen, Gelenkrheumatismus und später sogar Typhus.

Der »Herr des Gutes«, ein Gutsinspektor, der sich als neuer Besitzer aufführte, war ein Mann namens Jannek mit den Manieren eines Knechtes, der außerdem Trinker war. Er schikanierte die Deutschen und stellte den Frauen nach. Später erfuhr ich, daß er ein Volksdeutscher war und der Waffen-SS angehört hatte. Nach dem Krieg führte er sich als Deutschenhasser auf, bis er enttarnt wurde und ins Gefängnis kam. Er behandelte die Leute grob und roh, ohne Mitleid und traktierte sie mit seiner Reitpeitsche, ohrfeigte sie nach Belieben.

Auch die Tochter unserer Freundin Marga Steinhoff wurde von ihm geohrfeigt, weil sie seine Annäherungsversuche ablehnte. Wenn jemand zum Beispiel heimlich nach Pitschen ging, um sich Lebensmittel bei uns zu holen, wurde er nach der Rückkehr in einen Keller gesperrt. Als ich dem Lagerleiter eines Tages wegen der Massenerkrankung alter Leute Vorhaltungen machte und ihm vorwarf, daß er Menschen verhungern ließe, griff er auch mich tätlich an und wollte mich in den Keller sperren. Ich ließ mir das aber nicht bieten und drohte, ihn bei den Behörden anzuzeigen. Da ließ er mich laufen.

Die Feldarbeit fiel den meisten Deutschen sehr schwer. Ihre Kleidung war bald zerrissen und unbrauchbar. Die Menschen lagen auf dem Fußboden oder auf altem, nassem Stroh. Eines Tages wurde ich zu der alten Frau Gebauer gerufen, die dort, so primitiv untergebracht, im Sterben lag. Wer Mut und Glück hatte, kam heimlich am Sonntag für kurze Zeit in unsere Wohnung nach Pitschen, um sich einmal satt zu essen und sein Herz auszuschütten.

In der Erntezeit wurde von den Polen jeder arbeitsfähige Deutsche eingesetzt. So kam es, daß man auch mich, meine Frau und Sibylle zur Arbeit einteilte, was aber wenig später widerrufen wurde. Sibylle wurde bald zurückgeschickt, meine Frau mußte eine Zeitlang auf dem Feld mit anderen deutschen Frauen zusammen unter der Aufsicht eines fünfzehnjährigen Polen Garben aufstellen. Um seine Macht zu beweisen und die deutschen Frauen zu schikanieren, ließ der junge Pole die bereits aufgestellten Garben immer wieder an anderer Stelle neu aufstellen. Das ließ sich meine resolute Frau nicht gefallen, kurz entschlossen verließ sie den Arbeitsplatz auf dem Feld und ging nach Hause. Wohl versuchte der junge Aufpasser sie zurückzuhalten, doch, da er keine Waffe hatte und körperlich zu schwach war, ohne Erfolg.

Auf dem Heimweg begegnete meine Frau dem ersten polnischen Bürgermeister, der nach dem Rechten sehen wollte und sich auf dem Weg zum Ernteeinsatz befand. Auf seine Frage, wohin sie denn ginge, antwortete meine Frau Helene polnisch: »Nach Hause, do domu.«

Er fragte zurück: »Ja, warum denn?« Sie antwortete: »Ich bin krank.« Daraufhin ließ er sie laufen. Nicht alle Polen wollten sich an den Deutschen rächen für das Unrecht, das Polen unter deutscher Herrschaft erlitten hatte.

Ein wenig später begegnete meine Frau dem zweiten Bürgermeister, und wieder folgte fast wortgleich das Frage-und-Antwort-Spiel. Der zweite Bürgermeister gab ihr den Rat, doch einen Arzt aufzusuchen, wenn sie krank sei. Als sie ihm antwortete, ihr Mann sei Arzt, war er sehr erstaunt, und seitdem wurde sie nicht mehr zwangsverpflichtet.

Von den vielen Schicksalen, die in der Heimat verbliebene oder dorthin zurückgekehrte Deutsche nach Kriegsende erlebten, verdient das Leiden der alten Frau von Jordan aus Kochelsdorf erwähnt zu werden. Die alte Dame, die zeitlebens gelähmt war, hatte nach dem Einmarsch entmenschter Soldaten unbeschreibliche Demütigungen zu ertragen. Wie sie mir erzählte, hatten die Soldaten, um sie zu ärgern, an ihrem Bett ihre Notdurft verrichtet. Mit ihrem Mann, dem Rittmeister von Jordan, und der ehemaligen Hausdame vegetierte sie in einem Tagelöhnerhaus, während das Schloß leerstand. Die Hausdame Gertrud Weiß hat Jahre später über das Schicksal Ernst von Jordans ausführlich berichtet.

Am 18. Januar 1945 hatte auf Anordnung des Bürgermeisters der Gutstreck Kochelsdorf verlassen. Ernst von Jordan, Nachkomme eines berühmten preußischen Offiziers unter Friedrich dem Zweiten von Preußen, führte den Gutstreck an. Frau von Jordan, die achtundzwanzig Jahre zu Bett gelegen hatte, weigerte sich, mitzukommen. Sie hätte wegen ihrer schweren Leiden die Fahrt auch nicht überstanden.

In Rengersdorf, Kreis Glatz, erlebten die Flüchtlinge den Einmarsch der Russen im Mai. Vom größten Teil seiner Leute hatte sich Herr von Jordan getrennt. Sie waren bis Leitmeritz im Sudetengau weitergefahren, wo viele Trecks aus dem Kreis Kreuzburg und auch Behörden aus Kreuzburg Aufnahme gefunden hatten. Herr von Jordan wollte zu seiner schwerkranken Frau zurück. Die Leute des Gutshofes, die bei ihm geblieben waren, wollten ebenfalls so schnell wie möglich wieder in die Heimat.

Nach dem Einmarsch der Russen bekamen die Flüchtlinge in Rengersdorf keine Lebensmittel mehr. Die dortigen Behörden unter Leitung der Kommunisten forderten sie auf, in die Heimat nach Schlesien zurückzukehren. Ihr Fahrzeug, den Bulldog, hatten ihnen die Russen abgenommen. Es war ihnen nur der Anhänger geblieben. Ihre guten Pferde wurden gegen zwei alte Mähren eingetauscht. Auf den Rückweg machten sich außer dem Gutsbesitzer und der Hausdame noch der Bulldog-Führer, die Frau eines Brennereiverwalters mit zwei Kindern, der Jagdaufseher mit Frau und der Gärtner. Unterwegs wurden ihnen mehrfach die Pferde ausgespannt und gegen noch ältere Mähren ausgetauscht. Sie wurden wiederholt von bewaffneter polnischer Miliz ausgeplündert. Uniformierte Polen waren damals die größten Gangster. Die Pferde waren so schlapp, daß die Menschen oft den Wagen selbst schieben mußten.

Die Heimkehrer benutzten von Oppeln ab Schleichwege, denn andere hatten sie gewarnt, daß auf den Hauptstraßen zurückkehrende Deutsche von der Miliz ausgeplündert und mißhandelt würden. Frau Weiß berichtete, was auf dem Weg von Oppeln nach Kochelsdorf geschah: »Als wir morgens gegen vier Uhr aufbrachen und unter großen Schwierigkeiten auf Feldwegen vorwärts kamen, fuhren uns auf dem Rad zwei Milizmänner entgegen.

Sie schossen ohne Warnung über unsere Köpfe hinweg. Herr von Jordan zeigte seine ordnungsgemäßen Papiere, darunter ein Begleitschreiben des russischen Oberleutnants aus Rengersdorf, worin stand, daß er überall ungehindert passieren dürfe. Der Pole entriß ihm die Papiere, beachtete aber den Inhalt nicht. Dann nahm er den Spazierstock von Herrn Jordan und schlug ihm so heftig auf den Kopf, daß er eine große klaffende Wunde davontrug. Dazu rief der Mann: ›Du deutsches Schwein, du deutsche Gestapo, wir polnische Gestapo!‹

Er beorderte alle in ein Bauernhaus, wo die polnische Miliz stationiert war. Wir mußten uns in Reih und Glied aufstellen, und da Herr von Jordan stark blutete, mußte das Blut abgewaschen werden. Eine polnische Schwester machte ihm einen Leukoplastverband. Dann mußte der Wagen ausgeladen werden, und die Sachen wurden erneut ausgeplündert. Uns wurden die letzten Wertsachen wie Uhren abgenommen. Den Rest durften wir wieder aufladen. Herr von Jordan wurde sodann allein in das Bauernhaus befohlen.

Nach einiger Zeit kam ein Milizmann aus dem Gebäude und rief unsere Männer. Bald darauf brachten die den fünfundsiebzigjährigen Herrn von Jordan wie einen leblosen Sack heraus und legten ihn auf den Rasen. Ich blieb bei dem alten Herrn sitzen; unterdessen machten die Leute den Wagen zur Weiterfahrt fertig.

Herr von Jordan flüsterte mir nur leise zu, daß er von zwei Männern vierzig Gummiknüppelschläge erhalten hätte. Er konnte nur mühsam sprechen. Da kam einer der Milizbeamten und kommandierte: ›Aufstehen!‹ Und der alte Mann stand wirklich mühsam auf. Ich führte ihn zu dem Wagen, wo ihn seine Leute auf Stroh betteten. Wir fuhren nur bis Gottersdorf, da es inzwischen Abend geworden war.

Ein polnischer Bauer nahm uns zur Nacht auf und stellte dem arg zugerichteten alten Herrn sogar sein eigenes Bett zur Verfügung. Am nächsten Morgen, es war ein Sonntag, kamen wir in Kochelsdorf an. Wir mußten auf der Chaussee stehenbleiben, bis uns der polnische Bürgermeister in einer demolierten, verdreckten Leutewohnung Quartier anwies. Es war jetzt die Behausung der Frau von Jordan, die nach dem Einmarsch der Russen aus dem Schloß hatte ausziehen müssen. Herr von Jordan wurde von uns sofort ins Bett gebracht. Sein Rücken war eine von oben bis unten blutende dunkelblaue Masse. Seine Kopfwunde fing an zu eitern.«

Und weiter berichtete Frau Weiß: Mit sechs anderen Personen hausten die Rückkehrer dann in einer Stube. Ehemalige Gutsarbeiter brachten ihnen heimlich Essen. Am nächsten Tag mußten alle zur Registrierung in das benachbarte Bisdorf, wo das zweite Gut der Familie von Jordan war. Der polnische Beamte dort war freundlicher. Er beschäftigte Frau Weiß als Arbeiterin, wodurch sie etwas Deputat und ein paar Zloty erhielt. Alle Rückkehrer bekamen erst die Treckruhr und später Typhus.

Ich behandelte damals als Arzt die Typhuskranken und konnte wenigstens Frau Schwarzkopf, der Tochter des Herrn von Jordan, und Frau Weiß das Leben retten. Der Gutsherr starb schließlich an den Folgen der Mißhandlung und an Herzschwäche. Auch die unzureichende Ernährung trug dazu bei, daß er sich nie wieder erholen konnte.

Weil der polnische Verwalter des Gutshofes den Kranken heimlich Lebensmittel zugesteckt hatte, wurde er strafversetzt und kam nach Rosen. So gnadenlos war damals die polnische Miliz.

In jener Zeit geschahen viele Dinge, die niemand erklären konnte. So berichtete Frau Gertrud Weiß später von folgender parapsychologischen Erscheinung: »Im Frühjahr des Jahres 1946 erlebten wir eine merkwürdige Naturerscheinung, die uns tief beeindruckte: In der Art einer Fata Morgana sahen wir plötzlich am Himmel rechts seitlich vom Schloß über den Feldern das Schloß am Himmel in Naturgröße stehen. Es war in seinen Konturen deutlich und scharf abgegrenzt und leuchtender als in Wirklichkeit.

Am Seiteneingang stand auf dem Treppenpodest ein Mann, der die Türklinke des Hauses, wie es schien, vergeblich zu öffnen versuchte. Die Figur ähnelte dem einzigen Sohn des Hauses, Erdmann. Das Schloß stand mindestens zehn Minuten am Himmel und verblaßte dann allmählich. Zeugen waren Frau von Jordan, die Enkelin Ingrid Schwarzkopf, einige Kinder auf dem Hof und ich. Bald darauf bekamen wir Nachricht, daß sich Erdmann von Jordan, der den ganzen Krieg im Feld mitgemacht hatte und nach Münster in Westfalen entlassen worden war, das Leben genommen hatte.«

Am 28. Dezember 1946 wurden Frau Weiß und Frau Schwarzkopf innerhalb von zehn Minuten von den polnischen Behörden ausgewiesen, weil sie nicht für Polen optiert hatten. Frau von Jordan blieb das erspart. Da der deutschfeindliche zweite Oberinspektor des Gutes sich weigerte, der kranken Frau Milch und Getreide abzugeben, wäre sie verhungert, wenn nicht ein ehemaliges polnisches Hausmädchen ihr heimlich regelmäßig Lebensmittel gebracht hätte. Diese Hausgehilfin lebte inzwischen jenseits der Prosna im Kreis Wielun. Auch damals gab es Polen, die aus Menschlichkeit handelten. Aber sie durften das nicht öffentlich tun, sonst wurden sie bestraft.

Endlich erschien eine Kommission, weil die überlebenden Deutschen um Milch und ein Deputat aus dem Dominium gebeten hatten, denn sie waren am Verhungern. Frau von Jordan rief den Polen damals zu: »Ihr laßt uns verhungern!« Noch am selben Abend starb die alte Dame. Die Zwangsevakuierung durch die Polen hätte sie sowieso nicht überstanden.

In einem Bericht über diese fürchterliche Zeit hat Gertrud Weiß später geschrieben: »Was dazwischen liegt an Demütigungen und täglichen Qualen, läßt sich hier nicht beschreiben und würde zu weit führen. Es ist das Schicksal derer gewesen, die glaubten, unter den damaligen Verhältnissen in der Heimat wieder Fuß fassen zu können, und die den Glauben an die Menschlichkeit noch nicht verloren hatten.«

Ein solches Schicksal war leider kein Einzelfall, sondern die Regel. Die Deutschen, die solches nicht erleben mußten, haben das bis heute kaum erfahren, denn die Zeitungen und die Rundfunkprogramme in den Nachkriegsjahren waren lizenziert und zensiert. Sie waren voll von den Verbrechen der Nazis und wenig daran interessiert, auch über die Verbrechen der Siegermächte zu berichten. Aber allmählich muß die ganze Wahrheit auf den Tisch, sonst wird es niemals eine Aussöhnung zwischen den Völkern geben.

KZ für Deutsche in Kreuzburg

Von Pitschen aus mußte ich des öfteren nach Kreuzburg, um in der Apotheke Verbandsmaterial und Medikamente gegen Lebensmittel einzutauschen. Von weitem sah die Stadt noch einladend aus. Der Wasserturm stand, die evangelische Kirche beschützte noch immer die um sie gescharten Häuser und noch ein anderes Wahrzeichen der Stadt: den Turm des Rathauses. Daneben das Türmchen der Adler-Apotheke und die Spitze der katholischen Kirche. Alle Türme standen noch. Aber die Idylle aus der Ferne war nur eine optische Täuschung. Beim Näherkommen entdeckte man schnell die Spuren des Krieges und der Verwüstung. Hinter der Brücke standen bereits die ersten zerstörten Häuser. Ebenso waren die Häuser an der Ecke Pitschener- und Bahnhofstraße mit dem Hotel »Zur Eisenbahn« zerstört.

Am Eingang zur Düringstraße war eine hölzerne, grellrote Triumphpforte errichtet worden. Davor saß ein Doppelposten. Bereits im Mai 1945 hatte man polnische Straßenschilder angebracht. Die Behörden wollten damit zum Ausdruck bringen: Diese Stadt ist jetzt polnisch.

Der Kreuzburger Ring zeigte starke Zerstörungen, besonders an der Südseite. Auch das Hotel »Bismarck« war ein Trümmerhaufen. Es würde zu weit führen, alle Zerstörungen aufzuzählen. Viele Kreuzburger waren mit Gewalt in das benachbarte Rosenberg vertrieben worden oder nicht mehr am Leben. Manche der neuen polnischen Einwohner lebten zusammen mit ihren Ziegen und Schweinen in der Wohnung! So konnte es mir passieren, daß ich auf dem Weg in die Apotheke plötzlich Vieh aus dem Fenster glotzen sah. Ein ungewohnter Anblick.

Alle Deutschen, die in die Heimat zurückkehrten, mußten sich im Rathaus melden. Hier wurden die ersten gleich verhaftet. Den Kreuzburgern ging es nicht anders als den Pitschenern. Die Verhältnisse in unserer Heimatstadt waren also keineswegs eine Ausnahme, sondern die Regel. Und auf viele, die nicht im Gefängnis saßen, warteten die Erntelager in den Dörfern Röstfelde und Jakobsdorf. Und zuletzt die Ausweisung nach Deutschland.

In dem Straflager für Deutsche in der Kreisstadt Kreuzburg gab es nach Augenzeugenberichten drei Grade der Haft. Zuerst wurden die Gefangenen nur verhört und geschlagen, dann durften sie etwas arbeiten und essen und wurden einmal am Tag geschlagen. Wenn nichts Belastendes mehr aus ihnen herauszuprügeln war, kamen sie in die Abteilung, in der man hart arbeiten mußte und nicht mehr gequält wurde. Die meisten überlebten dieses Gefängnis nicht.

Eine üble Rolle in Kreuzburg spielte auch die polnische Polizei. Sie hatte das einst zur Synagoge gehörende Wohnhaus belegt. Die polnische Gestapo residierte in der ehemaligen Kaempf-Villa in der Gartenstraße. Von hier aus wurde die Jagd nach Deutschen geleitet. Und hier fanden die ersten Verhöre statt, die meistens sehr grausam waren. Dabei wußten die Polen genau, daß fast jeder Deutsche vom zehnten Lebensjahr an nominell Mitglied irgendeiner nationalsozialistischen Organisation sein mußte. Schon im Kindesalter wurden nur Juden und Ausländer davon befreit.

Ob Jugendlicher, ob Frau, ob Mann, wer Mitglied einer nationalsozialistischen Organisation gewesen war, galt für die Polen als Nazi und als Verbrecher und mußte bestraft werden. Eine Einstellung, die nur noch vom Rassenwahn der nationalsozialistischen Führung übertroffen worden war. Jude – gleich Untermensch, Deutscher – gleich Verbrecher! Der gleiche Wahn.

Die Verbrechen gegen die Menschlichkeit, die damals begangen wurden, sind niemals von der Weltöffentlichkeit verurteilt worden. Wer dieses Thema zur Sprache bringt, gilt bis heute als »Rechtsradikaler« oder »Revanchist«, als »Unbelehrbarer«. Diese unbewältigte Vergangenheit zwischen Deutschen und Polen wird sich womöglich eines Tages rächen, wie die Geschichte uns schon mehrfach gelehrt hat.

Ich persönlich war Gott sei Dank nie in diesem Straflager für politische Gefangene. Was ich jetzt berichte, haben mir überlebende Pitschener erzählt: Schon im März 1945 wurden sogenannte politische Gefangene in das ehemalige Kreuzburger Gefängnis eingeliefert. Etwa siebzig Männer und Frauen, nicht nur Kreuzburger, sondern auch viele aus dem Kreis Kreuzburg, die nach langen Irrfahrten wieder in die Heimat zurückgekehrt waren.

Nach vielen Verhören, die anhand von Mitgliedsbüchern der Partei und anderen schriftlichen Unterlagen durchgeführt wurden und bei denen die Angeklagten so lange geschlagen wurden, bis sie sich vor lauter Angst für schuldig erklärten, wurden sie in Arbeitsgruppen eingeteilt. Führerinnen des BDM (Bund Deutscher Mädel) wurden noch auf andere Weise gedemütigt, die kaum zu beschreiben ist.

Die politischen Gefangenen wurden in den verschiedenen Stadtteilen Kreuzburgs und auch außerhalb eingesetzt, aber nur dann, wenn keine konkreten »strafbaren politischen Betätigungen« nachgewiesen werden konnten. Was »strafbar« war, lag im Ermessen der selbsternannten Richter, der im Schnellverfahren ausgebildeten Polizeibeamten, die oft Kommunisten waren. Fast täglich wurden die Arbeitsplätze gewechselt, damit keine Beziehungen zwischen Deutschen und Polen entstehen konnten. Die Öffentlichkeit sollte auch nicht allzuviel darüber erfahren, wie die Gefangenen gequält wurden.

Das ganze Verfahren erinnerte an die Methoden der SS in den Konzentrationslagern. Das Böse, das die Sieger von den Besiegten gelernt hatten, versuchten sie nun nachzumachen; gleichzeitig spielten sie aber die Ankläger solch unmenschlicher Methoden. Wir Deutschen waren rechtlos. Niemand kam uns zu Hilfe, auch dann nicht, wenn wir völlig unschuldig waren.

Wegen der reichlichen Verpflegung und der besseren Behandlung sehnten sich alle deutschen Gefangenen nach einer Arbeit außerhalb des Gefängnisses. Aber wehe, wenn ihnen wirklich Übergriffe in früherer Zeit nachgewiesen werden konnten. Dann war ihr Schicksal besiegelt, und ihnen drohte ein qualvoller Tod. Die Angst davor war das beste Mittel der polnischen Polizei, jeglichen Widerstand zu brechen. Denn jeder Gefangene dachte nur: Wie kann ich überleben?

Was für Arbeiten erwarteten die politischen Gefangenen? Reinigungsarbeiten in den Stuben und Treppenhäusern der ehemaligen Dragonerkaserne, wo die russischen Militärs kampierten, Holzhacken im ehemaligen Amtsgericht, das zum russischen Militärgericht umfunktioniert worden war. Dreck und Unrat aus dem früheren Landratsamt entfernen. Dabei wurden Möbel und Akten auf Wunsch der Russen einfach aus dem Fenster geworfen und später auf dem Hof verbrannt. Der russische Stadtkommandant zum Beispiel wünschte in seinem Arbeitszimmer lediglich einen Schreibtisch und darüber ein Stalinbild.

Neue Gefangene wurden von der geheimen polnischen Staatspolizei so lange gefoltert und beschimpft, bis sie das gewünschte Geständnis ablegten. Die mit Blut bespritzten Kellerwände waren noch Jahre später Zeugnis für die dort begangenen Grausamkeiten. Das waren keine Einzelfälle, so etwas passierte in jeder Stadt, wo Polen die Herren und Deutsche die Knechte waren. Hier durchwachten Gefangene in einem zum Bersten mit Menschen gefüllten Keller stehend und verletzt die Nacht vor der Einlieferung ins Gefängnis.

Ich kann nicht verstehen, warum auch Polen, die persönlich gar nicht Opfer des Faschismus waren, sich so brutal an Deutschen gerächt haben, die zum Teil unschuldig waren. Freilich, die Spuren der Verbrechen Deutscher an polnischen

Juden waren in Kreuzburg noch nicht beseitigt. Große Haufen alter Bekleidungsstücke aus Konzentrationslagern verbreiteten in der Nähe der Lumpensortieranstalt einen unerträglichen Gestank. Wochenlang mußten Frauen aus Kuhnau und Grasenau zusammen mit zwanzig deutschen Gefängnishäftlingen die zum Teil stark vermoderten Stücke sortieren und zum Trocknen aufhängen. Dabei fanden sie manchmal auch eingenähte Schmuck- oder Geldstücke ermordeter Juden.

Ein weiblicher russischer Unteroffizier feuerte die deutschen Gefangenen häufig in gebrochenem Deutsch so an: »Dalli, dalli, Hitler kaputt. Alle Räder stehen still, wenn mein starker Arm es will.« Deutsche reinigten täglich die Stadt. Nur mit Bangen betraten sie das Rathaus. Hier hingen nämlich Namenslisten inhaftierter Einwohner. Die polnische Bevölkerung wurde aufgefordert, gegen alle »Ausländer« Anzeige zu erstatten, die sich schuldig gemacht hatten. Der Beweise bedurfte es da nicht. So wurde der Denunziation Tür und Tor geöffnet und blind Rache geübt.

Im ehemaligen evangelischen Vereinshaus wurde die »Kulturgemeinschaft polnischer Eisenbahner« eingerichtet. Worin der Begriff »Kultur« dabei zu sehen war, konnte uns keiner sagen. Mitläufer des Faschismus bzw. Nationalsozialismus, die zuerst entsetzt waren über die in ihrem Namen begangenen Greueltaten und bereit waren, Wiedergutmachung zu leisten, wurden angesichts der brutalen Behandlung durch die Polen so verstockt, daß sie sich fortan weigerten, Reue zu zeigen und Wiedergutmachung zu leisten.

So ist erklärlich, warum Millionen Deutsche so schnell – zu schnell – die Sünden der Vergangenheit verdrängt haben. Aber wer weiß das heute noch? Es war wie im »Dritten Reich«. Täter und Opfer sollten einander menschlich nicht näherkommen. Ich erinnere mich, wie in der sogenannten »Reichskristallnacht« auswärtige Parteigenossen der SA in Pitschen auftauchten, um meinem jüdischen Kollegen Dr. Matzdorf die Wohnzimmermöbel aus dem Fenster zu werfen. »Nur als Warnung«, worüber meine Kinder entsetzt waren; wir konnten ihnen das noch nicht einmal plausibel erklären.

Pitschener SA-Männer hatte man nicht dafür abkommandiert, aus Furcht, sie könnten sich womöglich weigern, so gegen einen bekannten und anerkannten Nachbarn vorzugehen. Auch bei der Ausweisung der Deutschen im Oktober 1945 wurden in der Regel auswärtige Milizbeamte eingesetzt, die rücksichtsloser vorzugehen pflegten. Es waren Kreuzburger Milizbeamte, die uns eines Tages innerhalb von zehn Minuten aus unserer Wohnung jagten. Immer wenn sich politische Gegner oder Menschen verschiedener Nationalität näherkommen, läßt ihr Drang nach, den anderen zu mißhandeln.

In den unwegsamen Wäldern, der sogenannten Preseka, leisteten Deutsche und nationalpolnische Partisanen immer noch Widerstand. Diese antikommunistischen Gruppen waren zahlenmäßig stark und gut bewaffnet. Eine solche Partisaneneinheit überrumpelte eines Tages die polnische Polizeistation im Haus des Lehrers Rabe in Pitschen und beraubte sie der Uniformen, Waffen und Kraftfahrzeuge. In der gestohlenen Kluft lehrte sie später auch die polnischen Milizbeamten in Kempen das Zittern.

Nichts erregte mehr die Wut der Peiniger, als der Vergleich ihrer Methoden mit denen der SS. Dabei waren solche Vergleiche durchaus angebracht. Wieder einmal bewahrheitete sich die alte Weisheit: »Schlechte Vorbilder verderben gute Sitten.«

Mancher Deutsche bedauerte, daß er aus Liebe zur Heimat die Stadt nicht rechtzeitig verlassen hatte und jetzt wie ein Sklave schuften mußte. Man bekam dafür zweimal am Tag Kaffee und mittags einen Teller Suppe mit vierhundert Gramm Brot.

Unbeschreiblich war der Zustand der Wohnungen, die Russen belegt hatten. »Es schien, als hätten die Sowjetsoldaten die Einrichtungen und Gebrauchsgegenstände mutwillig zertrümmert: Bettfedern, Stroh, zerschlagene Konserven, Gläser und verdorbene Lebensmittel bedeckten den Fußboden. So sah es überall aus, wo die Rote Armee gehaust hatte«, berichteten Augenzeugen. Wir alle waren darüber entsetzt.

Als deutscher Soldat im Ersten Weltkrieg hatte ich auch zwei Jahre lang in Rußland gekämpft. Die Menschen dort waren arm, aber ordentlich gewesen; so wie als Sieger des Zweiten Weltkrieges hatte ich die russischen Soldaten des Ersten Weltkrieges nicht kennengelernt. War etwa die bolschewistische Erziehung daran schuld? Oder waren die Verrohung und der Verfall der guten Sitten Folgen des grausamen Krieges, der auch im Sommer 1945 immer noch Auswirkungen hatte.

Die deutschen Männer, die man bei ihrer Ankunft verhaftet hatte, kamen manchmal aus dem PG-Gefängnis in Kreuzburg unter russischer Bewachung nach Pitschen, um dort die letzten Maschinen zu demontieren. Alles, was nicht niet- und nagelfest war, auch wenn es unserer Auffassung nach völlig unbrauchbar war, wurde von den Siegern auf Eisenbahnwaggons verladen und nach Rußland weggeschafft.

Die russischen Wachmannschaften waren barmherziger als die polnischen. Sie hatten die Deutschen besser kennengelernt und gemerkt, daß die Propaganda völlig zu Unrecht die gesamte deutsche Zivilbevölkerung verteufelt hatte. Sie erlaubten, daß unsere Frauen für die Arbeitskommandos warmes Essen kochten und Zigaretten an die Gefangenen verteilten. Der Kaufmann Julius Wünschirs, den meine Söhne als ihren Onkel ausgaben, durfte sogar mit uns nach Haus, um gemeinsam mit uns Mittag zu essen. Er weinte vor Rührung wegen dieser Vergünstigung.

Besonders mein Sohn Helmut hatte sich rasch mit einem russischen Offizier angefreundet, als die deutschen Strafgefangenen in den Räumen der Firma Siemens Maschinen demontierten. Helmut war so geschäftstüchtig, daß er dem Offizier einen Fotoapparat verkaufte. Bei diesem Arbeitskommando befand sich auch der Forstmeister aus Reinersdorf, der frühere Volkssturmführer und Bataillonskommandeur, der Pitschen verteidigt hatte. Er soll später von den Polen als Kriegsverbrecher angeklagt und erschossen worden sein, ebenso wie der Rentmeister aus Reinersdorf.

In dem Parteigefängnis waren auch Frauen, zum Beispiel zwei BDM-Führerinnen. Sie durften uns bei der Zubereitung des Essens in unserer Küche behilflich sein. Eine dieser jungen Frauen hat das Straflager überlebt. Ich traf sie nach dem Krieg in Celle wieder. Was sie als Frau durchmachen mußte, spottet jeder Beschreibung. Die Russen als Aufsichtspersonen waren jedenfalls menschlicher als die Polen, die keine Gelegenheit verstreichen ließen, uns zu zeigen, daß wir ihre Feinde wären. Die Russen dagegen genossen die deutsche Gastfreundschaft und fühlten sich bei uns sehr wohl, wenn der Tisch schön gedeckt war.

Von den Pitschenern haben nur der Kaufmann Julius Wünschirs, der Stadtinspektor Plater und der Fleischer Kern, der von Kreuzburg nach Bromberg verlegt wurde, die jahrelange Haft überstanden. Julius Wünschirs verstarb in Berlin an Lungenentzündung, am dritten Tag, nachdem er von den Polen nach Deutschland entlassen worden war. Plater lebte noch zwei Jahre nach seiner Entlassung, ebenfalls in Berlin, dann starb er an Herzschlag.

Es genügte, Deutscher zu sein, um verfolgt und gequält zu werden, wie es früher gereicht hatte, Jude zu sein, um in ein Konzentrationslager abtransportiert zu werden. Kern überlebte die schreckliche Zeit nur, weil er diesen Beruf hatte. Er war in Polen zeitweise Hausschlachter und bekam deshalb eine bessere Verpflegung. 1945 ging er nach Bayern.

Auch Frau Wiczorek aus Kostau, Ehefrau des Organisten und Musikers Wiczorek, war es vergönnt, im Jahre 1949 zu ihren Söhnen in die Westzone zu ziehen. Ihr Mann war in der sowjetischen Besatzungszone verstorben. Von anderen weiß man nicht, ob sie aus dieser Parteigefangenschaft jemals zurückgekehrt sind.

Die deutschen Häftlinge in den Gefängnissen blieben nicht lange allein. Bald kamen auch polnische Kriminelle dazu. Im Februar 1946 dann wurden viele Kreuzburger zu Aufbauarbeiten nach Warschau und zu Kohlegruben deportiert. Ein dritter Transport mit Sträflingen, darunter auch Frauen und Kinder, beförderte im März 1946 zweihundert deutsche Häftlinge ins Innere Polens. Die Kranken und die Alten hatte man schon vorher ausgewiesen. Sie erreichten am Ende ihrer Kräfte die sowjetische Besatzungszone.

Deutsch-polnische Sprechstunde

Zwei politische Parteien beherrschten die Szene, von denen keine die Masse der Bevölkerung vertrat. Die PPS (Polnische Sozialistische Partei) und die PPR (Polnische Arbeiterpartei). Die PPS verfolgte in etwa eine Politik wie die deutsche SPD. Obwohl die kommunistische Arbeiterpartei nur eine Minderheit der Bevölkerung vertrat, wurde sie immer stärker, denn sie allein wurde massiv von der sowjetischen Regierung unterstützt. Die Nationalpolen, die im Widerstand gegen Hitler viele Opfer gebracht hatten, verloren an Einfluß und wurden sogar verfolgt, wenn sie weiter für ein unabhängiges Polen eintraten.

Die in unserer Heimat neu angesiedelten Bug-Polen hatten sich schon im früheren Ostpolen unter russischer Herrschaft und nach dem Ersten Weltkrieg unter polnischer Führung nicht entwickeln können und waren ziemlich unpolitisch. Verhältnismäßig viele schienen psychisch labil und machten sich nicht viel aus dem Leben. Ich lernte zum Beispiel eine Familie kennen, in der sich zuerst eine Tochter und dann der Vater erhängte. Wenig später erhängte sich im gleichen Dorf ein anderer Bauer, den ich wegen eines Oberschenkelhalsbruches behandelt hatte und der wieder gesund geworden war. Depression als Folge von Degeneration und Alkoholismus waren oft die Ursachen dafür. Dabei waren viele Bug-Polen sehr fromm. Der Geistliche, nicht der Dorfschulze, verkörperte die Autorität. Der Pfarrer war nicht nur der Stellvertreter Gottes auf Erden, er war für sie oft auch Arzt und Tierarzt.

Pitschen hatte im Hochsommer 1945 auch ein Arbeitsamt, das den Arbeitseinsatz der Deutschen dirigierte. Die Polen brauchten nicht zu arbeiten. Der Chef war ein Mann namens

Dyglewski, der übrigens perfekt deutsch sprach, ebenso gut russisch. Der Mann war der Typ des eleganten Polen, der ständig »Süßholz raspelte« und allen Frauen die Hand küßte. Er war mit der polnischen Gutsbesitzerin Frau Gorkiewicz aus Gole bei Wielun verwandt. Ich kannte sie gut, denn ich hatte ihr zweimal bei der Entbindung geholfen. Das war noch vor dem Krieg. Ihr Mann hatte ursprünglich auch Medizin studiert, doch vor dem Examen auf einem Ball in Warschau seine künftige Frau kennengelernt und auf dem polnischen Gutshof eingeheiratet. Er war also kein ausgebildeter, zugelassener Arzt.

Am ersten Kriegstag, am 1. September 1939, war er mit einem Fahrrad aus Gole geflohen, und man hat niemals mehr etwas von ihm gehört. Wahrscheinlich ist er durch Kriegshandlungen umgekommen. Er soll einen Revolver bei sich getragen haben, den er bei Julius Wünschirs gekauft hatte. Der Revolver ist ihm wahrscheinlich bei einem Zusammentreffen mit deutschen Truppen zum Verhängnis geworden.

Frau Gorkiewicz kam nach dem Einmarsch deutscher Truppen barfuß und mit zerrissener Kleidung völlig aufgelöst zu mir und bat um Hilfe. Angehörige der deutschen Waffen-SS hatten sich nach der Einnahme des Gutshofes betrunken und benutzten die Ahnenbilder der Familie zum Scheibenschießen. Meine Frau und ich beruhigten die Frau, kleideten sie neu ein, kauften ihr eine Fahrkarte und schickten sie mit dem Zug ins oberschlesische Industriegebiet, wo sie sich eine Zeitlang bei Freunden versteckt hielt, ehe sie nach dem Abzug der deutschen Truppen wieder auf ihren Hof zurückkehrte.

Unsere Hilfsbereitschaft vergaß die Polin nicht. Sie schickte uns nach unserer Heimkehr 1945 wiederholt Lebensmittel und setzte sich bei der polnischen Miliz für uns ein, wie auch andere polnische Patienten aus der Vorkriegszeit.

Als Arzt an der Grenze hatte ich zwanzig Jahre lang bis

zum Kriegsende jenseits der Prosna auch viele Polinnen entbunden. So waren zum Beispiel die Zwillinge eines Bauerns, Dullas in Reisig, am Silvesterabend 1927 geboren, im Jahr 1945 zu zwei bildhübschen jungen Mädchen herangewachsen. Viele Polen hatten mich als Arzt und Menschen schätzengelernt. Da ich die polnische Sprache fließend beherrschte, war es mir auch nicht schwergefallen, das Vertrauen dieser polnischen Patienten zu erwerben. Als nach Kriegsende bekannt wurde: »Der Doktor ist wieder zurückgekommen«, strömten viele ehemalige polnische Patienten sofort nach Pitschen. Sibylle, die vorhatte, Ärztin zu werden, half mir im Sprechzimmer.

Die Söhne Hans und Helmut machten sich im Haushalt nützlich. Sie organisierten Holz und Kohle oder Kartoffeln aus alten Remisen oder transportierten Wasser in Eimern auf dem Handwagen von der Pumpe am Kirchplatz, da unser Brunnen durch Kriegseinwirkung verschüttet war. Gerd Steinhoff mußte sie dabei oft beschützen, denn polnische Jugendliche, die zum Haß gegen Deutsche erzogen worden waren, kippten ihnen sonst die Wassereimer um und bewarfen sie mit Steinen. Nur mit der dreizehnjährigen deutschen Sylvia (Dobrowolsky) poussierten sie herum.

Das gespannte Verhältnis zwischen polnischen Jugendlichen und meinen Kindern änderte sich eines Tages völlig, und das kam so: Wir hatten in Pitschen eine schöne Badeanstalt, die bis zum Jahre 1944 in den Sommermonaten fast täglich von unseren Kindern besucht wurde. In der Ferienzeit verbrachten sie von morgens bis abends zusammen mit Freunden den Tag im Schwimmbad. Doch nun lag die Badeanstalt verwaist da. Gelegentlich wurde das Wasserbecken als Viehtränke für Rinder und Pferdeherden benutzt, die damals von weiblichen Soldaten in Uniform nach Osten getrieben wurden.

Eines Tages wagten sich meine Söhne zusammen mit Sepp Rudzki, Dieter Plater und anderen deutschen Jungen in die Badeanstalt. Sie übten Sprünge vom Drei-Meter-Turm und schwammen durch das Becken. Polnische Jugendliche, die vorbeikamen, staunten nicht schlecht, denn sie konnten weder schwimmen noch vom Turm springen. Plötzlich war der Bann gebrochen. Ihr Anführer bot meinem Sohn Hans als Friedenspfeife eine Zigarette an, die er aus Tabak in seiner Hosentasche und einem Stück Zeitung gedreht hatte. Mein Sohn lehnte zwar dankend ab, aber fortan entstand eine gewisse Freundschaft zwischen den Jungen. Immer wieder mußten die Deutschen ihnen Kunststücke vom Sprungbrett zeigen.

Eines Tages holten die Zuschauer sogar ihren polnischen Lehrer, um ihm das Turmspringen zu zeigen. Obwohl Hans und Helmut nicht ein Wort Polnisch sprachen, beteiligten sie sich fortan an Geländespielen. Deutsche gegen Polen, ohne daß es zu Schlägereien dabei kam. Ein polnischer Jugendlicher, der die sommerliche Konjunktur ausnutzte und auf einem primitiven Kinderwagengestell sogenanntes Fruchteis – ohne Früchte – in den Straßen anbot, schenkte meinen beiden Söhnen unentgeltlich Portionen Eis und versicherte meiner Frau in gebrochenem Deutsch: »Der Hans, das ist mein Freund.« Auch Kristine mit ihren zweieinhalb Jahren hatte ihre kleine polnische Freundin, mit der sie in einem Schaufenster ohne Glasscheibe im Nebenhaus spielte. Eines Sonntags in den Vormittagsstunden, als ich zu Patienten gefahren war, war Kristinchen verschwunden. Man suchte sie überall, beim Bäcker, beim Fleischer, sogar in der Kirche, wo gerade Messe abgehalten wurde. Meine Frau befürchtete sogar, sie wäre womöglich in den Teich gefallen und ertrunken. Auch die Hebamme Frau Olschimke verlor ihre Ruhe und ihr Gleichgewicht: »Schafft mir bloß das Kind herbei, denn ich weiß nicht, was passieren wird, wenn der Doktor nach Hause kommt und das Kind ist nicht da, obwohl wir hier fünf Frauen im Hause waren.«

Also rannten alle herum und fragten bei Deutschen und Polen nach dem Kind. Zu Mittag kam Kristine vergnügt wieder nach Hause. Auf die Frage, wo sie denn gewesen sei, meinte sie: »Ich habe gehört, wie in einem Haus ein Kind laut weinte, da bin ich hineingegangen und habe mit dem Kind gespielt.« Es war das Kind einer polnischen Familie. Aber Kinder brauchen in diesem Alter keine gemeinsame Sprache, um sich beim Spielen verständigen zu können.

Vor dem Zweiten Weltkrieg praktizierten in Pitschen noch zwei andere Ärzte, der jüdische Arzt Dr. Matzdorf, der nach England auswandern mußte, und Dr. Bressler, der während des Krieges Stabsarzt war und in russischer Gefangenschaft an Typhus und Hunger starb. In seiner Wohnung hatte sich ein polnischer Arzt niedergelassen, der zum Teil – wie ich von Patienten erfuhr – mein Instrumentarium besaß. Ich lernte ihn kennen, als der polnische Kreisarzt zu Besuch in die Stadt kam.

Nachdem ich bereits einige Wochen wieder praktiziert hatte, zog der polnische Kollege nach Danzig, weil auch die Polen sich lieber von mir als von ihm behandeln ließen. Ich benutzte die Gelegenheit und holte mit meinen Söhnen meinen alten Untersuchungsstuhl auf einem Handwagen in meine provisorische Praxis zurück. Auch die Sprechzimmer-Couch war noch in der verlassenen Wohnung. Ein Geburtshilfebesteck schenkte mir mein Cousin, der polnische Arzt Dr. Adam Kasprowicz, der sich indessen in Kempen niedergelassen hatte.

Da unsere Apotheke durch Bomben zerstört worden war, mußte ich versuchen, Medikamente aus der Apotheke in Kreuzburg oder Kempen zu holen, die ich dann an meine Kranken abgab. Rezepte wurden damals nicht ausgestellt. Die Patienten waren einmal die Deutschen in den Erntelagern und in der Stadt, die selbstverständlich unentgeltlich behandelt wurden. Die zweite Gruppe waren Polen, die mit Bohnen oder Käse bezahlten, manchmal auch mit polnischem Geld – oder gar nicht. Bei wem hätte ich mich auch darüber beschweren sollen? Nur die alteingesessenen Polen, zum Teil Patienten von jenseits des Grenzflusses Prosna, zahlten auch mit Speck, Butter oder Zloty.

Die Gutshöfe ringsum waren noch von Russen besetzt. Als Sieger beanspruchten sie die von den Deutschen gesäte Ernte und das Vieh. Die Gutshöfe in Alteichen (Golkowitz) und in Röstfelde (Roschkowitz) waren von Russen verwaltet, deren Einheit in Österreich, in der Nähe von Innsbruck, stationiert war. Dorthin wurden auch die Erträge aus der Landwirtschaft geschafft. Auch die Güter in Langewiese, in Sarnau und Eichborn waren von russischen Soldaten verwaltete Sowchosen. Diese Russen zahlten als Patienten ebenfalls in Naturalien, wobei sie sehr großzügig waren, denn es kostete sie ja nichts.

Die Genossen Patienten

Die Russen als Patienten waren maßlos in ihrer Dankbarkeit, wie sie vorher allzuoft maßlos in ihrer Grausamkeit gewesen waren. Sie schleppten Schnaps und Lebensmittel heran, um die Behandlung zu bezahlen, womit ich durchaus einverstanden war. Ich konnte damit den hungernden Landsleuten im Arbeitslager Röstfelde helfen. Denn wer nahm damals schon Rubel an? Nicht einmal die sowjetischen Soldaten.

Einer meiner Patienten war ein Sergeant, dessen Geschlechtskrankheit Gonorrhöe ich mit einfachen Spülungen heilen konnte. Da fiel ihm ein Stein vom Herzen, denn er sollte wieder in die Heimat zurückkehren und wußte, Vorgesetzte, Offiziere, die ansteckende Krankheiten mitbrachten, kamen nicht direkt nach Hause, sondern erst einmal in andere Republiken der Sowjetunion, bis sie wieder gesund waren. Zum einen sollten die russischen Frauen nicht angesteckt werden, zum anderen sollte das Volk nicht erfahren, woher die ansteckenden Geschlechtskrankheiten ihrer Kriegshelden stammten. Eine »Landsknechts-Armee von Mördern, Plünderern und Gewalttätern«, diesen Eindruck durfte die »ruhmreiche Sowjetarmee« in der Heimat nicht machen.

Inzwischen hatten die Bug-Polen zwar unsere Höfe übernommen, die Rittergüter aber waren noch in sowjetischer Hand. Sie wurden besser bewirtschaftet. In diesen Kolchosen wurden Kartoffeln und Getreide angebaut und auch mit Hilfe der Deutschen ordnungsgemäß geerntet wie zu Hause in der Ukraine. Sie hatten einen Bestand an Milchkühen und Sauen. Im Herbst brachten sie den Gesamtertrag per Lastwagen zu ihren Truppen nach Österreich. So konnte Stalin seine Truppen in Österreich billig versorgen. Die schwere Feldarbeit mußte von Deutschen geleistet werden. Aber die Deutschen arbeiteten lieber für die Russen als für die Polen. Nur wenn die Russen betrunken waren, wurde es gefährlich.

Meine Tripperkranken auf den Gütern Röstfelde, Golkowitz, Kostau und Langewiese, manchmal auch in Sarnau, verlangten von mir ein Mittel: Permazan. Zuerst wußte ich nicht, was sie damit meinten. Mit der Zeit aber begriff ich, daß sie Kalium-Permanganat meinten. Ich beschaffte es gegen Lebensmittel aus der Apotheke in Kempen und erzielte damit wahre Wunderheilungen. Bei den von Geschlechtskrankheiten Geheilten galt ich deshalb als »Wunderdoktor«.

Beim Herumstöbern in der durch Bomben zerstörten Apotheke am Ring fanden meine Söhne Hans und Helmut noch einige zertretene Tuben mit »Perninonin-Salbe«, einem Frostschutzmittel. Aus dem leicht ranzigen Inhalt zauberte ich mit »Prontosil« als Farbstoff und Schweineschmalz die feinsten Salben gegen alle möglichen Gebrechen.

Jeden Montag traten die kranken Soldaten – oft ohne Wissen ihrer Vorgesetzten, da sie sonst bestraft und in die Heimat abgeschoben worden wären – in der Sprechstunde bei mir an und bekamen mit einer großen Ohrenspritze ihre Instillation in die Blase. Es war ein Versuch. Bis dahin hatte ich niemals solche Krankheiten behandeln müssen, und den Russen fehlten Medikamente wie »Salvasan«.

Mit viel Geduld konnte ich tatsächlich viele heilen, und mein Ruf verbreitete sich in der sowjetischen Armee. Aber wehe, wenn man einen Mißerfolg hatte. Wenn ein Soldat unter meinen Händen gestorben wäre, hätte man mich als Mörder erschossen. Ich wußte das, deshalb behandelte ich aus Prinzip niemals Todkranke. Niemand nahm mir übel, wenn ich deren Behandlung von vornherein ablehnte.

Ein Krankenbesuch bei den Russen auf den Rittergütern war mit einem ungewohnten Zeremoniell verbunden. Niemals durfte ich einen Schwerkranken verarzten, ehe ich nicht die Gastfreundschaft der Genossen Offiziere genossen hatte. Zuerst wurde ausgiebig gegessen und getrunken und diskutiert, dann erst durfte ich ans Krankenlager. Mitleidig lächelnd reichte mir der Offiziersbursche jedesmal die Wasserflasche, wenn der neunzigprozentige Sprit kredenzt wurde, den die Soldaten unverdünnt aus Biergläsern – wie Limonade – schlürften. Um mir einen Gefallen zu tun, reichte man mir gelegentlich auch ein nicht immer ganz sauberes Besteck, während die Gastgeber – auch die Offiziere – mit den Fingern zulangten und höchstens für die Buttermilchsuppe einen Löffel benutzten.

Am Anfang waren sie so mißtrauisch, daß sie mich zwingen wollten, jedes verabreichte Medikament erst selbst einzunehmen. Sie hatten Angst, ich könnte sie vergiften. Ich mußte ihnen energisch klarmachen, daß eine solche Prozedur für den Arzt Selbstmord bedeuten würde. Später aber hatten sie volles Vertrauen zu mir und sorgten für mich und meine Angehörigen, so gut sie konnten.

Wie ich schon erwähnte, wurde mit Schnaps und mit Lebensmitteln bezahlt. Ich entwickelte dafür eine Art eigene Honorarliste. Für einen Nachtbesuch in Golkowitz kassierte ich ein Viertel Rind, das für diesen Zweck extra geschlachtet wurde. Für eine geheilte Geschlechtskrankheit verlangte ich ein halbes Reh, das mein Sergeant auf sechzig Meter Entfernung mit seiner Maschinenpistole zu schießen pflegte, und zwar aus einem »Landauer«, einem Pferdewagen des früheren Gutsbesitzers. Auch Mehl, Milch, Butter, Sahne, Kartoffeln und Spiritus waren übliche Zahlungsmittel. Für einen Gipsverband nach einem Unterschenkelbruch bei einem sowjetischen Offizier bekam ich zehn Pfund Butter. Drei Pfund davon tauschte ich in Kempen gegen neue Gipsbinden ein. Für fünf Pfund erstand ich in einem Geschäft ein Paar Kinderhalbschuhe für Kristine. Die Polen hatten nämlich auch nicht viel zu essen.

Unter den Trümmern des Krankenhauses lagen noch unbeerdigt vier Tote. Die mangelhaften hygienischen Zustände und die schlechte Ernährung förderten die Verbreitung von

Seuchenkrankheiten. Furunkulose, Krätze, Läuse und Typhus bedrohten die gesamte Bevölkerung. Viele russische Landser litten noch immer an gefährlich lange vernachlässigten und von ihnen geheimgehaltenen Geschlechtskrankheiten, die sie auch vielen deutschen Frauen und Mädchen bei der »Befreiung« beschert hatten.

Eines Tages entdeckten meine Söhne Hans und Helmut, daß ein Teil der Lagerräume in der Apotheke am Ring zugänglich und nicht zerstört war. Hunderte Glasflaschen aller Größen hatten dort auf ihren Regalen den Brand der Apotheke heil überstanden. In der Hoffnung, wenigstens einen Teil der Medikamente in den Kellerräumen zu finden, versuchten wir, durch die Schuttmassen vorzudringen. Vergebens. Überall lagen die zusammengestürzten Mauermassen über dem Gewölbe und auch im Kellergang.

Ein polnischer Verwandter half mir aus der Klemme, mein Cousin Dr. Adam Kasprowicz, dessen Pate ich gewesen war und der uns auch während des Krieges oft mit seiner Frau Stascha, einer Zahnärztin und Vertriebenen aus Lemberg, besucht hatte. Er verschaffte mir die notwendigsten Instrumente und auch einige wichtige Medikamente, die zu schwindelerregenden Preisen auf dem »weißen Markt« gehandelt wurden. Alles deutsche Fabrikate, wie auch die meisten Waren in den Auslagen der neueröffneten Konsumgeschäfte in Kempen und Pitschen, die aus Vorräten der deutschen Wehrmacht stammten. Die Aufschriften auf Lebensmittelpaketen, Textilien und Gebrauchsgegenständen waren der Beweis dafür.

Wie so oft in Notzeiten halfen sich die Menschen damals oft mit jahrhundertealten bewährten Heilmitteln, wenn Medikamente zu teuer oder nicht zu haben waren: mit Blättern, aufgelegten Zwiebeln, mit Salz und Speichel oder noch ausgefalleneren Mitteln. Eines Tages schleppte man mir eine über und über mit Furunkeln bedeckte Frau aus Reinsdorf ins Sprechzimmer. Wahrscheinlich handelte es sich um Hungerödeme. In Ermangelung von Salbe hatten die Angehörigen die einzelnen Geschwüre mit Kot verbunden, was einen pestilenzartigen Gestank verbreitete. Auch dieser Kranken half meine nicht patentierte Frostschutzsalbe.

Bei meinen Krankenbesuchen, die manchmal mehrere Tage dauerten, sah ich auch die Schlösser in Röstfelde, in Proschlitz, in Golkowitz, in Kochelsdorf und Sarnau. Die Herrensitze waren unglaublich verwüstet. Den Ahnen der ehemaligen Schloßherren auf den Gemälden waren die Augen durch Pistoleneinschüsse ausgebohrt. Die Treppenhäuser starrten vor Schmutz. Das kostbare Mobiliar war weggeschleppt oder zertrümmert. In einem Saal wimmerte ein verstimmtes Klavier, das allein auf weiter Flur stand. Das Klavier wurde von ungeübter, unförmiger Hand malträtiert.

In den Zimmern lagen zwischen Schutt, Packpapier und Kot unter Strohresten kostbare Folianten aus der in alle Winde verwehten Schloßbibliothek. »Nimm dir, Doktor«, boten mir die Russen großmütig an, als sie mein Interesse an den Büchern bemerkten. Aber wohin mit all den Büchern in meiner Zwei-Zimmer-Wohnung in Pitschen? Bei mir lagen schon sechshundert Bücher aus der Pitschener Stadtbibliothek herum, darunter die kostbare »Pitschener Chronik«. Die Bücher hatten Hans und Helmut beim Herumstöbern eines Tages auf einem Hof entdeckt.

Das Neudorfer Schloß war ausgebrannt. In der Wohnung des ehemaligen Inspektors wohnte ein polnischer Innenarchitekt aus Lemberg als Gutsverwalter. Er hatte sich das Ölgemälde des letzten Adeligen von Prittwitz aus jungen Jahren vom Boden geholt und dann in seinem Wohnzimmer mit der Begründung aufgehängt: »Wenn die Deutschen wiederkommen, werden sie sich darüber freuen.«

Viele Polen glaubten damals fest daran, daß die Deutschen gleichberechtigt als Mitbürger deutscher Staatsangehörigkeit zurückkommen dürften. Daß die riesigen, jahrhundertealten deutschen Ostgebiete den Polen auf die Dauer allein gehören sollten, schien ihnen doch nicht realistisch, wenn auch die Kommunisten von Stalins Gnaden das täglich predigten.

Nach Langewiese wurde ich selten gerufen. Dort hauste eine bösartige russische Soldateska, die sich nicht von einem »dreckigen Deutschen« behandeln lassen wollten, und ein kommunistischer Kommissar führte das Zepter. Die schönen Rosenrabatten und Grünflächen an den Auffahrten zu den Schlössern waren von Panzerketten, Lastwagen, Rädern und Pferdehufen zermalmt. Die Innenräume waren lange Zeit als Quartiere oder Ställe benutzt worden. Der Speisesaal des Röstfelder Schlosses war meterhoch mit Unrat angefüllt und kurzerhand von den Russen mit Holzbohlen verrammelt worden. Erst als der Raum im Hochsommer anläßlich des Erntedankfestes gebraucht wurde, mußten deutsche Frauen mit Spaten und Soda-Lauge den Unrat gewaltsam entfernen. Das Röstfelder oder Roschkowitzer Schloß ist erst Jahre nach dem Einmarsch abgebrannt.

Wer es nicht erlebt hat, glaubt es nicht, aber in vielen Herrenhäusern und Wohnungen, auch bei uns in Pitschen, benutzten die Russen zuerst die Badewannen als Toiletten und die Toiletten als Waschanlagen für Kartoffeln und Gemüse, weil sie zu Hause solche Einrichtungen nicht kannten.

Einen russischen Patienten durfte man nie lange warten lassen. Wenn der Landauer vom Gutshof am Ring vorgefahren war, mußte ich alles stehen- und liegenlassen und sofort zum Patienten eilen. Die Russen fragten nie nach den Kosten der Behandlung, sondern brachten Tage später freiwillig, was sie für richtig und angemessen hielten. Ein Arzt mußte sie nicht nur heilen können – er mußte auch trinkfest sein, die Sprache einigermaßen beherrschen und ein dickes Fell haben.

Besonders gut befreundet war ich mit einem russischen Sergeanten, der sozusagen als Gutsinspektor das Gut »Alteichen« leitete, und mit seinem deutschen Kutscher Arndt. Vom gleichen Gut kam jeden Morgen mit einem Pferdewagen ein Soldat, der für die Truppe Brot in der Stadt holte und den wir mit Spitznamen »Kriboschenko« nannten. Er schenkte uns so manches frische Brot. Einmal schleppte er ein mächtiges Kuheuter an, ein anderes Mal brachte er in der Hosentasche für Kristinchen einen Karpfen mit. Auf die Frage, wo er denn diese Schätze hergenommen hätte, sagte er lachend: »Zapzerap«, was nichts anderes hieß als: »Geklaut.« Der russische Sergeant handelte auch mit kostbaren Taschenuhren, die er angeblich käuflich erworben hatte.

Ein temperamentvoller Russe, dessen Braut ihm zu Hause untreu geworden war, schoß sich – als er betrunken war – ins Kinn und kam mit Brandwunden zu mir. Obwohl ich ihn gut kannte, sprach er zwei Tage lang kein Wort mit mir. Seine Kameraden hatten ihn nämlich einfach zur Behandlung bei uns gelassen. Erst am dritten Tag wurde er mitteilsam und schüttete mir sein Herz aus. Wie die meisten Soldaten war er sehr kinderlieb und fischte deshalb oft einige Bonbons aus seiner schmutzigen Tasche.

Viele Soldaten, die unsere Patienten waren, erkundigten sich jedesmal nach meiner kleinen Tochter, der sie manchmal aus Sympathie auch Zigaretten anboten. Ein Ukrainer wollte sogar einmal unseren Sohn Hans, weil er so blond war, mit nach Hause nehmen. Er sagte zu uns: »Die Kinder hungern hier, und es geht ihnen schlecht. Bei uns in der Ukraine aber hätten sie es gut.«

Da die Soldaten sehr sangesfreudig waren, lernten sie auch bei mir deutsche Lieder, oft ohne die Texte zu verstehen. Eines Tages wurde ich auf den Gutshof nach Alteichen geholt, wo ein Ukrainer namens Jannek Füriczinski eine ausgedehnte Zellgewebsentzündung am Unterarm hatte. Da der Arm, der durch einen großen Schnitt geöffnet werden mußte, einer ständigen Behandlung bedurfte und unser kleines Krankenhaus bei Kriegsende durch einen Bombenangriff zerstört worden war, nahm ich Jannek mit nach Hause. Wir räumten unser Schlafzimmer und legten den Kranken in ein Bett. Meine Frau mußte ihn täglich waschen, kämmen und verbinden. Die Behandlung zog sich wegen schlechter Heilung sehr in die Länge, und so lebte der Soldat wochenlang mit uns zusammen.

Er war ein sehr angenehmer, kultivierter Zeitgenosse und lustig dazu. Oft sang er uns Lieder seiner Heimat vor, und als es ihm wieder besser ging, tanzte er auf dem Tisch. Zuerst aß er noch mit den Fingern, aber mit der Zeit gewöhnte er sich auch unsere Tischmanieren an. Jannek war stets sauber gekleidet und hielt auch sein Bett in bester Ordnung, als der Arm wieder heilte. Dem jungen Ukrainer gefiel es so gut bei der deutschen Familie, daß er sich immer wieder von mir ein Attest ausschreiben ließ, daß seine Heilung noch nicht abgeschlossen sei. Pro forma trug er den längst geheilten Arm in einer schwarzen Binde. Jannek lebte noch am 2. Oktober 1945 bei uns, an dem Tag, an dem wir von den Polen aufgrund des Potsdamer Abkommens aus unserer Wohnung ausgewiesen wurden. Im Gegensatz zu vielen anderen russischen Soldaten war er kein großer Freund des Alkohols.

Im Hochsommer 1945 wurde ich eines Tages auf das Gut »Röstfelde« geholt, wo sich ein russischer Offizier, der keinen Führerschein hatte, beim Motorradfahren den Unterschenkel gebrochen hatte. Das Bein mußte unbedingt gegipst werden, doch dafür mußte ich erst einmal Gipsbinden besorgen, was damals wirklich keine Kleinigkeit war. Die nächste Apotheke befand sich in Bolleslawicze, früher Bolkenburg, jenseits der Prosna. Die Russen spannten die Pferde an, um mich mit einem Pferdefuhrwerk in die Apotheke zu fahren. Vorher wurde erst einmal gemeinsam gefrühstückt, denn die Russen waren sehr gastfreundlich, wenn sie etwas von einem wollten.

Das Frühstück war für meine Begriffe etwas ungewöhnlich. Es gab Bratkartoffeln und geräucherten Speck und dazu den unerläßlichen hochprozentigen Spiritus, der aus Biergläsern getrunken wurde. Der erste Schluck kostete mich auch nach dem fetten Essen jedesmal eine Überwindung. Die Soldaten machten sich einen besonderen Spaß daraus, mir dauernd zuzutrinken, und lachten mich aus. Als ich endlich losfahren durfte, war ich schon stark angeheitert. Ich hatte mir fünf Kilogramm Butter einpacken lassen, sonst hätte ich in der Apotheke gar kein Verbandsmaterial bekommen.

In Pitschen in dem Haus am Ring machte ich kurz Station, um für meine Familie ein tüchtiges Stück Butter abzuschneiden, dann ging die Fahrt weiter. Der Weg betrug immerhin fünfundzwanzig Kilometer, so daß wir mit dem Pferdewagen erst am späten Nachmittag wieder in Röstfelde anlangten. Nachdem ich das Bein fachmännisch eingegipst hatte, gab es wieder eine Stärkung, bestehend aus dem Nationalgericht: Borschtsch, Bratkartoffeln und gebratenes Fleisch. Damit ich die Stücke überhaupt aufspicken konnte, hatte man mir großzügig eine Gabel neben den Teller gelegt. Messer gab es nicht. Man mußte mit den Zähnen Stück für Stück von dem Fleisch abbeißen. Es wurde wieder der unumgängliche Schnaps serviert, außerdem noch Bier, wobei die Russen sehr darauf achteten, daß ich ihnen beim Zuprosten jedesmal mit einem kräftigen Schluck antwortete.

Als ich in den späten Abendstunden endlich nach Hause gebracht wurde, war ich total betrunken, was meine Frau Helene zu der Bemerkung veranlaßte: »Wenn du so weitermachst, wirst du nicht mehr lange leben.« Gott sei Dank mußte ich nicht täglich auf die Güter, um die russischen Besatzungssoldaten zu behandeln.

Saftra, morgen, Doktor!

Eines Abends saßen wir um unseren Tisch herum beim Abendbrot. Wir wohnten, wie erwähnt, im ersten Stock. Plötzlich polterten laute Schritte die Treppe empor. Krachend wurde die Tür aufgerissen. Fünf Russen, denen eine Schnapsfahne voranwehte, standen im Zimmer. Einer deutete mit dem Finger auf mich und fragte: »Bist du der Doktor?« Als ich dies bejahte, erklärten sie mir: »Wir haben einen Schwerverwundeten mitgebracht.« Ich sagte: »Holt ihn sofort rauf.«

Sie schleppten einen riesigen Kerl in mein Behandlungszimmer und legten ihn auf die Untersuchungs-Couch. Der Mann hatte ein Boxergesicht wie Jack Dempsy. Das Gesicht war völlig blutverschmiert und verschwollen. Auch die dünne Khakibluse, die die Soldaten im Sommer ohne Unterhemd auf der bloßen Haut zu tragen pflegten, war von Blutflecken übersät. Mehrere Russen redeten gleichzeitig auf mich ein. Der jüngste stand weinend neben seinem Kameraden und riß vor Verzweiflung sein schmutziges Taschentuch in Streifen.

Ich dachte, der Verletzte wäre angeschossen. Um ihn überhaupt untersuchen zu können, mußten seine Kameraden ihn halb ausziehen. Da auch der mächtige Brustkorb blutverschmiert war, brachte meine Frau eine Schüssel heißen Wassers und wusch ihn erst mal vorsichtig. Während der Untersuchung stellte ich fest: Spuren von Faustschlägen und Tritten im Gesicht, Blutverlust durch Nasenbluten und schließlich zwei gebrochene Rippen. Mir blieb nichts anderes übrig, als einen Heftpflaster-Streckverband anzulegen. Um ihm unnötige Schmerzen zu ersparen, zog ich eine Spritze auf; doch als ich gerade die Einspritzung vornehmen wollte, zog plötzlich der junge Russe seinen Revolver, aus Angst, ich könnte seinen Freund womöglich vergiften.

Die Situation war für mich nicht ganz ungefährlich, aber da ich die Mentalität der Russen schon als Soldat des Ersten Weltkrieges kennengelernt hatte, zeigte ich keine Angst. Ich schmetterte die Spritze auf den Tisch und schrie ihn an: »Nehmt euren Freund und haut ab, behandelt ihn doch selbst.« Daraufhin fiel der Sergeant dem Soldaten in den Arm und redete auf ihn ein, bis er sich beruhigte.

Ich wußte aus Erfahrung, daß die Russen den behandelnden Arzt für eine mißglückte Behandlung zur Verantwortung zogen und auch nicht zögerten, ihn einfach über den Haufen zu schießen, wenn sie glaubten, er wäre am Tod eines sowjetischen Soldaten schuld. Doch die schmerzstillende Spritze hätte ihn unmöglich umbringen können.

Seine Verletzungen waren die Folgen einer Schlägerei nach einem ausgedehnten Saufgelage in einer der Gastwirtschaften der Stadt. Der Verletzte sah zwar schlimm aus, war aber durchaus transportfähig. Doch die anderen Russen dachten gar nicht daran, ihn mitzunehmen. Sie versprachen, ihn am nächsten Morgen mit dem Pferdewagen abzuholen. So blieb meiner Frau nichts anderes übrig, als ihn auf das einzige Sofa in unserem Wohnzimmer zu betten. Im Behandlungsraum konnte er nicht liegenbleiben. Dort mußte ich am nächsten Morgen wieder Sprechstunde abhalten.

Damals kannte ich noch nicht die wahre Bedeutung des Wortes »saftra«, was soviel wie »morgen« bedeutet, aber nicht »am nächsten Tag«, sondern irgendwann in der Zukunft. Erst später habe ich von dem Patienten erfahren, wie er zu seinen Verletzungen gekommen war. Unser »Boxer« hatte im Suff versucht, einem Kameraden die Freundin, eine Ukrainerin, auszuspannen. Der Enderfolg war eine wüste Schlägerei, an der sich von beiden Seiten Kameraden beteiligten. Trotz seiner Körperfülle geriet der verliebte Gockel unter die Stiefel seines Nebenbuhlers und bekam etliche

Fußtritte und Boxhiebe ab. Daher auch die beiden Rippenbrüche.

Die russischen Soldaten verschwanden so schnell, wie sie gekommen waren, und ich hatte ganz vergessen, sie zu fragen, zu welcher Einheit sie eigentlich gehörten. Wir deckten den Patienten mit einer Wolldecke zu und wünschten ihm eine gute Nacht, worauf er mit einem undeutlichen Knurren antwortete. Man konnte ihm ansehen, wie mißtrauisch er war und wie wenig es ihm behagte, ausgerechnet von Deutschen gepflegt zu werden.

Wer am nächsten Morgen natürlich nicht kam, waren die Russen vom Vorabend.

Während ich noch in der Praxis beschäftigt war, zermarterte ich mir das Gehirn, wie ich den ungebetenen Gast wieder loswerden könnte. Ein Krankenhaus gab es nicht in der Stadt. In meinem Wohnzimmer lag der stöhnende Patient auf unserem einzigen, schön geschwungenen Sofa aus Großmutters Zeiten, während wir daneben am Tisch saßen, um zu essen. Aber wegen seiner Rippenbrüche konnte er nur in gekrümmter Haltung liegen. Es hätte ihm nichts genutzt, in einem Bett zu liegen. Der Soldat, dem wir den Spitznamen »Boxer« gegeben hatten, drehte uns die meiste Zeit den Rücken zu und schlief.

Gegen Mittag fragten wir ihn, ob er etwas zu Essen wolle, er müsse doch Hunger haben. Er antwortete nicht. Da kochten wir ihm die bei den Russen so beliebte saure Buttermilchsuppe und stellten sie ihm in einem Teller auf den Stuhl neben dem Sofa. Doch der »Boxer« winkte nur mit der Hand ab. Am Abend servierten wir ihm Brote mit Butter, Zwiebeln und Tomaten. Doch er würdigte diese keines Blickes. Auch am nächsten Tag versuchten wir vergeblich, ihn zum Essen zu bewegen. Er lag zusammengekrümmt auf dem Sofa und starrte uns ungeniert an.

Endlich, am Nachmittag, tauchten mehrere elegant gekleidete Offiziere auf. Sie stellten dem Kranken einige Fragen nach dem Hergang der Schlägerei, ohne von uns Notiz zu nehmen. Als sie Anstalten machten, ohne ihn die Wohnung wieder zu verlassen, wagte ich die bescheidene Frage: »Wann nehmt ihr euren Kameraden endlich wieder mit, oder wann wird er abgeholt?« Die sybillinische Antwort war, wie konnte es anders sein: »saftra«, also »morgen«.

Auch der dritte Tag war für den Verletzten ein Fastentag. Ich versuchte, ihm mit meinen unzureichenden Russischkenntnissen klarzumachen, daß er hier bei uns allmählich verhungern würde, was ich mir nicht leisten konnte. Unser »Boxer«, ein Asiate, knurrte nur mürrisch »Saftra« und drehte mir wieder den Rücken zu. Am vierten Tag erschien der von mir erwähnte Sergeant, der zur russischen Kommandantur in Pitschen gehörte, mit einer Flasche Schnaps in der Hand, um mit uns wieder einmal den Sieg des Bolschewismus über den Faschismus zu feiern. Da begann auch mein Patient zu strahlen. Nüchtern wie er war, kippte er erst einmal ein Wasserglas voll Spiritus »hinter die Binde«. Plötzlich konnte er auch wieder sprechen und sagte: »Und jetzt will ich essen.«

Der Bann war gebrochen. Vorsichtshalber ließ er uns aber von jeder Speise probieren, ehe er selbst zulangte. Als wir sein volles Vertrauen gewonnen hatten, gestand er uns, die Kommissare hätten immer gewarnt: »Nehmt nichts von den Deutschen an, die wollen euch nur vergiften.«

Eine Flasche Schnaps mußte immer in Sichtweite deponiert und ihm vor dem Essen serviert werden. Er hatte sich halt während der Kriegsjahre an diese Reihenfolge – erst Schnaps trinken und dann essen – gewöhnt. Für mich als Arzt war diese Art der Ernährung völlig neu. Da alle Brennereien in der Gegend wieder auf Hochtouren liefen, fehlte es nicht an Nachschub. Am zehnten Tag schließlich fuhr ein Armeelastwagen vor, auf dem einige Russen saßen. Sie waren gekommen, um meinen Patienten abzuholen.

Die ganze Zeit lang hatte er nur mit einer Hose bekleidet auf unserem Sofa geschlafen. Er stand auf, zeigte auf seine nackte Heldenbrust und verlangte sein blutverkrustetes

Hemd. Dann wollte er einen Eimer. Mit diesem bewaffnet, zog er hinunter in den Hof und begann Wasser zu pumpen. Die Bluse wurde flüchtig im kalten Wasser ausgespült. Dann ließ er sich von einem Kameraden das eiskalte Brunnenwasser über den Rücken pumpen, zog sich das noch feuchte Uniformhemd über den athletischen Körper und kletterte mit Hilfe seiner Kameraden auf den offenen Lkw, winkte freundlich grinsend zu uns herauf und brüllte laut: »saftra!«

Tatsächlich kam er am nächsten Tag noch einmal wieder, um sich zu bedanken und uns mit Schnaps, Fleisch und Tabak reichlich zu beschenken. Diesesmal hatte er wirklich Wort gehalten. Als er »saftra« sagte, hatte er auch »morgen« gemeint.

Die sowjetischen Soldaten wunderten sich ständig über unsere technischen Errungenschaften. Viele konnten nicht begreifen, warum in Deutschland das Wasser aus Rohren in der Wand herauslief. Und Toiletten mit Wasserspülung hatten viele auch noch nie gesehen. Einer sagte mal zu mir in gebrochenem Deutsch: »Warum Wasser und Licht aus Wand?«

Mein Haus in der Wallstraße diente den Russen nicht nur als Kommandantur, sondern auch als Gefängnis. Die Kellerräume neben der Zentralheizung waren unter der Erde und nur durch Lichtschächte beleuchtet und belüftet. Dort sperrte man mit Vorliebe auch Armeeangehörige ein, wenn sie nicht spurten. Zum Beispiel den Sergeanten der Pitschener Kommandantur, weil er oft betrunken war, was in der Roten Armee an sich nichts Ungewöhnliches war. Dieser Stabsfeldwebel war zuständig für die Einteilung der deutschen Zwangsarbeiter, auch der Frauen. Bei den Deutschen war er wegen seiner Leutseligkeit und seiner Gutmütigkeit sehr beliebt. Sie waren froh, wenn er die Aufsicht führte.

Die deutschen Frauen mußten meistens auf dem Feld arbeiten. Es war Erntezeit. Sie hatten viel zu tun, denn die Felder waren noch alle im Jahr davor von Deutschen bestellt worden. Der Sergeant war auch nicht böse, wenn das Arbeitspensum einmal ausnahmsweise nicht geschafft wurde. »Kommst du nicht heute, kommst du morgen«, sagte er dann auf deutsch. Weiß der Kuckuck, wo er diese Redewendung aufgeschnappt hatte. Nüchtern war er allerdings selten. Zu seiner Entschuldigung muß gesagt werden, viele Russen tranken auch, weil sie die Greuel des Krieges nicht hatten nüchtern ertragen können, und nach dem Ende der Kämpfe war es für manchen zu spät aufzuhören.

Wenn das seinem Vorgesetzten, einem Major, zu bunt wurde, ließ er ihn in unserem Keller einsperren. Die deutschen Frauen und Mädchen wunderten sich anfangs, warum er ab und zu verschwunden war, bis sich herumgesprochen hatte, daß er dann hinter Gittern saß. Dann hatten sie einen Aufseher, der nicht so menschenfreundlich war.

Eines Abends, als die Frauen von der Feldarbeit in die Stadt zurückkamen, machten sie extra einen Umweg an unserem Haus vorbei, nur um ihn zu trösten. Als er wie ein Seehund traurig durch das Gitter blickte, sangen sie sein Lieblingslied für ihn: »Komm zurück, komm zurück, ich warte auf dich, denn du bist für mich all mein Glück.« Dieses Ständchen hat ihn damals sehr getröstet, denn auf die Russen hatte dieses deutsche Lied eine ähnliche Wirkung wie das Lied Lili Marleen auf die Soldaten der westlichen Alliierten.

In Zukunft war er etwas vorsichtiger mit seinen alkoholischen Exzessen, und wenn er sehr betrunken war, kam er zu uns, weil er wußte, hier würden ihn seine Landsleute bestimmt nicht suchen. Auf unserem Sofa schlief er dann seinen Rausch aus, ohne daß ihn jemand störte.

Eines Tages war er so tief eingeschlafen, daß wir ihn nicht mehr wach bekamen. Ich dachte schon, ihm wäre etwas passiert. Aber die resolute Hebamme Olschimke schlug ihm so lange mit einem nassen Lappen ins Gesicht, bis er ganz verstört zu sich kam. Und als er uns um sein Sofa versammelt erblickte, fing er sofort an zu schmettern: »Komm zurück, komm zurück ...«

Ja, »komm zurück, du schöne alte Zeit« dachten auch wir oft. Unsere Heimat war uns fremd geworden. Was fehlte, waren unsere früheren Freunde und Bekannten, meine alten Patienten. Heimat – so wurde mir damals zum erstenmal in meinem Leben klar –, das sind nicht nur die Landschaft, die Gassen, die Straßen und Häuser, das sind vor allen Dingen die Menschen, die uns etwas bedeuten. Der Rest unberührter Heimat war für mich nur noch meine Familie.

Eines Tages kam die Frau eines russischen Offiziers aus meinem Haus zu mir in die Praxis, was die Russen sonst möglichst vermieden. Die Frau eines Hauptmanns brauchte aber dringend ärztliche Hilfe, und ein anderer Arzt war nicht da. Ich behandelte sie wie jede andere, aber als sie wieder gesund war, fragte ich sie zum Abschied: »Was ist denn eigentlich aus meinem Bechstein-Flügel geworden?« Da antwortete sie nur trocken: »Pianoforte ist fort! In Moskau!«

Später haben wir gehört, daß die gestohlenen Möbel und Klaviere nicht ihren Bestimmungsort erreichten. Die Heimkehrer mußten vor Moskau alles ausladen. Kriegsgefangene berichteten, daß Zehntausende Klaviere und wertvoller Möbelstücke ausgeladen werden mußten und bei Sonne und Regen verrotteten. Stalin wünschte nicht, daß seine Soldaten mit solch kostbaren Souvenirs in ihre bescheidenen Hütten zurückkehrten. Die Bevölkerung hätte sich Gedanken machen können, wieso es den Deutschen so gut ging und ihnen so schlecht. Das hätte nicht zu dem Propagandabild der ausgebeuteten, armen kapitalistischen Gesellschaft im Westen gepaßt.

So erlebte ich einmal in Kempen, daß eine sowjetische Panzerdivision ihre Fahrzeuge mit Silber, Porzellan und Teppichen voll beladen hatte. Sie mußte ihre ganze Beute zurücklassen, als die Panzer auf Eisenbahnwaggons umgeladen wurden. Manche Soldaten hatten ihre Arme vom Handgelenk bis zur Schulter mit gestohlenen Uhren dekoriert und ließen sich damit fotografieren. Sie nahmen Radios mit, sogar Brillen und Rasiermesser, Füllfederhalter, Anzüge und

Schuhe, Stoffe und Wäsche. An der Grenze zur Sowjetunion wurde ihnen alles wieder abgenommen, was sie nicht gut versteckt hatten.

Von der schon fast neurotischen Jagd auf Uhren blieben nicht einmal Polinnen verschont: In Kempen lernte ich junge Frauen kennen, die um ihr Handgelenk ein weißes Tuch gewickelt hatten. Als ich sie mitleidig fragte, ob sie sich verletzt hätten, antwortete die eine: »Unter dem Tuch tragen wir unsere Armbanduhren, damit unsere ›Befreier‹ sie uns nicht abnehmen können.« Allgemein hatten die Russen bei den Polen den Spitznamen »Genosse Zapzerap«, was soviel bedeutet wie »Genosse Taschendieb«. Auch wenn sie nicht deutsch sprachen, ein Wort konnten sie sofort: »Uhri, Uhri!«

Nach unserer Heimkehr erzählten uns die Überlebenden die abenteuerlichsten Geschichten. Ich kann mich nicht dafür verbürgen, daß sie wahr sind. Sie drücken aber aus, wie habgierig viele von der Zivilisation wenig beeinflußte Soldaten waren, die aus den entferntesten Ecken der Sowjetunion – bis aus Asien – nach Europa kamen. So erzählte uns eine Frau in Pitschen, die ihre Armbanduhren in einer Fleischmühle versteckt hatte, folgende Geschichte: Ein Russe kurbelte an der Maschine, als plötzlich zu seinem Erstaunen eine Uhr herauskam. Er beschlagnahmte nicht die Uhr, sondern die Maschine und zog glücklich von dannen, weil er glaubte, damit könne man Uhren herstellen.

Auch Fahrradfahren bereitete ihnen diebische Freude, zumal sie es nicht kannten. Natürlich lagen sie zuerst oft auf der Nase. So soll sich folgende Episode in Pitschen zugetragen haben: Ein Russe fuhr mit einem nagelneuen Herrenfahrrad mehr schlecht als recht über die Straße und stürzte um. Der Reifen war geplatzt. Da kam ein deutscher Junge auf einem uralten Fahrrad vorbei, dessen Reifen geflickt, aber vollgepumpt waren. Der Russe tauschte sofort die Fahrräder aus, weil er nicht wußte, wie man Reifen reparierte.

Diese Geschichten vermögen auszudrücken, welchen Zivilisationsschock manche Rotarmisten in Deutschland erlebten, und man darf nicht vergessen, daß die Elitetruppen in den Kesselschlachten vernichtet oder später in deutscher Gefangenschaft umgekommen waren. Die Masse der Roten Armee, die Deutschland eroberte, kam aus den östlichen und zum Teil unterentwickelten Republiken. Söhne armer Landarbeiter ohne besondere Bildung, ohne Sprachkenntnisse und ohne eine Vorstellung von mitteleuropäischer Lebensweise und Zivilisation. Erst dachten sie, sie kämen in die Hölle, aber nach kurzer Zeit war Deutschland für sie das reinste Paradies. Und viele weinten dicke Krokodilstränen, als sie wieder in die Heimat entlassen wurden.

Gefährliches Spielzeug

Die deutschen Frauen, sofern sie nicht im Ernteeinsatz waren, mußten ebenfalls für die polnische Stadtverwaltung oder die russische Kommandantur kostenlos arbeiten, zum Beispiel in ihren Schürzen Alteisen aus den Ruinen zu einem Sammelplatz schleppen. Unter den Trümmern und auf den Straßen lagen damals noch viele deutsche und russische Granaten und andere Munition. Es war nicht ungefährlich, in den Gärten nach Obst zu suchen oder in den Trümmern nach Altmetall. Wie oft wurden polnische Bauern bei der Feldarbeit von Minen zerrissen.

Auch vor unserer Turnhalle, wo der Volkssturm umgekommen war, lagen noch im Sommer 1945 zwei Tretminen in Holzkästen verpackt. Die deutschen Kinder hüteten sich, solches Kriegsmaterial anzufassen. Gerd Steinhoff, der Frontsoldat gewesen war, erklärte meinen Söhnen die Wirkungsweise solcher Panzerabwehrwaffen und daß diese in der Regel nicht entschärft waren.

Eines Nachmittags wurden Gerd Steinhoff und ich von dem Ofensetzer Fuhrmann vor seinem Haus in ein Gespräch verwickelt. Wenn man mit dem Landsmann sprach, mußte man seine Worte wohl abwägen, denn er stand in dem Verdacht, ein Spitzel der polnischen Behörden zu sein. Wir wußten, daß er bereits in der Hitlerzeit Anzeigen gegen Deutsche erstattet hatte, die angeblich nicht »linientreu« waren. So entdeckte ich nach Kriegsende auf einem Hinterhof in Akten der NSDAP Anzeigen von ihm gegen mich, weil ich vor dem Krieg öfter über die Grenze bei Kostau in das nicht weit entfernte Kempen zu meiner Ziehmutter gefahren war. Darum wurde der Verdacht der Spionage für Polen geäußert – ein absurder Vorwurf, der allerdings dazu führte, daß eines Tages, vor 1939, die Gestapo in Pitschen aufgetaucht war, um Ermittlungen gegen mich zu führen. Nur weil Amtspersonen für mich bürgten, blieb mir damals eine Verhaftung erspart.

Während unseres Gespräches zuckte plötzlich wie ein Blitz eine Stichflamme am Horizont empor. Eine furchtbare Detonation erschütterte die Umgebung. Die Luft war schwarz, und man sah eine Rauchwolke, die mindestens hundert Meter hochstieg. Es hatte sich angehört, als wenn in der Nähe der Turnhalle eine Bombe explodiert wäre. Zusammen mit Gerd Steinhoff eilten wir zum Unglücksort. Direkt vor einem alten Baum, der völlig verbrannt war, entdeckten wir ein riesiges Loch. Nicht weit entfernt, auf dem Weg zum Sportplatz, lag der zerfetzte Brustkorb eines Menschen und ringsum verteilt abgerissene Arme und Beine, daneben einige zerrissene Geldscheine. Etwas weiter entfernt sah ich ein menschliches Becken mit einem blutigen Bein liegen.

Schnell versammelten sich Neugierige an der Unfallstelle. Augenzeugen, die kurz zuvor die Explosionsstätte passiert hatten, berichteten, daß zwei polnische Jugendliche – es waren Brüder im Alter von etwa fünfzehn Jahren – versucht hätten, die Tretmine auszubauen. Wahrscheinlich hatte ihnen der Holzkasten so gut gefallen. Bei diesem lebensgefährlichen Versuch waren sie in die Luft geflogen und in Fetzen zerrissen worden. Hätte uns der deutsche Spitzel nicht aufgehalten, um uns auszuhorchen, wären wir womöglich im Vorübergehen auch ein Opfer der Tretmine geworden. So hatte er, ohne es zu wollen, Schicksal gespielt und uns womöglich das Leben gerettet.

Die polnische Miliz war schnell am Unfallort. Ein Offizier sagte herablassend zu den polnischen Zuschauern: »Holt euch ein paar Deutsche, die können die Leichenteile einsammeln und wegbringen.« Mein Freund Gerd und ich ließen es gar nicht erst darauf ankommen und entfernten uns rechtzeitig.

Gerd Steinhoff wurde Ende August allmählich der Boden unter den Füßen zu heiß. Er, der seinen längst abgeheilten verwundeten Arm immer noch in der schwarzen Schlinge trug, fürchtete, doch noch in ein Kriegsgefangenenlager oder in ein Straflager der Polen zu wandern. Deshalb holte er sich rechtzeitig beim Landratsamt Ausweispapiere, kaufte sich mit unserer Hilfe eine Fahrkarte und reiste praktisch ohne Gepäck mit der Eisenbahn von Posen nach Frankfurt an der Oder. Damals ließ man Deutsche noch manchmal ausreisen, sofern sie nicht im Gefängnis saßen oder in Arbeitslager gesperrt waren. Freilich verloren sie vorher alles, was sie hatten, bei Kontrollen im Zug. Jeder Deutsche durfte ausgeplündert werden und konnte sich nicht dagegen wehren.

Gerd hatte lediglich etwas Proviant bei sich. An seiner Verwundung erkannte man den früheren Soldaten. Auf den Bahnhöfen wurde er mehrmals von illegalen Kontrolleuren – meistens waren es polnische Diebe, die sich Polizeigewalt anmaßten – gefilzt und angepöbelt. In Posen verliebte sich eine polnische Milizbeamtin in ihn und schützte ihn eine Zeitlang vor Mißhandlungen. Auf dem Bahnhof lernte er einen russischen Offizier kennen, der etwas Deutsch sprach. Der fragte in, ob er in Rußland gekämpft habe und woher seine Verwundung stamme. Man konnte damals öfter erleben, daß russische Soldaten eine gewisse Hochachtung vor deutschen Verwundeten hatten. Angehörige der kämpfenden Truppe zeigten gelegentlich eine eigenartige Solidarität mit den Landsern auf der anderen Seite, auch wenn sie die Nazis, die deutschen Generäle und Hitler haßten.

Andere Russen wiederum zeigten eine Art kindlichen Stolz, wenn sie feststellten, daß ein ehemaliger deutscher Soldat von einer russischen Kugel getroffen worden war, dann fühlten sie sich plötzlich verpflichtet, ihm zu helfen. Welche Motive jener russische Offizier hatte, der Gerd Steinhoff in einem russischen Truppentransporter unterbrachte, damit er in die sowjetische Zone reisen konnte, vermag ich allerdings nicht zu erraten.

Unser Freund erreichte jedenfalls arm wie eine Kirchenmaus Frankfurt an der Oder und schließlich sogar Berlin, denn polnische Kontrolleure durften russische Militärzüge nicht betreten. Er blieb nicht in der zerstörten Reichshauptstadt, sondern schlug sich nach Bremen durch, wo er erst einmal Straßenbahnschaffner wurde, um seinen Unterhalt zu verdienen.

GPU-Kommissar als Schutzpatron

Auf der Durchreise stoppte manchmal ein Offiziersstab in Pitschen und ließ sich in unserer Küche ein üppiges Mahl zubereiten. Die Zutaten brachten die Burschen mit. Natürlich mußten die Frauen mit ihnen essen, aber sie wurden nicht belästigt, jedenfalls nicht, solange die Russen noch nüchtern waren. Meine Frau wußte, wann sie das Weite suchen mußte, um nicht doch angepöbelt zu werden.

Eines Tages, als die Hebamme Frau Olschimke bei einer Wöchnerin war, stürmte ein uns bekannter Russe in die Küche und fragte in fließendem Deutsch, wo denn Frau Olschimke wäre. An seiner Montur und dem langen Riemen der Pistolentasche konnte man erkennen, daß er ein politischer Kommissar war. Ohne die Antwort abzuwarten, stürmte er durch die Zimmer und suchte die Hebamme und ihre Tochter. Zu unserem Erstaunen sprach er Hamburger Platt.

Als unsere Hebamme endlich wieder zurückkam, gab es eine herzliche Begrüßung zwischen den beiden. Sie nannte ihn liebevoll »meinen kleinen Rucksack«. Der Russe hieß Simon mit Vornamen, seinen Familiennamen haben wir nie erfahren, denn als GPU-Kommissar wollte er nicht mehr über seine Person verraten. Die Hebamme hatte ihn beim Einmarsch der Russen im Jahr 1945 kennengelernt. Damals hatte er sie und ihre erwachsene Tochter vor den Zudringlichkeiten anderer Soldaten schützen können.

Simon war mit einem Lastwagenkonvoi von Deutschland nach Rußland unterwegs. Die Wagen hatten Klaviere und Eisschränke geladen. Die Begleiter, zehn Soldaten, mußten unter ihren Fahrzeugen nächtigen. Kommissar Simon aber legte sich drei Nächte lang bei uns ins Bett. Wir kamen schnell ins Gespräch miteinander und wechselten auch offene Worte über die Politik der Besatzungsmacht. Sein Lieblingsthema war der Nationalsozialismus. Er stellte die gewagte These auf, Deutschland hätte den Krieg nur verloren, weil die Bevölkerung nicht genug an Hitler geglaubt und zuwenig über den Nationalsozialismus gewußt hätte. Simon sagte auch: »Hitler hat euch verboten, ausländische Literatur zu lesen, deswegen habt ihr auch zuwenig über den Bolschewismus gewußt. Ich habe bereits in der Schule Hitlers ›Mein Kampf‹ in russischer Sprache gelesen. Also kannten wir die Gedankengänge Hitlers genau, ehe wir mit ihm Krieg führen mußten.«

Der Kommissar hatte bei einem deutschen Emigranten bereits in Friedenszeiten Hamburger Platt gelernt, weil er im Falle eines Krieges und Sieges Stadtkommandant von Hamburg werden sollte. Zu vorgerückter Stunde, als er vom Zechen leicht angeheitert war, fragten wir ihn im Spaß: »Simon, kannst du uns nicht eines der Klaviere dalassen?« Da wurde er plötzlich ernst und sagte: »Ihr Deutschen werdet nie mehr Klavier spielen. Deutschland wird es nie mehr geben.«

Er erzählte uns auch von der Absicht der sowjetischen Führung, Göring und andere Generalfeldmarschälle – nachdem man ihnen den Prozeß gemacht hatte – nach Rußland zu bringen. Dort sollten sie in Käfige gesperrt dem Volk gezeigt werden, damit die Russen sehen könnten, wie Kriegsverbrecher aussähen.

Welche Befehlsgewalt Kommissare gegenüber Armeeangehörigen hatten, wurde uns eines Abends vor Augen geführt: Simon bat eines Tages meine Frau, für seinen Offizier und die zehn Mann Begleitpersonal Abendbrot zu richten, und bewilligte den Soldaten drei Flaschen Alkohol. Der Abend verlief gesellig und ohne Störung. Obwohl sie Alkohol getrunken hatten, befolgten die Soldaten seinen Befehl, anschließend zu ihren Fahrzeugen auf dem Markt zurückzukehren.

Zwei Tage später allerdings, als wieder die Schnapsflasche die Runde machte, betrank sich der Oberleutnant derart, daß er anschließend zudringlich wurde. Er nahm meiner Frau die brennende Zigarette aus dem Mund und wollte sie küssen. Als der Kommissar davon erfuhr, ließ er den Offizier zu sich kommen, beschimpfte ihn als »Reaktionär« und sagte wörtlich zu ihm: »Schwein bleibt Schwein.«

Zur Strafe mußte der Offizier wie ein einfacher Soldat fortan auf dem Pflaster schlafen, direkt unter dem Lastwagen. Der Offizier gehorchte dem Befehl widerspruchslos, denn er wußte, daß bereits aus solch nichtigem Anlaß Kommissare Offiziere auf der Stelle erschossen hatten. Der Kommissar hatte im Gegensatz zum hochdekorierten Offizier keinerlei Rangabzeichen an der Brust; doch dem Oberleutnant war selbst im Suff die Rangordnung in der Roten Armee völlig klar.

Der Kommissar Simon und die Hebamme Olschimke hatten sich nach der Einnahme der Stadt auf abenteuerliche Weise kennengelernt. Die Hebamme und ihre Tochter Frau Kramm, die Witwe war, hatten sich damals in der Wohnung eines Polen, des Kaufmanns Kwiasowski, versteckt, der ihnen ein Zimmer im oberen Stock einräumte. Dort glaubten sie, als Deutsche vor plündernden Polen und Russen sicher zu sein. Da die wenigen deutschen Frauen in der Stadt immer wieder vergewaltigt wurden, bis viele freiwillig den Tod suchten, hatten auch die beiden Frauen große Angst.

Frau Olschimke hatte deshalb ihre Tochter als altes, schwachsinnig erscheinendes Weib verkleidet. Um den Kopf wurde ihr ein altes Tuch geschlungen, das aus der Mottenkiste stammte und fürchterlich stank. So saß sie tagsüber kartoffelschälend in der Küche, und wenn einmal ein sowjetischer Soldat das Zimmer betrat, war er enttäuscht von diesem Häufchen Elend, besonders da Frau Kramm auch noch die Taubstumme und Blöde markierte. So blieb sie eine Zeitlang ungeschoren.

Auch der Kommissar Simon, der dem Polen Kwiasowski öfter einen Besuch abstattete, weil er zur russischen Kommandantur gehörte, nahm zuerst keine Notiz von der Frau. Als der Kommissar merkte, daß Frau Olschimke medizinische Kenntnisse hatte, holte er sie öfter zur Behandlung der in meinem Haus wohnenden Offiziere. Simon gefiel es so gut bei dem Polen, daß er sich dort schließlich einquartierte, wo er genau unter dem Zimmer der Olschimkes wohnte.

Frau Olschimke brachte ihrer Tochter eine ganze Reihe polnischer Ausdrücke bei. Abend für Abend hörte Simon, wie in dem Zimmer über ihm jemand abgehackte polnische Worte wiederholte, die einmal von einer tiefen und einmal von einer hellen Stimme ausgesprochen wurden. Die Übungen gingen bei dem Temperament unserer »Storchentante« nicht immer ohne Schelte über die Begriffsstutzigkeit ihrer Tochter ab. Dabei wurde sie auch manchmal laut. Dem intelligenten Kommissar war die Sache nicht ganz geheuer. Eines Tages schlich er leise die Treppe hoch und überraschte die Mutter bei ihren Sprachübungen mit der angeblich blöden, häßlichen und taubstummen Tochter.

Im Bett saß – mit aufgerissenem Mund – Frau Kramm und starrte den Kommissar entgeistert an. Er herrschte sie an: »Kannst du nun sprechen oder nicht?« Vor Angst weinend, kam aus ihrem Munde die Antwort: »Ja.« Später wurden beide Freunde. Der Kommissar verliebte sich in die junge Frau und beschützte die beiden in Zukunft vor den Übergriffen seiner Genossen und Landsleute, wofür er natürlich eine Gegenleistung verlangte.

Damals führte der russische Kommissar auch die Untersuchung wegen der brutalen Vergewaltigung und anschließenden Erdrosselung der beiden erwachsenen Töchter der Familie Karnetzky. Leider ohne Erfolg, weil die Täter mit ihrer Truppe längst weitergezogen waren. Die Vergewaltigung deutscher Frauen war kein Kriegsverbrechen, sondern nach sowjetischer Auffassung lediglich eine verdiente Rache für die Kriegsverbrechen der Deutschen in der Sowjetunion.

Doch wahllose Ermordung der Zivilbevölkerung und bestialische Gewaltanwendung wurden von den Kommissaren abgelehnt.

Als wir Simon kennenlernten, war er bereits sehr deutschfreundlich und bot sich sogar an, den Bruder meiner Frau, Paul Lepsy, der in russischer Gefangenschaft war, aus dem Kriegsgefangenenlager bei Odessa herauszuholen. Von dort hatten wir zuletzt Nachricht von ihm bekommen. Ob der Kommissar wirklich die Macht dazu gehabt hätte, konnten wir nicht feststellen, auch nicht, ob er den Versuch unternommen hat, da mein Schwager fast zur gleichen Zeit aus dem Gefangenenlager entlassen wurde.

Mit Typhus ins Kloster

Gegen Ende August 1945 fuhr ich für drei Tage nach Kempen, um Tante Emilie zu besuchen und Medikamente für die Sprechstunde zu organisieren. Sibylle litt damals an Kopfschmerzen und bekam plötzlich Fieber. Mutti schimpfte und meinte, sie solle sich nicht so gehenlassen, und hielt das Ganze für Migräne. Als ich wiederkam, ließ ich mir ihre Zunge zeigen und stellte sofort Typhus fest. Sie hatte sich also in der Sprechstunde angesteckt, denn wir hatten in jenen Tagen bereits mehrere Fälle von Typhus in Pitschen zu verzeichnen.

Meine Frau war völlig mit den Nerven fertig, was kein Wunder war. Wir lebten damals so eng aufeinander, daß Sibylle unmöglich in der Wohnung bleiben konnte, ohne alle anderen anzustecken. Insbesondere die Geschwister waren gefährdet. Die einzige Rettung waren die katholischen Schwestern im Kloster »Auenfelde« (Jaschkowitz), das etwa zwei Kilometer von Pitschen entfernt war. Dort unterhielten die deutschen Schwestern des heiligen Joseph immer noch ein Altenheim für Deutsche und Polen ohne kirchliche oder staatliche Unterstützung.

Die Schwestern, die mich als Arzt seit Jahren kannten, waren sofort bereit, Sibylle aufzunehmen und zu pflegen. Das war ihre Rettung, denn wir konnten sie damals gar nicht so sorgfältig betreuen und pflegen, daß sie diese – uns bisher völlig unbekannte – ansteckende Krankheit überlebt hätte. Ich hatte als Arzt auch nicht so viel Zeit, mich ständig um mein krankes Kind zu kümmern, denn jeden Tag war die Sprechstunde voll von kranken Russen, Polen und Deutschen, außerdem mußte ich noch die Kranken auf den Dörfern mit einem Einspänner besuchen.

Hinzu kam noch, daß Sibylle bereits als Kind eine schwere Nierenbeckenentzündung und auch Scharlach gerade noch überstanden hatte. Sie mußte also als Typhuskranke besonders pfleglich behandelt werden. Unser Freund, der russische Sergeant aus Alteichen, der fast täglich wegen seiner Kavalierskrankheit Gonorrhöe in meine Sprechstunde kam und sehr an mir und meiner Familie hing, stellte sofort einen zweispännigen Kutschwagen zur Verfügung, damit wir Sibylle in Betten verpackt nach Auenfelde fahren konnten.

Schwester Quiniberta übernahm die Pflege und wich Tag und Nacht nicht von Sibylles Krankenlager. Sie saß an Sibylles Bett in einem Lehnstuhl, in dem sie wochenlang auch übernachtete, wenn sie übermüdet war. Eine solche Aufopferung bei der Pflege eines Kranken findet man nur bei einem sehr frommen Menschen. Von einer Krankenschwester kann man solches Opfer wohl auch nicht verlangen.

Täglich besuchte einer von uns unsere Tochter, um ihr Mut zu machen. Ich studierte alle für mich erreichbaren medizinischen Bücher, was ich denn als Arzt für einen Typhuskranken tun könnte. Was in meinen Kräften lag, wurde für sie getan, um ihren Körper widerstandsfähig zu erhalten.

Vom ersten Tag an erhielt sie täglich Traubenzuckerspritzen und alle möglichen Herzmittel. Wir ernährten sie mit Spinat, Apfelmus, Sahne und Milch. Das waren damals Kostbarkeiten, die uns der russische Sergeant lieferte. Täglich zwei Liter Milch und einen halben Liter Sahne. Unser Patient, der Ukrainer Jannek, fuhr jeden Tag mit dem Fahrrad nach Alteichen, um die Milchprodukte in einer Kanne in das Kloster zu bringen.

Täglich ließ der Sergeant fragen, wie der Zustand meiner Tochter sei. Als wir ihr einmal Sülze zubereiten wollten, fragte ich den Sergeanten, ob er mir dafür einen Rinderfuß besorgen könnte. Nachdem er sich erkundigt hatte, wofür wir denn diesen brauchten, meinte er trocken: »Ich werde einer Kuh im Stall einfach ein Bein abschneiden, sie kann ja auch auf drei Beinen laufen.« Das war natürlich nicht ernst gemeint, aber er brachte prompt am nächsten Tag vier Rinderfüße.

Meine Frau saß, sofern es ihre Zeit zuließ, an Sibylles Bett, obwohl der Anmarsch zum Kloster jedesmal weit war und sie ohnehin genug in Haushalt und Praxis zu tun hatte. Das Fieber hielt sich in Grenzen, dennoch mußte meine Tochter sehr leiden.

Bald stellten sich die üblichen schweren Leib- und Kreuzschmerzen ein. Hierauf folgte die Lähmung des Nasen- und Rachenraumes mit dem quälenden Speichelfluß, ein Gefühl der Trockenheit im Mund und Schluckbeschwerden. Zeitweise war die Rede- und Denkfähigkeit durch Lähmung eingeschränkt. Darauf folgten Phasen der Benommenheit. Alle klassischen Merkmale einer schweren Typhuserkrankung waren zu erkennen.

Als sich der Krankheitszustand in der dritten oder vierten Woche der Krisis zuneigte, konnte ich Schwester Quiniberta überreden, mich eine Nacht an ihrer Stelle wachen zu lassen, damit sie endlich einmal ausschlafen konnte. Als ob ich den Höhepunkt der Krise geahnt hätte: In dieser Nacht erreichte die Krankheit ihren Gipfel. Sibylle schwitzte derart, daß ich ihr halbstündlich ein anderes Hemd anziehen mußte. Das war kein normales Schwitzen mehr, das Wasser sprudelte förmlich aus dem Körper, und zwar aus sämtlichen Poren. Sibylle war halb bewußtlos. In dieser Nacht injizierte ich ihr verschiedene Herzmittel. Als der Morgen nahte, erschien Schwester Quiniberta frisch gestärkt und übernahm die nächste Wache. Ich fuhr übermüdet auf dem Rad nach Pitschen zurück und begann mit der Sprechstunde.

Am Nachmittag mußte ich wieder nach Röstfelde in das Arbeitslager, wo ich zwei Stunden lang zu tun hatte. Dort bekam ich Streit mit dem polnischen Verwalter wegen der schlechten Unterbringung der kranken Deutschen. Nach einer erregten Auseinandersetzung nahm er mir das Rad weg, und ich machte mich zu Fuß auf den Heimweg. Am Ausgang des Dorfes kam mir mein Sohn Hans entgegen. Er war mir mit einem Fahrrad vom Kloster entgegengefahren, mit der traurigen Nachricht, daß Sibylle im Sterben liege. Ich nahm sein Rad und raste nach Auenfelde, während mein Sohn sich zu Fuß auf den Heimweg machte.

Unterwegs holte ich noch einige herzstärkende Medikamente aus dem Behandlungszimmer und traf dabei auf den polnischen Geistlichen, den man geholt hatte, um Sibylle das Sterbesakrament zu spenden. Auf dem Weg kam uns ein weiterer Bote entgegen, der den Pfarrer aufforderte, so schnell wie möglich zu der Sterbenden zu kommen. Ich gab dem Pfarrer mein Fahrrad und folgte ihm zu Fuß.

In diesem Augenblick war ich sehr verzweifelt und hatte schon die Hoffnung aufgegeben, mein Kind noch einmal lebend wiederzusehen. Während ich im deutschen Arbeitslager war, hatte sich im Kloster Jaschkowitz folgendes zugetragen: Meine Frau war mit Hans am Nachmittag zu Besuch zu Sibylle gegangen. Mutti saß an Sibylles Bett und Hans draußen vor der Tür, da er wegen der Gefahr der Ansteckung nicht in das Krankenzimmer durfte. Plötzlich bemerkte meine Frau, daß Sibylle leichenblaß wurde und die Finger und die Lippen sich dunkelblau verfärbten. Sibylle fiel in Ohnmacht. Schwester Quiniberta, die schon oft bei Sterbenden am Bett gesessen hatte, sagte leise zu meiner Frau: »Sibylle stirbt, schnell, holen Sie den Geistlichen.«

Am Tage vorher hatte Sibylle mir an ihren Armen dunkle Flecken gezeigt, von denen wir glaubten, daß es nur Druckstellen vom Liegen wären. Dabei waren es bereits Stauungsmerkmale, also Herz-Kreislauf-Beschwerden. Mein zu Tode erschrockener Sohn wurde nun mit einem alten Damenfahrrad auf die Suche nach mir geschickt. Wenig später folgte ein anderer Bote, der den Pfarrer suchen sollte.

Schwester Quiniberta entzündete die Sterbekerze neben dem Bett. Sibylle lag halb bewußtlos da und konnte kein Wort sprechen. Die Schwester gab ihr rasch eine Kampferspritze und meinte: »Ob sie noch nützt, weiß ich nicht, aber jedenfalls kann sie nicht schaden.« Die Frauen weinten still vor sich hin, während die Oberschwester betete. Mit der einen Hand stützte meine Frau ihre Tochter, mit der anderen umklammerte sie die Sterbekerze.

Der Geistliche erreichte vor mir das Krankenzimmer. Er war Bug-Pole und sprach kein Wort deutsch. Als er ankam, wollte er Sibylle die Beichte abnehmen. Sibylle aber konnte kaum ein Wort sagen, geschweige denn polnisch sprechen. Da bat er die Schwester, die Fragen und Antworten vom Polnischen ins Deutsche zu übersetzen. Die katholische Schwester weigerte sich aber, diesem Wunsch nachzukommen, und meinte: »Das ist doch eine Verletzung des Beichtgeheimnisses.« Und sie meinte, das fünfzehnjährige Mädchen hätte nun wirklich keine Todsünden zu beichten.

Auf meinem Fußmarsch nach Auenfelde machte ich mir Vorwürfe, daß ich nicht schon früher einen Geistlichen geholt hatte, denn Sibylle schwebte ja schon einige Tage in Lebensgefahr. Etwa sechs Kilometer von uns entfernt, in Reisig, jenseits der Prosna, wohnte ein polnischer Geistlicher, der perfekt Deutsch sprach. Er hatte während der Hitlerzeit wie die meisten polnischen Geistlichen in Haft gesessen und in dieser Zeit tagsüber in einer Hefefabrik in Konstadt als Schreibkraft gearbeitet. Ihn hatte ich schon zweimal gebeten, Sibylle doch im Kloster aufzusuchen und ihr das Sterbesakrament zu erteilen – die Letzte Ölung. Doch er kam nicht, sondern ließ mich wissen, er hätte keine Zeit und keine Gelegenheit, von Reisig nach Auenfelde zu reisen.

Auch an einen deutschen Geistlichen in Bienendorf (jetzt Lowkowitz) hatte ich mich hilfesuchend gewandt. Der Ort war bekannt durch den Bienenvater Djerson, der dort auf dem Friedhof beerdigt ist und erst kurz vor seinem Tode als katholischer Geistlicher in den Schoß seiner Kirche zurückgekehrt war. Jahrelang hatte er seiner Kirche den Rücken gekehrt, denn er konnte an das Dogma der »unbefleckten Empfängnis Marias« nicht glauben, nachdem er sich eingehend mit der Befruchtung der Bienen wissenschaftlich befaßt hatte.

Dieser Bienendorfer Pfarrer mit Namen Schampera, den ich persönlich kannte, weil er einer meiner Patienten war, hätte einen Anmarschweg von zehn Kilometern gehabt. Er ließ mir damals ausrichten, er könne zwar die Hinreise mit der Bahn machen, ich müßte aber für seine Rückreise einen Pferdewagen besorgen, was für mich unmöglich war. Kein Mensch, jedenfalls kein Deutscher, hatte damals irgendein Fahrzeug. Nur die Russen besaßen Pferde und Wagen.

Denselben Pfarrer bat ich auch durch einen Freund meiner Söhne, durch Sepp Rudzki, ob er nicht eine Flasche Cognac gegen eine Flasche reinen Alkohol mit mir tauschen könnte. Ich hatte in einem medizinischen Lehrbuch gelesen, daß Cognac gut zur Stärkung eines Thypuskranken sei. Aber auch diesen Wunsch konnte der Pfarrer mir nicht erfüllen.

Ich weiß nicht, ob ich unrecht hatte, aber ich kam damals zu der Überzeugung, daß diese Geistlichen mehr um ihre Bequemlichkeit denn um das Seelenheil ihrer Schäfchen besorgt waren. Schließlich waren zehn Kilometer Fußmarsch bei einem schönen Herbstwetter durchaus zu schaffen.

Ich jedenfalls als Arzt habe in meinem Leben größere Strapazen auf mich genommen, um todkranken Patienten zu helfen. Ich konnte dem Bienendorfer Pfarrer lange nicht vergessen, daß er es unterließ, meiner schwerkranken Tochter als Pfarrer zu helfen, obwohl er mich gut kannte und von mir immer gut behandelt worden war.

Der polnische Geistliche am Sterbebett meiner Tochter ließ sich von der Schwester überzeugen, daß doch ein junges Mädchen wohl kaum so schwere Sünden haben könne, daß es unbedingt die Beichte ablegen müsse. Er verzichtete angesichts ihres Zustandes schließlich auf das Beichten, gab Sibylle die letzte Kommunion und die Letzte Ölung, wie er glaubte. Schwester Quiniberta verabreichte Sibylle noch eine Kampferinjektion. Sie konnte nicht wissen, daß sie ihr wahrscheinlich damit das Leben rettete.

An der Klosterpforte begegnete ich dem polnischen Pfarrer, der mich tröstete und meinte, daß dieser Kollaps vielleicht nur auf übermäßige Traubenzucker-Injektionen zurückzuführen sei, die das Blut verdickten. Er war als Geistlicher vom Bug, das heißt als Amateurmediziner ein alter Praktiker, der seine eigenen Erfahrungen mit Typhuskranken gemacht hatte. Der Pfarrer sollte recht behalten, denn Sibylle fiel nur in einen tiefen Schlaf. Am Puls war nichts auszusetzen, und meine Frau und ich konnten zwei Stunden später die Wache an ihrem Bett abbrechen. Nachdem wir uns in der Klosterküche an einer Tasse starken Bohnenkaffees gelabt hatten, gingen wir beruhigt nach Hause. Die Krisis war überwunden.

Von diesem Tag an besserte sich der Zustand meiner Tochter zusehends. Am 1. Oktober konnten wir ihren Geburtstag feiern. Sibylle lag im Schwesternzimmer auf einer Couch, noch sehr schmal und sehr blaß, aber glücklich, daß sie das Schlimmste überstanden hatte. Die Schwestern hatten eine Kaffeetafel gedeckt, Mutter hatte einen Kuchen gebacken. Leider durften die Klosterschwestern wegen ihrer strengen Ordensvorschriften nicht mit uns Bohnenkaffee trinken. Für sie gab es nur eine Tasse Tee. Aber wir alle freuten uns über die Genesung. Die kleine Kristine wollte unbedingt zu ihrer großen Schwester auf die Couch klettern.

Meine Frau hatte ihrer Tochter einen schönen blauen Pullover gestrickt, über den sich Sibylle natürlich sehr freute. Auch unser treuer Hausgenosse, der Russe Jannek, kam zum Geburtstagkaffee und brachte als Geschenk eine Tüte Weintrauben und zwei geräucherte Würste mit, deren Duft Sibylle wonnevoll einatmete, essen durfte sie so schwer verdauliche Nahrungsmittel natürlich noch lange nicht.

Für uns gab es guten schlesischen Streuselkuchen in großen Mengen. Auch meine Cousine Barbara, eine Polin aus Kempen, war zu der Geburtstagsfeier gekommen. Da meine Tochter noch sehr schwach war, feierten wir anschließend zu Hause weiter. Vor Freude waren wir so ausgelassen, daß ich versuchte, dem Russen »Rheinländer mit Damenraub« beizubringen, einen Tanz, den er natürlich nicht kannte. In Ermangelung eines Plattenspielers oder eines Radios wurde die Begleitmusik dazu von uns gepfiffen. Auch Frau Kramm beteiligte sich an der Tanzstunde für den Russen. Jannek war wie so viele Russen ein begabter und leidenschaftlicher Tänzer. Er war begeistert, daß er die Auswahl zwischen so vielen Tänzerinnen hatte.

So verging der Abend wie im Fluge, wir genossen unser kleines Glück, denn wir ahnten ja nicht, was uns schon am nächsten Tag bevorstand. Nur vierundzwanzig Stunden danach saßen wir zusammengepfercht in einem geschlossenen Viehwaggon, jeweils fünfzig Personen zusammen eingesperrt, unterwegs zu einem unbekannten Ziel.

Anfang Oktober gab es im Kreis Kreuzburg bereits eine Reihe von Typhuskranken. Am 1. Oktober, also am Geburtstag meiner Tochter, mußte ich siebzehn Fälle an den polnischen Kreisarzt in Kreuzburg melden. Deutsche wie Polen lagen in ihren zum Teil primitiven Unterkünften, Opfer der unzureichenden hygienischen Zustände und der mangelhaften Ernährung und Pflege. Ich erinnere mich zum Beispiel an einen jungen, robusten Polen, den der Tod bereits nach acht Tagen dahinraffte.

Noch am 2. Oktober, am Tag unserer Vertreibung, behandelte ich eine junge, bildhübsche Ehefrau, die erst ein Jahr mit einem Polen verheiratet und ebenfalls an Typhus erkrankt war. Ich glaubte damals, so eine junge, an sich gesunde Frau kannst du bestimmt noch retten. Vielleicht hätte ich das auch geschafft, wenn ich dageblieben wäre. Als ich mich später einmal nach ihr erkundigte, mußte ich hören, daß auch sie gestorben und längst beerdigt war. Wer sonst hätte ihr damals auch helfen können? So weit ging der Haß der Polen auf uns Deutsche, daß sie nicht einmal Rücksicht auf ihre eigenen kranken Landsleute nahmen, die auf den einzigen Arzt weit und breit, einen Deutschen, angewiesen waren.

Meine Familie wurde nur ausgewiesen, weil ich mich – trotz Zuredens wohlmeinender Polen – geweigert hatte, auf die deutsche Staatsbürgerschaft zu verzichten und für Polen zu optieren. Schon vor dem 2. Oktober hatte der polnische Bürgermeister, den ich schon erwähnte, versucht, mich umzustimmen, obwohl die Frist, für Polen zu optieren, für Deutsche bereits abgelaufen war. Ein Verwandter, Dr. Adam Kasprowicz, kam extra von Kempen in der Provinz Posen nach Pitschen, um mich zu überreden. Er begleitete mich auch zum Bürgermeister.

Ich machte dem Bürgermeister einen Kompromißvorschlag: »Ich bleibe als Arzt für Polen, Russen und Deutsche hier, wenn ich dafür die deutsche Staatsangehörigkeit behalten darf.« Doch das war damals unmöglich. Man verlangte sogar von uns, daß wir in der Öffentlichkeit kein Wort Deutsch mehr sprechen sollten. Meine Kinder sollten die polnische Grundschule besuchen. Doch sie weigerten sich. Vielleicht hätte man mich trotzdem noch eine Zeitlang als Arzt geduldet, doch da war als Chef des Kreiskrankenhauses in Kreuzburg ein Arzt namens Dr. Spichalzky tätig, der mich schon seit vielen Jahren kannte. Vor Kriegsende war er dort als Assistenzarzt tätig. Er grüßte damals mit »Heil Hitler« und behauptete trotz seines polnischen Namens, er wäre Deutscher. Während des letzten Kriegsjahres war er nicht mehr in Kreuzburg beschäftigt. Ich nehme an, man hatte ihn eingezogen. Von seinen Fähigkeiten als Arzt hatte ich nie viel gehalten. Außerdem lief er immer unrasiert und ungepflegt im Krankenhaus herum. Oft mußte ich ihm eine Fehldiagnose vorhalten, das hatte er mir nicht vergessen. Er soll dafür gesorgt haben, daß ich mit den anderen Deutschen Schlesien am 2. Oktober 1945 verlassen mußte.

Viele Polen konnten damals nicht verstehen, daß man einen Arzt, der fließend Polnisch sprach, hinauswarf, obwohl es an polnischen Ärzten mangelte. Doch der mißgünstige Kollege allein hätte es nicht geschafft, mich zu vertreiben, obschon die Polen bereits im August begonnen hatten, anderenorts Deutsche auszuweisen. Behilflich war ihm einer der drei damals in Kreuzburg residierenden Landräte namens Liss. Er soll Dr. Spichalzkys Schwiegervater gewesen sein. Jedenfalls war dieser Landrat Liss ein Deutschenhasser.

Er ließ es sich nicht nehmen, am 2. Oktober Augenzeuge zu sein, wie die letzten Deutschen in Pitschen zusammengetrieben und auf dem Güterbahnhof in Viehwagen verfrachtet wurden. Mit einem grünen Hütchen bekleidet, stand er grinsend neben dem Milizbeamten und sah zu, wie wir in die Waggons getrieben wurden. Mit diesem Polen sollte ich noch einmal einen unerfreulichen Zusammenstoß haben.

Vertreibung aus der Heimat

Am 2. Oktober, es war ein regnerischer Herbsttag, saßen wir gemütlich bei einer Tasse Kaffee und machten Zukunftspläne. Was erwartete uns, ein Nachkriegswinter im zerstörten Pitschen oder aber eine Ausreise mit der Roten Armee nach Innsbruck? Der Antrag, uns mitzunehmen, war bereits gestellt. Wir saßen also am frühen Nachmittag in fröhlicher Runde zusammen mit der Hebamme Olschimke, ihrer Tochter und Frau Marga Steinhoff, die ich für einige Zeit mit einem Krankheitsattest aus dem Straflager für Deutsche in Röstfelde hatte befreien können.

Plötzlich polterten Stiefel die ausgetretene Treppe empor. »Aha, aha«, dachte ich, »wieder russische Patienten!« Aber herein kamen fünf Milizbeamte, die ich persönlich nicht kannte. Einer sagte auf polnisch: »In zehn Minuten muß die Wohnung geräumt werden«, und blickte dabei auf seine wahrscheinlich gestohlene Armbanduhr. »Warum, was soll das?« – »Alle Deutschen, die nicht für Polen optiert haben, werden nach dem Potsdamer Abkommen ausgewiesen.«

Ich hatte damals zwar keine Ahnung, was die Potsdamer Vereinbarung eigentlich für die Deutschen bedeutete, aber eines begriff ich schnell. Diese Aufforderung war ernst zu nehmen. Meine Frau riß die kleine Kristine aus dem Mittagsschlaf und zog ihr in fieberhafter Eile etwas Warmes an. Hans und Helmut rafften eilig zwei Daunendecken von den Betten und stopften ein paar Kleidungsstücke in einen Rucksack. Ein junger Beamter trieb sie zur Eile an. Mich, meine Frau und die Hebamme ließen die Schergen des polnischen Geheimdienstes keine Minute aus den Augen, damit wir keine Wertsachen, Schmuckstücke oder Medikamente einpacken konnten.

»Beschlagnahmt!« sagte ein Kommissar, als ich meine Hand im Sprechzimmer nach einigen Instrumenten und Medikamenten ausstreckte, die mir mein polnischer Verwandter geschenkt hatte. Protestieren war sinnlos. Ebenso ging es meiner Frau, als sie den Schmuck aus einer Schublade einstecken wollte. Lange Zeit hatten wir ihn unter den Gürteln der Kinder eingenäht gehabt. »Beschlagnahmt! Eigentum des polnischen Volkes«, sagte mit schneidender Stimme ein Kommissar in Zivil jedesmal, wenn ich einen Wertgegenstand an mich nehmen wollte.

Diese polnischen Gestapobeamten kamen aus Kreuzburg, wie wir erst später erfahren haben, und arbeiteten in der Behörde, die Jagd auf Deutsche machte. Endlich konnten sie auch uns ausplündern. Bis dahin hatten sie uns aus Respekt vor meinen Patienten der Roten Armee in Ruhe lassen müssen. Die Unterzeichner des sogenannten Potsdamer Abkommens haben erst hinterher gemerkt, welche Konsequenzen dieses Abkommen für Millionen Deutsche haben sollte: Nicht nur aus Polen, sondern auch aus Deutschland wurden Millionen vertrieben.

Die Ausweisung, wie sie sich dann abspielte, war ein Verbrechen gegen die Menschlichkeit. Unsere Hebamme, eine sehr energische Frau, die keine Angst hatte und fließend Polnisch sprach, schimpfte heftig auf die Polen. »Ihr Verbrecher, ihr seid ja auch nicht besser als die SS!« Daraufhin jagten sie zwei Beamte aus der Wohnung.

Zufällig stand im Flur noch unser Handwagen, mit dem wir im Juni von Oberoderwitz bis Pitschen marschiert waren. Im Hinausgehen warfen wir die Wäsche und die Daunendecken auf den Wagen, setzten Kristine hinein und wurden durch die Stadt gejagt. Ein Milizbeamter schloß die Wohnung und versiegelte sie. Unterwegs begegneten wir den letzten Deutschen, die noch unter sowjetischem Schutz nicht privat gewohnt hatten und auch nicht im Arbeitslager waren. Eine Handvoll Menschen. Wie bei der Ankunft ging es wieder zum Haus des Heimatforschers Raabe. Nicht alle waren so hart angefaßt worden wie wir.

Unter den Ausgewiesenen war eine junge Frau mit einem großen Koffer, den ihr der Milizbeamte sogar hinterhertrug. Er hatte wohl seine Aufgabe nicht ganz richtig verstanden und spielte immer noch den polnischen Kavalier alter Schule. Vor der Milizstation wurden wir zusammengetrieben und auf einem Lkw zusammengepfercht. Wer nicht schnell genug dem Befehl des Kommissars in polnischer Sprache nachkam, dem wurde mit geballter Faust ins Gesicht geschlagen, auch alten Leuten.

Drei polnische Beamte kämpften mit einem geisteskranken alten Mann. Es war der Milchhändler Ollek aus Pitschen, der in seiner Umnachtung nicht gehorchen wollte und noch Bärenkräfte entwickelte, als ihn die Beamten gewaltsam auf den Lkw verfrachten wollten. Obwohl ein brutaler Bewacher mit Fußtritten und Kolbenhieben den alten Mann blutig schlug, konnte er ihn nicht dazu bewegen, auf den Wagen zu klettern. Schließlich warfen ihn drei Milizbeamte unbarmherzig auf einen leerstehenden Kastenwagen, während er fortwährend mit weinerlicher Stimme auf polnisch rief: »Laßt mich in Ruhe, laßt mich in Ruhe!«

Wir waren schockiert. Solche Behandlung Unschuldiger hatten wir bis dahin nur von Sondereinheiten der SS erlebt. Kurz bevor der Lkw mit den ausgewiesenen Deutschen anfuhr, gab es noch einen gefährlichen Zwischenfall, der beinahe zu einem Blutvergießen geführt hätte. Plötzlich stoppte ein ›Landauer‹, in dem zwei sowjetische Soldaten saßen, die gerade zu mir zur Behandlung wollten. Mit einem Satz sprang einer der beiden, ein Sergeant, heraus, stürzte auf den polnischen Offizier zu, den ein Dutzend Milizbeamte umringten, zog seine Pistole und schrie laut: »Was soll das hier?« Der arrogante Polizeibeamte nahm nicht einmal die Zigarette aus dem Mund, als er blasiert antwortete: »Die Deutschen werden ausgewiesen, auch der Doktor!«

Der Sergeant, einer meiner Patienten, entsicherte seine Maschinenpistole und sagte drohend: »Der Doktor bleibt hier. Er steht unter meinem persönlichen Schutz.« Die bewaffneten Polen, etwa zwanzig Beamte, nahmen eine drohende Haltung ein. Und der Offizier hielt dem sowjetischen Soldaten ein Dokument unter die Nase, auf dem wir namentlich genannt waren. Das Papier verfehlte seine Wirkung nicht. »Doktor, Doktor, ich muß schnell unseren Offizier holen. Als einfacher Soldat kann ich nichts dagegen machen.« Und dem Polen rief er zu: »Zum Teufel mit deinem Potsdamer Abkommen. Haben wir den Krieg gewonnen oder ihr?« Dann sprang er in den Wagen und raste zurück zum Gutshof, um seinen Oberleutnant zu holen.

Das war das Signal für die Polen, uns schnellstens abzutransportieren. Ein kurzer Befehl in herrischem Ton, und der Fahrer des Lkw fuhr schnell los in Richtung Bahnhof. Ich sah noch, wie die beiden russischen Soldaten auf dem ›Landauer‹ in Richtung Alteichen davonrasten. Auf dem Güterbahnhof, wo ein Leben lang mein Schwiegervater Franz Lepsy bei der Eisenbahn gearbeitet hatte, wurden wir in bereitstehende Viehwagen gepfercht. Nicht nur die letzten Pitschener, sondern auch etwa zweihundert Frauen, Kinder und alte Leute aus Kreuzburg und Röstfelde (Roschkowitz). Sie kamen aus Straf- und Arbeitslagern und waren in der Mehrzahl unterernährt und krank.

Auf mich – auf den Doktor – hatten es die Milizbeamten besonders abgesehen. »Wo ist der deutsche Arzt?« fragten sie immer wieder. Ein Geheimpolizist trieb mich allein in den Güterbahnhof. Dort saß grinsend ein polnischer Kommissar in einem Dienstzimmer der Bahnbeamten. Er ließ mich zuerst einmal durchsuchen. Der Milizbeamte nahm mir alles weg, meinen Füllfederhalter, meine Armbanduhr, mein Geld, meinen Mantel. Nur mein Taschentuch durfte ich behalten.

»Wenn wir Medikamente oder Instrumente bei dir finden, kommst du ins KZ«, drohte mir der Beamte. Er ärgerte sich, daß sie nicht mehr bei mir fanden. Als er auch noch mein hölzernes Hörrohr an sich nahm, bat ich ihn, mir das Instrument doch zu lassen, ich wäre Arzt. So ein Instrument sei doch für einen Laien völlig wertlos. Da schlug er mir statt einer Antwort mit der geballten Faust ins Gesicht und schrie: »Für Hitler brauchst du das Hörrohr nicht mehr.«

Die polnische Miliz hatte den Güterzug aus dem Bahnhof herausfahren lassen, damit uns die Russen nicht helfen konnten. Ich weiß allerdings nicht, ob sie wirklich versucht haben, mich herauszuholen.

Gegen Abend wurde es in den Waggons schon empfindlich kalt. Ein alter Handwerksmeister aus Pitschen, der noch einen zweiten Wintermantel in seinem Gepäck hatte, drängte mir diesen buchstäblich auf. Ich zog ihn dankbar an. Nach Einbruch der Dunkelheit kamen wieder andere Milizsoldaten in die Waggons, um erneut Leibesvisitationen vorzunehmen. Als ich ihnen ironisch erklärte, daß ihnen bereits »Kollegen« zuvorgekommen wären, nahmen sie mir zur Strafe auch den zweiten Mantel ab. Unmittelbar danach fuhr der Elendszug an. Wir stellten uns die bange Frage, wohin die Fahrt gehen würde. Ein Kontrolleur hatte uns nämlich angedroht: »Ihr kommt in ein Konzentrationslager nach Bromberg.«

Der Zug war erst wenige Kilometer gefahren, da hielt er schon wieder an – auf offener Strecke. Andere, uns fremde Milizsoldaten öffneten die Schiebetüren, kletterten mit einer Petroleumlampe in den Waggon und begannen, uns systematisch abzutasten und auszurauben. Wir hatten damals noch zwölftausend Reichsmark Papiergeld bei uns und ein Geburtsbesteck. Während der Kontrolle wanderte das Geld hinter dem Rücken von Hand zu Hand meiner Kinder. Im Dunkeln wurde das übersehen.

Brille, Bleistifte, Schuhe, Anzüge, Wäsche, alles, was den Polen begehrenswert erschien, nahmen sie erbarmungslos weg, ohne Kommentar. Zuerst war immer der Arzt an der Reihe, dann unser Bürgermeister Jelinek, die Hebamme Olschimke und ihre Tochter, der alte Kaufmann Ollek, der während der zwölftägigen Leidensfahrt schließlich völlig irrsinnig wurde, Anfälle von Paranoia bekam und nachts laut heulte. Im Dunkeln tappte er in dem überfüllten Waggon umher und trat dabei auch auf die schlafenden Kinder.

Die Stimmung wurde immer gereizter. Jede Nacht das gleiche Schauspiel, nur schlimmer. Am Tag wagten die Wachtposten nicht, uns das letzte Hemd wegzunehmen. Die Wachmannschaften wechselten fast täglich. Wahrscheinlich war ihnen gar nicht erlaubt, die Vertriebenen so auszuplündern. Aber wer kontrollierte damals schon die Kontrolleure?

Häufig wurde uns die Lokomotive weggenommen, wenn Russen sie für ihre Transporte benötigten. Dann standen wir in irgendeinem Nest auf dem Bahnhof herum. Wir hatten den Eindruck, daß die Wachmannschaften nicht recht wußten, wohin sie uns eigentlich bringen sollten. Diese Milizbeamten, die im Eilzugtempo ausgebildet worden waren und nur wenig Sold erhielten, hofften, bei uns Wertgegenstände und Geld zu finden. Freilich eine vergebliche Liebesmühe. Meine Geburtsinstrumente und das Bargeld hatten wir in einer alten Einkaufstasche unter Kartoffeln versteckt.

Auf den Bahnhöfen in Schlesien standen überall Güterzüge, voll beladen mit Baumaterial. Auch in Pitschen hatten wir erlebt, wie des öfteren Ziegelsteine, Fenster, Türen, Balken und Eisenträger verladen wurden, wodurch viele Häuser erst unbewohnbar wurden. Vor allem Warschau ist damals – was viele Deutsche niemals erfahren haben – mit diesen Bauteilen wieder aufgebaut worden. Damals glaubten nicht einmal die Polen, daß sie die deutschen Ostgebiete würden behalten dürfen, deshalb schleppten sie alles fort, was zu gebrauchen war.

Die Züge, denen wir mit unserem Transport unterwegs auf der Strecke zwischen Breslau und Görlitz begegneten, waren überfüllt. Viele Reisende standen auf den Trittbrettern und saßen auf den Dächern. Alle hatten sie gefüllte Rucksäcke und Koffer. Auch in Holzkisten und Säcken schleppten sie ihr Diebesgut aus den deutschen Ostgebieten nach Zentralpolen. Auf den großen Märkten dort wurden diese Waren dann zum Verkauf angeboten.

In der Regel hatten die Polen keine Fahrkarten, sondern waren Schwarzfahrer. Sie hofften, daß die Schaffner sie unterwegs überhaupt nicht kontrollieren würden. In der Regel war das auch der Fall, aber es gab Ausnahmen. Einmal beobachtete ich, wie der Fahrkartenschaffner das Gepäck eines Reisenden einfach aus dem Zug warf, weil der sich weigerte, eine Fahrkarte zu kaufen. Dem blinden Passagier blieb nichts anderes übrig, als an der nächsten Station auszusteigen und zu Fuß wieder zurückzulaufen. Wer weiß, ob er danach sein Gepäck noch neben den Schienen wiedergefunden hat.

In unserem Viehwaggon war nicht genug Platz, um sich hinzulegen. Wir mußten auf dem Boden sitzen. Nach Einbruch der Dunkelheit wurden die Türen geschlossen, damit die Wachmannschaft ungestört schlafen konnte. Sie öffnete nicht einmal dann die Türen, wenn die Kinder hinausmußten, um ihre Notdurft zu verrichten. Alles Rufen, Klopfen und Donnern mit den Fäusten gegen die Türen war sinnlos. Die Wachmannschaft hatte sich so weit vom Zug entfernt, daß sie uns gar nicht hören konnten. In den Waggons war es stockdunkel, Kerzen hatten wir auch nicht. So wurde jede Nacht im Viehwaggon zur Hölle für uns alle.

Ein Milizbeamter, bei dem ich mich wegen dieser Behandlung beschwerte, antwortete mir lakonisch: »Den Juden ging es ja bei euch auch nicht besser.« Wir Vertriebenen mußten nun büßen für die Greueltaten anderer Deutscher, obwohl wir nichts dafürkonnten. Unseren Halbschlaf in den schmutzigen, stinkenden Waggons störten zunehmend Hunderte von Läusen. Mitreisende hatten sie aus dem Arbeitslager Röstfelde mitgebracht. Am Tage versuchten wir dann, das Ungeziefer wieder loszuwerden, denn diese Tierchen verbreiteten auch ansteckende Krankheiten.

Eine junge Frau aus Pitschen, die nach der Vergewaltigung

durch Russen während eines Bombenangriffs deutscher Sturzkampfflugzeuge irrsinnig geworden war, belästigte im Dunkeln unsere Kinder durch lautes Wimmern und Schreien von unverständlichen Lauten. Die Nerven der übermüdeten, hungernden und malträtierten Mitreisenden waren allmählich zum Zerreißen gespannt. Und nur mit Mühe und gutem Zureden konnten Schlägereien um Schlafplätze und Essensreste vereitelt werden.

Hin und her, kreuz und quer durch Schlesien ging die Fahrt mit dem Elendstransport. Alle Konzentrationslager für Deutsche, in denen man uns gern abgeliefert hätte, waren zu unserem Glück bereits überfüllt. Immer mehr Waggons mit Deutschen wurden an unseren Zug angehängt, schließlich waren wir mehrere tausend. Tagsüber hatten wir oft stundenlang auf Bahnhöfen oder auf offener Strecke Aufenthalt. Zwölf Tage lang gab es weder etwas zu essen noch etwas zu trinken. Also mußten wir versuchen, Wasser zu holen und Kartoffeln, Gemüse oder Rüben von den Feldern zu stehlen und auf der Strecke zu kochen.

Immer, wenn die Lokomotive beschlagnahmt war oder keine Kohlen mehr hatte, nutzten wir die Gelegenheit, auf den Feldern nach Rüben zu suchen. Da wir Hunger hatten, riskierten wir alles, um zu überleben. Rostige Konservendosen und alte, halbzerschlagene Töpfe dienten uns als Kochgefäße auf dem Lagerfeuer. Wir rissen die Zäune an den Bahnhöfen ab und verarbeiteten sie mit der stumpfen Axt eines Kreuzburgers zu Brennmaterial.

Manchmal versuchten uns die Polen dabei zu stören, indem sie – wenn die undefinierbare Suppe fast fertiggekocht war – Warnschüsse abfeuerten und uns energisch zum Einsteigen aufforderten: »Der Zug fährt sofort ab!« Unser Hunger war allmählich so groß, daß uns nichts mehr erschüttern konnte. Wir blieben einfach vor unseren Kochtöpfen sitzen. Ein Kreuzburger entfernte sich sogar einmal auf seiner Hamstertour für zwei Tage und erreichte dann den Zug zu Fuß erst wieder in Breslau. Gesucht hatte ihn niemand.

Einige, vor allen Dingen ältere Menschen waren schon so geschwächt und apathisch, daß sie gar nicht mehr versuchten, sich Nahrung zu organisieren. Sie hockten mit glasigen Augen im Waggon und verhungerten allmählich. In dieser Situation, wo es um das nackte Leben ging, bestand kaum eine Möglichkeit, anderen zu helfen, wenn man wie wir vor Hunger und Entbehrung weinende Kinder hatte. Zwölf Deutsche starben mir unter den Händen weg. Weitere nach unserer Ankunft in Görlitz.

Ich konnte Schwerkranken nicht helfen. Ich hatte keine Medikamente und kein Verbandszeug. Ich hatte kein Wasser und keine Nahrung. Jeden Tag starb ein Mitreisender, darunter ein Kreuzburger Lehrer und die Sekretärin vom Landratsamt der Kreisstadt, Frau Ertel. Die Namen der übrigen Toten sind mir entfallen. Der erste, der wegen Hungers starb, fuhr zwei Tage lang als Leiche im Waggon mit, bis wir den Odertor-Bahnhof erreichten. Dort wurde der Mann verscharrt. Deutsche durften damals nicht auf Friedhöfen beerdigt werden. Selbst streng katholische Polen verweigerten ihnen diesen letzten Dienst. Ein polnischer Geistlicher, dem ich einmal deswegen Vorhaltungen gemacht hatte, hatte mir knallhart gesagt: »Erst bin ich Pole, und dann bin ich Katholik!«

Die Milizbeamten erlaubten wenigstens, daß die Toten in einen leeren Waggon gebracht wurden, nachdem ich sie gewarnt hatte, auch sie könnten sich bei einer Epidemie anstecken. Immer wenn wir einen größeren Bahnhof erreichten, legten wir die Toten zwischen die Schienen und bedeckten ihr Gesicht mit Pappe. Etwas anderes hatten wir nicht. Einmal wagten wir, eigenmächtig einen Toten auf einem Bahndamm notdürftig zu bestatten. Die Miliz erwischte uns dabei, und die Beamten zwangen uns, den Leichnam wieder auszugraben.

Auf dem Bahnhof Odertor fand ich endlich einen polnischen Katholiken, einen Eisenbahner, der bereit war, für die Bestattung eines Toten zu sorgen, den wir gerade mit uns führten. Der Tote war ein deutscher Eisenbahner, wahrscheinlich aus Kreuzburg. Der Beamte bat mich aber, auf dem Totenschein nicht etwa die Todesursache »Unterernährung« einzutragen, sondern »Herzschwäche«. Ich wunderte mich darüber. »Unter dem Kommunismus stirbt niemand vor Hunger, auch kein Deutscher!« Am 5. oder 6. Oktober 1945 wurde der Leichnam auch tatsächlich vorschriftsmäßig von einem Kommando der Bahnpolizei abgeholt und weggebracht.

Meine Frau war besonders deprimiert, denn wir hatten nur drei unserer Kinder bei uns. Ihre Gedanken kreisten um Sibylle. Was würde sie wohl ohne uns machen? War sie noch im Kloster Jaschkowitz? Würden wir sie wiedersehen? Am zweiten Tag unserer Odyssee versuchten wir in Breslau am Odertor-Bahnhof den Zug heimlich zu verlassen, als von einer Lokomotive längere Zeit nichts zu sehen war.

Zufällig gerieten wir auf den erlaubten schwarzen Markt, der gar nicht so leicht zu finden war. Zum Ausgang des Bahnhofs konnte man nur über meterhohe Berge von Unrat stapfen, den Bug-Polen einfach aus den Umsiedlerzügen auf die Gleisanlagen geworfen hatten. Auf diesem Markt wurde alles gehandelt: Lebensmittel, Textilien und Tabak. Einige polnische Händler priesen ihre wahrscheinlich gestohlenen oder gehamsterten Waren in deutscher Sprache an, denn die Mehrheit der Kunden waren in Breslau verbliebene Deutsche, die hungern mußten.

Für dreißig Reichsmark ergatterte meine Frau Helene ein Viertelpfund Wurst. Ein Geschäftemacher wollte mir für einige hundert Zloty und Tabak meinen einzigen Anzug abschwatzen. Ich hatte aber nichts anderes anzuziehen. Für eine Armbanduhr bekamen wir einen Liter Sahne. Daraus machten wir später in einer Thermosflasche Butter. Eine Köstlichkeit! Frische Butter! Tagelang hatten wir nur von Kartoffeln und Rübensuppe gelebt.

Im Bahnhof Odertor stand auch ein russischer Transport, Heimkehrer. Ich versuchte, Brot von den Soldaten zu erbetteln. Aber sie wollten nur Lebensmittel herausrücken, wenn wir junge Frauen des Nachts in ihre Waggons schicken würden, wofür wir uns »bedankten«.

Russinnen aber, die die Feldküche im »Speisewagen« des Güterzuges bedienten, hatten ein Herz für Kinder. Sie schenkten Helmut ohne Erlaubnis warme Suppe und ein Stück Brot. Überhaupt waren die Frauen in Uniform viel menschlicher als die männlichen Soldaten. Auch damals gab es Russen und Polen, die barmherzig waren. Aber sie durften ihr Mitleid nicht öffentlich zeigen.

In den Augen der meisten Polen hatten wir ein unverzeihliches »Verbrechen« begangen: Wir waren als Deutsche nach Kriegsende in unsere angestammte Heimat zurückgekehrt. In – wie sie es nannten – »uraltes polnisches Gebiet«. Die Polen wollten nichts davon wissen oder wußten es nicht, daß unsere Vorfahren seit Jahrhunderten dort gelebt hatten und Deutsche dort seit mehreren hundert Jahren ansässig waren, auch wenn es in manchen Orten polnische Minderheiten gab.

Unser Irrtum war, daß wir bei der Rückkehr in die Heimat glaubten, Polen und Russen würden menschlicher sein als fanatische oder irregeführte SA- und SS-Leute. Aber wir wurden – besonders in jenen Oktobertagen während des Transportes von Oberschlesien nach Mitteldeutschland – grausam belehrt, daß blinder Haß, Unmenschlichkeit, fanatische Dummheit und Brutalität kein Privileg der Schergen Hitlers waren. Leider haben viele Polen und Russen Deutschen ähnliche Untaten zugefügt wie Deutsche den Juden.

Auf dem Odertor-Bahnhof in Breslau machten wir einen Fluchtversuch. Meine Frau wollte unbedingt zurück, um unsere Tochter Sibylle zu holen. Ein blutjunger Milizsoldat wollte uns angeblich helfen. Ich schenkte ihm meine letzte Armbanduhr und einige hundert Zloty. Nach Einbruch der Dunkelheit kletterten wir heimlich aus dem Waggon und schlichen auf der Rückseite des Zuges Richtung Bahnhof. Dann überquerten wir mit unseren wenigen Habseligkeiten in der Hand, wie verabredet, die Gleisanlagen. Die Kinder keuchten im Laufschritt hinter mir her, der Bahnhofshalle entgegen. Dort hofften wir, im Strom der polnischen Reisenden unterzutauchen. Wir sahen genauso abgerissen aus wie die polnischen Fahrgäste. Wir hofften, den Zug nach Oppeln zu erreichen.

»Halt, wo wollt ihr denn hin?« schrie plötzlich ein Eisenbahnbeamter und alarmierte die Wache. Im Nu waren wir erwischt. Der bestochene Bewacher war auch da. »Es hat keinen Zweck, ihr müßt zurück«, flüsterte er mir zu. Laut sagte er: »Wozu wollt ihr nach Pitschen zurück, dort werdet ihr doch wieder ausgewiesen!«

Enttäuscht, daß der Versuch, auf eigene Faust zurückzufahren, mißlungen war, mußten wir wieder in das bedrückende Innere des Viehwaggons hineinkriechen. Erst viel später waren wir froh darüber.

Am nächsten Morgen, als wir aus dem Dämmerschlaf erwachten, rollte der Leichenzug wieder. Die Tür war einen Spaltbreit geöffnet, und wir spähten angestrengt hinaus, um zu erkunden, auf welcher Strecke wir eigentlich waren. Endlich, gegen zweiundzwanzig Uhr, hielt der Zug. Die Lokomotive wurde wieder einmal abgekoppelt. Die Waggons wurden geöffnet. Wir sprangen heraus und streckten unsere eingeschlafenen Glieder. Die Frauen suchten Wasser, die Kinder Holz.

Weit und breit war keine Menschenseele zu sehen. Nur vor einer windschiefen Baracke standen Rotarmisten Wache. Es handelte sich um ein sowjetisches Munitionsdepot. Wir entfachten ein Feuer und kochten Kartoffelsuppe aus unseren letzten Reserven. Viele Vertriebene waren so apathisch, daß sie nicht einmal ins Freie kamen. Gegen Morgen tauchte eine neue Begleitmannschaft auf. Die Männer kamen aus dem nächsten Dorf.

Zuerst trauten wir unseren Augen nicht. Polnische Soldaten in deutschen SS-Uniformen mit Pelzmänteln und Winterstiefeln der deutschen Rußlandarmee. Über die Schultern hatten sie scharf geladene Karabiner gehängt. »Wo ist der Doktor?« war die erste Frage. Als ich mich gemeldet hatte, blaffte mich der Unteroffizier der Polen an: »Du sorgst dafür, daß alle Deutschen in einer Stunde abmarschbereit sind. Ihr müßt zwölf Kilometer bis Görlitz zu Fuß laufen.«

Endlich wußten wir, wo wir waren. Die Leidensgenossen kletterten aus den Waggons. Viele waren so geschwächt, daß sie sich sofort wieder auf die Erde setzten oder legten und sich weigerten, auch nur einen einzigen Schritt zu laufen. Mein Zureden, daß sie noch dieses Opfer bringen müßten, um nach Deutschland zu kommen, in die damals sowjetisch besetzte Zone, war ziemlich ergebnislos. »Wir können nicht mehr. Die Kinder, Frauen und alten Leute sind entkräftet. Sie wollen lieber erschossen werden, als weiterzulaufen.«

Der Kommandant tobte und fluchte, als ich ihm das erklärte. »Ich stelle euch Hunde alle an die Wand.« Ich zuckte nur mit den Achseln.

Gewaltanwendung bei der Räumung des schmutzigen Waggons, Warnschüsse in die Luft und lautes Fluchen – nichts half. Die Mehrzahl der Alten und Kranken blieb einfach im Regen auf dem bloßen Erdboden neben den Gleisen liegen. Da bequemte sich der Anführer, Leiterwagen aus dem nächsten Dorf herbeizuschaffen. Pferde gab es freilich nicht. Die Bündel und die Alten, Kranken und Schwachen wurden von uns verladen. Die Kinder und die Frauen mußten laufen. Polen faßten nicht mit an. Langsam trotteten wir los: Richtung Görlitz-Ost.

Görlitz war geteilt. Der Osten war »polnisch«, der Westen gehörte zur sowjetischen Besatzungszone. Kinder und einige wenige alte Männer im Windschatten des schwankenden, voll bepackten Wagens. Die vor uns liegenden zwölf Kilometer waren die schlimmste Strapaze auf der zwölftägigen Fahrt von Pitschen nach Görlitz.

Am dreizehnten oder vierzehnten Tag seit der Ausweisung erreichten wir – völlig erschöpft und durchnäßt – die zerschossene Stadt Görlitz. Sie war nicht mehr wiederzuerkennen. Kurz vor dem Übergang über die Neiße trieb man uns plötzlich auf den Innenhof einer Behörde oder einer Kaserne. Hier warteten schon zweitausend andere Deutsche. Betrunkene und grobschlächtige Milizsoldaten und Kommissare der polnischen Geheimen Staatspolizei wollten noch einmal ihr Mütchen an uns kühlen, ehe sie uns über die Neiße trieben.

Angeblich war eine strenge Kontrolle nötig, um, wie es über Lautsprecher hieß, »Rundfunkgeräte, Fotoapparate und andere Wertgegenstände zu beschlagnahmen, die Eigentum des polnischen Volkes sind«. Es war ein Hohn. In Wirklichkeit wurden wir bis aufs Hemd ausgeplündert. Viele der Beamten waren betrunken. Wir zitterten besonders um das Geburtsbesteck, von dem ich mich nicht hatte trennen können.

Was sich auf diesem Hof abspielte, war menschenunwürdig.

Zu Fuß über die Neiße

Ein betrunkener Pole stülpte roh den Kinderwagen einer zitternden jungen Frau um. Das Baby fiel samt Bett und Kissen auf die Erde und begann laut zu schreien. Gierig untersuchte der Pole den Boden des Wagens nach versteckten Kostbarkeiten. Er fand aber nur Ausweispapiere und Dokumente, natürlich mit dem Hakenkreuz. Da trat er die Papiere wütend in den Schmutz. Die Frau bekam eine Ohrfeige.

Ein anderer Pole hatte bei einem alten Eisenbahner aus Kreuzburg dessen sorgsam gehütete Auszeichnungen aus dem Ersten Weltkrieg gefunden. Unter dem höhnischen Gelächter seiner Genossen heftete er das Verwundetenabzeichen, das Eiserne Kreuz und einen Orden für fünfundzwanzigjährige Dienste bei der Eisenbahn an das Hinterteil der Hose und zwang den alten Mann später, so durch die Stadt zu gehen.

Ein betrunkener Offizier versuchte, eine junge Frau zu vergewaltigen. Nur dem Eingreifen besonnenerer polnischer Beamter hatte sie es zu verdanken, daß ihr diese Demütigung vor allen anderen erspart blieb. Nicht zufällig waren damals fast so viele polnische Milizsoldaten geschlechtskrank wie sowjetische Soldaten. Wo Frauen noch Mehl, Zucker oder Mondamin in Tüten gerettet hatten, wurden ihnen die Nahrungsmittel abgenommen oder in den Schmutz getreten.

Meine Kinder zitterten vor Angst, die Kontrolleure könnten meine Instrumente in der Tasche unter den Kartoffeln entdecken. Die Polen hatten mich immer wieder davor gewarnt, Medikamente oder Instrumente zu behalten. »Wenn wir dich dabei erwischen, wirst du erschossen«, versuchten sie mich immer wieder einzuschüchtern. Aber ich hatte mich von meinen letzten Instrumenten nicht trennen können.

Scham, Zorn und Angst war in den Augen der gedemütigten Deutschen zu lesen. Diese Racheakte waren des polnischen Volkes unwürdig und wurden von der Masse der Bevölkerung auch nicht gebilligt, weshalb sie wohl auch in der Regel unter Ausschluß der Öffentlichkeit stattfanden.

Jeder Taugenichts und jeder Verbrecher konnte damals Milizbeamter werden, wenn er nur scharf genug gegen die Deutschen vorging. Unsere Berichte darüber wurden später von den Polen als »Verleumdung« und »revanchistische Hetze« zurückgewiesen. Wer wie die vielen ausgewiesenen Deutschen solche Scheußlichkeiten erlebt hat, weiß es besser: Eine solche Behandlung Deutscher war nicht die Ausnahme, sondern die Regel. In der lizenzierten Presse der Nachkriegsjahre wurde aber nie ungeschminkt über diese Vorgänge berichtet, oder sie wurden heruntergespielt mit dem Hinweis: »Die Deutschen haben damit zuerst angefangen.«

Hilflos, mit käsigen, ausdruckslosen Gesichtern erwarteten viele alte Leute den Tod als Erlösung. Sie konnten nicht mehr. Niemand in der vor Angst gepeinigten Masse nahm sich dieser Menschen an. Jeder handelte nur nach dem Motto: »Rette sich, wer kann.« Die Barmherzigen fürchteten Ansteckungsgefahr, die Eigensüchtigen dachten nur daran, ihr eigenes Leben zu retten und das bißchen Habe, das sie noch besaßen. Also mußte ich, »der Doktor«, der Prügelknabe, wieder für alle handeln. Mich zu finden, war auch in dieser Menge nicht schwierig. Wegen eines Ekzems, das ich mir unterwegs in Ermangelung eines Desinfektionsmittels bei der Behandlung zugezogen hatte, waren meine beiden Hände mit weißen Lappen verbunden. Damit fiel ich in der Menge sofort auf.

Wir waren eigentlich schon kontrolliert worden, da wollte ein betrunkener Uniformierter uns noch einmal schikanieren. Gott sei Dank kam in diesem Moment das Kommando: »Alle antreten zum Abmarsch nach Deutschland.« Meine Kinder liefen in der Menge mit los. Ich wurde daran gehindert. Ich erhielt den Befehl, die Sterbenden und Toten über die Neiße zu schaffen. »Wie soll ich diese Menschen denn transportieren?« erlaubte ich mir zu fragen. »Das ist deine Sache«, antwortete mir ein Kommissar.

Zwei junge Polinnen, die über uns aus einem Fenster zusahen, stippten mir kichernd Zigarettenasche auf den Kopf. Meine Frau ließ mich nicht im Stich. Wir gingen von Haus zu Haus, um ein Fahrzeug aufzutreiben. Tatsächlich gelang es mir, einen alten »Dogcart« aufzutreiben. Die anderen waren längst über die provisorische Neißebrücke in den Westen der Stadt getrieben worden, begleitet von polnischen Soldaten mit aufgepflanzten Bajonetten.

Sechs Tote und Sterbende und eine Reihe Schwerkranker waren im Hof liegengeblieben, zitternd vor Hunger, Angst und Schmerzen. Meine Kinder waren vom Strom der Ausgewiesenen mitgerissen worden und kamen getrennt auf der deutschen Seite an. Erst dort fanden sie sich wieder. Nur ihre Eltern suchten sie vergebens, denn wir verfrachteten unterdessen die Toten und die Todkranken auf den Wagen und zogen ihn mühsam bergab auf die andere Seite. Die jungen Bewacher faßten nicht mit an. Wir mußten noch einmal zurückkehren, bis alle Kranken und Sterbenden herübergeschafft waren. Je näher die Neißebrücke kam, desto schneller wurden unsere Schritte, erleichtert passierten wir die Grenze.

Hier erwarteten uns deutsche Kommunisten in weißen Hemden mit schwarzen Ballonmützen, eine rote Binde auf dem rechten Oberarm, mit Versprechungen wie: »Jetzt seid ihr im neuen Deutschland. Freut euch, bald hat alle Not ein Ende!« Dabei sollten wir nur vom Regen in die Traufe kommen. Der erste Eindruck freilich war überwältigend. Drüben alles dunkel, Ruinen, Schmutz – und auf dieser Seite hellerleuchtete und aufgeräumte Straßen und Häuser, klingelnde Straßenbahnen, die bis dicht an die Neiße fuhren, geschäftige Menschen, ärmlich, aber sauber gekleidet. Sogar ein altes Auto auf der Fahrbahn.

Lautsprecher dröhnten mit kommunistischer Propaganda: »Hier wird euch keiner mehr ausplündern. Hier ist jeder ein freier Mensch. Ihr bekommt Brot und Suppe. Die Kinder erhalten warme Milch.« Aber erst einmal wartete auf uns wieder ein Fußmarsch quer durch die Stadt bis zum sogenannten »Marinelager«, einem Barackenlager.

Nicht ortskundig und voller Ungeduld, endlich ein Dach über den Kopf zu bekommen, machten wir uns mit einem Teil der Landsleute, die noch laufen konnten, zu Fuß auf den Weg. Endlos zog sich der Gang quer durch das Stadtinnere. Insgeheim verfluchten wir die schlechte Organisation und unseren Übereifer. Aber die Straßenbahn war überfüllt gewesen. Die Passanten unterwegs betrachteten uns mit Neugierde und wohl auch voller Ekel.

Wir sahen zum Gotterbarmen aus, verdreckt, abgemagert, verlaust, mit kurzgeschnittenen Haaren und mit Krankheitssymptomen behaftet.

Eine junge Frau am Wege fragte mich erstaunt: »Wo kommt ihr denn her, aus einem Konzentrationslager?« Sie wollte nicht glauben, daß wir wirklich aus Schlesien ausgewiesen worden waren. Das »Marinelager« war eine einzige Enttäuschung für uns. Wie Heringe wurden Gesunde und Kranke zu Hunderten nebeneinander auf Strohsäcke in der Baracke gepackt. Die hygienischen Einrichtungen waren unzureichend. Milch für die Kinder, wie die kommunistischen Kommissare versprochen hatten, gab es nicht. Dafür wurden zweihundertfünfzig Gramm grobes, mit ganzen Körnern durchsetztes Brot verteilt und schwarzer Ersatzkaffee ausgeschenkt. Zweimal täglich erhielten wir pro Person einen halben Liter undefinierbare Suppe, deren Hauptbestandteil die grünen Blätter von Futterrüben waren.

Der Lagerarzt impfte alle Ankömmlinge gegen Typhus.

Und die Krankenschwestern verabreichten jedem eine Spritze DDT-Pulver, um die Verlausung einzudämmen. Vertreter des kommunistischen Magistrats der Stadt Görlitz machten uns Hoffnungen: »Bald wird es euch bessergehen. Ihr kommt mit Transporten nach Mecklenburg.« So blieb uns nichts anderes übrig, als geduldig zu warten, acht Tage lang.

Meine Frau ging zu sächsischen Großbauern in den umliegenden Dörfern, um zusätzliche Lebensmittel aufzutreiben, um zu hamstern. Obwohl die dortigen Bauern volle Scheunen und Keller hatten und Dutzende von Milchkühen im Stall, dazu Reichtümer durch den Umtausch von Lebensmitteln an Stadtbewohner angesammelt hatten, zeigten sie wenig Mitgefühl mit uns Schlesiern. Die Heimatvertriebenen waren ihnen verdächtig: »Warum seid ihr denn nicht zu Hause geblieben? Wir brauchen keine Mitesser, uns geht es selbst schlecht genug«, bekamen wir häufig zu hören.

Erst für einen kostbaren Diamanten, den ich unter dem Gürtel meines Sohnes Helmut eingenäht hatte, bequemte sich ein wohlhabender Bauer dazu, meiner Frau ein Pfund Speck und fünf Pfund Äpfel einzutauschen. Diese hartherzigen Menschen ahnten freilich damals noch nicht, daß sie später von der SED enteignet und von ihner Höfen verjagt werden würden. Diese Enteignung nannten die Kommunisten scheinheilig »Bodenreform«.

Auf den Hamstergängen von Görlitz ins Hinterland lernten wir eine Görlitzerin kennen, die uns bedauerte. Sie hatte Mitleid mit den Kindern und bot uns an, daß wir bei ihr baden und kochen könnten, solange wir im Lager bleiben mußten.

Nach acht Tagen, am 22. Oktober 1945, wurden wir wieder in einen Güterzug verfrachtet, aber die Waggons waren diesmal sauber, und wir wurden nicht eingeschlossen. Zuerst ging es in Richtung Berlin. Dort hatte der Zug zwei Stunden Aufenthalt. Ohne Papiere versuchten einige Flüchtlinge, sich aus dem Staub zu machen. Sie wollten in ein Auffanglager nach West-Berlin.

Auch wir versuchten, den Zug zu verlassen, um bei meiner Cousine Emmy Haffner in Berlin-Wilmersdorf Unterschlupf zu finden. Es gelang uns zwar, mit unserem Gepäck in einem unzerstörten Haus in der Nähe des Bahnhofs zu verschwinden, um die Abfahrt des Transports abzuwarten, doch ein Hausbewohner warnte uns davor, zu bleiben. Er behauptete, das Haus würde noch am gleichen Tag gesprengt. Vielleicht war das nur eine Ausrede, um uns loszuwerden, aber wir waren damals so verängstigt, daß wir ihm glaubten und sofort zu unserem Transport zurückkehrten.

Die Reise führte weiter nach Ludwigslust. Dort konnten wir allerdings nicht in das Auffanglager, weil bereits Typhus ausgebrochen war. Nachts war es in den Waggons schon recht kalt. Helene hatte inzwischen gelernt, mit dem Rasiermesser die Haare zu schneiden. Ich sehe mich noch an einem kalten Oktobertag gebückt vor unserem Güterwagen stehen, während sie mein Haupthaar unentgeltlich rasierte.

Schließlich erreichten wir Rostock. Auch hier wollte man uns nicht aufnehmen, also sollte der Zug in das Ostseebad Graal-Müritz weitergeleitet werden. Unterwegs hatten wir auf den Bahnhöfen schon manche Hiobsbotschaft von den Übergriffen der sowjetischen Besatzungssoldaten und der Notlage der deutschen Bevölkerung in der sowjetischen Zone gehört. Deshalb versuchten wir auf dem Rostocker Bahnhof ein zweites Mal, den Transport zu verlassen, um auf eigene Faust nach Berlin zurückzufahren, in den britischen Sektor.

Rostocker Eisenbahner rieten uns davon ab: »Fahrt erst einmal bis zur Endstation weiter, damit ihr ordentliche Papiere und Lebensmittelmarken bekommt. Dann könnt ihr immer noch nach Berlin zurück.« Also blieben wir im Zug und erreichten schließlich das Ostseebad Graal-Müritz. Auf dem Weg dorthin fuhren wir durch herbstlich buntgefärbte Buchenwälder, weit und breit waren keine Kriegsfolgen zu bemerken. Wir sahen unterwegs auch keine sowjetischen Soldaten. Schließlich kamen wir an die Küste. Vorher klopften wir unsere staubige Bekleidung aus, kämmten uns die Haare und säuberten uns, um bei der Ankunft einen guten Eindruck zu machen.

Auf dem kleinen Bahnhof des früher so bekannten Ostseebades Müritz kletterten rund zweitausend Flüchtlinge aus dem Zug. Was nun? Die wenigen Ortskommunisten, Einheimische, die schnell in die kommunistische Partei eingetreten waren, empfingen uns mit Worten, die unsere Freude ein wenig dämpften: »Zuerst müßt ihr drei Wochen lang in ein Quarantänelager, wegen Typhusgefahr.« Was blieb uns anderes übrig? Gehorsam ließen wir uns mit fünfhundert anderen Heimatvertriebenen in eine Villa in Müritz bringen, die früher ein Kindererholungsheim der NSDAP gewesen war. Dabei standen Hotels und Pensionen leer. Freilich, wir sahen heruntergekommen aus, aber das war ja nicht unsere Schuld.

Meine Familie wurde in einem Zimmer untergebracht, das zehn Quadratmeter groß war und achtundzwanzig Menschen beherbergte. In dem Raum gab es kein Bett und keine Matratzen. Wir hatten uns aber auf dem Dachboden ein eisernes Kinderbett organisiert, in dem ich zusammen mit Kristine schlief. Das Bett war so kurz, daß ich meine Beine nachts auf die Erde stellen mußte. Meine beiden Söhne, meine Frau und Marga Steinhoff lagen wie die Heringe auf dem Boden. Elektrisches Licht gab es nicht, wenn einer des Nachts über die Schlafenden hinweg das Zimmer verlassen mußte. Zum Glück hatte ein alter Mann seine Sterbekerze gerettet, die uns als Beleuchtung diente.

Die Ernährung war in den ersten Tagen einseitig und unzureichend, aber der kommunistische Bürgermeister tat, was er konnte. Er kaufte bei den Bauern im Hinterland Getreide und Kartoffeln auf. Das Getreide mußte aber erst einmal gemahlen werden, damit man uns aus dem Mehl Brot backen konnte.

Tagelang blickten wir hoffnungsvoll auf die holländische Mühle, bis sich ihre Flügel zu drehen begannen. Es dauerte jedoch vier Tage, bis wir die erste warme Suppe und ein Stück Brot dazu bekamen. Die Portionen waren zwar klein, aber bekömmlich. Fortan gab es Brot, Kaffee, Kohlrübensuppe und manchmal sogar etwas Quark. Die Gemeinde war auf so einen Flüchtlingsstrom überhaupt nicht vorbereitet.

Ich ging heimlich in den nahen Hochwald an der Küste und suchte Pilze, um unseren Speisezettel etwas zu bereichern. Aber überall standen sowjetische Posten, die Angst davor hatten, daß englische oder amerikanische Unterseeboote landen könnten, um Spione abzusetzen. Die Sowjets trauten ihren Alliierten nicht und hatten eine panische Angst vor Sabotage und Spionage. Kein Wunder nach der jahrelangen Hetzpropaganda auch gegen die westlichen Alliierten.

Wir wurden entlaust, ein weiteres Mal gegen Typhus geimpft und mußten fünf Wochen lang in Quarantäne bleiben. Meine Hebamme, die auch im Lager war, beteiligte sich wie ich an der medizinischen Versorgung der vielen Kranken im Haus. Als Arzt war ich auch der einzige, der gelegentlich das Lager verlassen durfte. Den einzigen Altkommunisten des Ortes, einen Arbeiter, hatte man nach dem Einmarsch prompt zum Bürgermeister ernannt, später wurde er als »nicht linientreu« im Zuge einer Säuberungsaktion seines Amtes enthoben.

Der arme Mann tat, was er konnte, aber das Mehl im Brot war zum Beispiel so grob gemahlen, daß ganze Körner darin waren, so daß manchem der Appetit verging. Unsere Enttäuschung über das kommunistische Deutschland war groß. Mißhandelt und eingeschüchtert wurden wir zwar nicht mehr, aber wir hungerten und froren und vegetierten wochenlang in dem Kinderheim, waren eingesperrt und ohne die tröstliche Gewißheit, daß unser Leben hinterher erstrebenswerter sein würde.

Und was war wohl aus unserer Tochter Sibylle geworden? Dieser Gedanke ließ uns keine Ruhe.

Unerwartete Begegnung

Eines Tages erwartete mich am Ausgang des Quarantänelagers ein kleiner Junge, der unbedingt mit mir sprechen wollte. Er überbrachte mir die Einladung einer Familie, die 1935 von Pitschen nach Graal-Müritz umgezogen war. Nach Anbruch der Dunkelheit entfernte ich mich heimlich aus dem Lager. Auf mich wartete die Familie eines Flickschusters, die früher meine Patienten gewesen waren. Den Sohn hatte ich von einer schweren Lungenentzündung heilen können. Das hatten die Eltern mir nicht vergessen.

Die inzwischen ebenfalls erwachsene Tochter arbeitete auf der russischen Kommandantur in Graal-Müritz. Frau Grasberg, die früher in der Zollstraße in Pitschen gewohnt hatte, besaß in Müritz eine eigene Wohnung. Ihre Tochter bekam auf der Kommandantur einen guten Lohn und auch Lebensmittel. Und der Schwiegersohn verdiente als Schumacher ebenfalls gut. Aus Dankbarkeit wollte sich die Familie revanchieren. Frau Grasberg kam wie ein rettender Engel, denn wir hungerten schon wochenlang im Quarantänelager. Beide beschenkten mich mit Kostbarkeiten, mit einem Kommißbrot, einem Stück Margarine, einem Pfund Zucker, drei Zigaretten und auch mit dem seltenen Salz.

Die Überraschung meiner Angehörigen war groß, als ich mit diesen köstlichen Geschenken in das Lager zurückkam. Jetzt hatten wir endlich auch Proviant, um damit die Reise nach Berlin zu wagen. Von dort aus wollte ich zurück in die Heimat, um Sibylle zu holen. Die Entscheidung fiel mir nicht leicht. War es richtig, drei Kinder und meine Frau zurückzulassen, nur um das vierte Kind herauszuholen? Eltern werden wohl immer versuchen, das Kind zu retten, das in höchster Gefahr ist. Meine anderen Kinder waren erst einmal in Sicherheit, auch wenn der Aufenthalt im Lager nicht angenehm war.

Marga Steinhoff versprach, sich solange um die anderen drei Kinder zu kümmern. Auf dem Weg zum Bahnhof war meine Frau schon so entkräftet, daß sie auf dem zwei Kilometer langen Weg hin und wieder stehenbleiben und sich an einem Baum festhalten mußte, sonst wäre sie vor Schwäche und vor Hunger zu Boden gesunken.

Zum Glück ahnten meine Frau und ich damals noch nicht, daß die Ausweisung der Deutschen erst einmal völlig gestoppt worden war. Gleich nach unserer Ausweisung reiste meine polnische Cousine, Barbara Kasprowicz, die Krankenschwester in Kempen war, zu Sibylle ins Kloster und brachte ihr schonend bei, daß wir ausgewiesen worden waren. Obwohl meine Tochter damals noch sehr schwach war, wollte sie keinen Tag länger im Kloster bleiben, sondern lieber zu ihren polnischen Verwandten nach Kempen. Meine Cousine entschloß sich also, das geschwächte Mädchen mit nach Kempen zu nehmen, wo auch mein Cousin Adam und meine Tante Emilie lebten.

Bärbel schleppte also das fünfzehn Jahre alte, noch nicht gesunde Mädchen auf ihrem Rücken mehrere Kilometer vom Kloster zum Bahnhof nach Pitschen und transportierte es per Bahn nach Kempen. Zum Laufen war Sibylle noch zu schwach. Eine Busverbindung gab es damals noch nicht, auch niemanden, der sie beide im Auto oder im Pferdewagen zum Bahnhof hätte bringen können. Aber in der Not versetzt der Wille Berge. Die beiden schafften es.

Erschwerend kam noch hinzu, daß die polnischen Mitreisenden nicht bemerken durften, daß Sibylle Deutsche war. Sie hätten das Mädchen glatt aus dem Zug geworfen, wenn sie es gewußt hätten. Also sprach meine Cousine krampfhaft laut polnisch mit ihr, vor allem wenn der Schaffner die Fahrkarten kontrollierte. So mußten die Mitreisenden glauben, zwei Polinnen wären im Abteil.

Meine polnischen Verwandten in Kempen nahmen meine

Tochter sehr herzlich auf und versuchten, sie zu trösten: »Dein Vater kommt bestimmt, um dich abzuholen, sobald er nur kann.« Allerdings glaubten sie damals selbst nicht daran, denn inzwischen war die Grenze hermetisch abgeriegelt worden. Die Alliierten hatten heftig dagegen protestiert, daß die Polen einfach alle Deutschen aus den deutschen Ostgebieten in ihre Besatzungszonen transportierten. Da mein Cousin Adam Arzt war, wurde Sibylle auch weiterhin medizinisch gut betreut und gesund gepflegt.

Illegale Rückkehr in die Heimat

Auf der Fahrt von Graal-Müritz nach Berlin hatten wir schon einen Vorgeschmack davon bekommen, wie beschwerlich das Reisen mit der Bahn war. Stralsund erreichten wir mit der Kleinbahn ohne Schwierigkeiten, dann mußten wir umsteigen. Der Zug nach Berlin war überfüllt. Wir waren froh, daß wir einen Stehplatz auf der Plattform eines Personenwagens bekommen hatten. Mit der Zeit wurden wir von anderen Reisenden, die später zugestiegen waren, eng aneinander- und in den Waggon hineingepreßt. Fast sechzehn Stunden dauerte die Reise von Rostock nach Berlin. Wir konnten uns überhaupt nicht rühren, auch dann nicht, wenn der Zug an einer Station haltmachte.

Die Militärtransporte der Russen hatten Vorfahrt, daher kam es zu häufigen Unterbrechungen. Das Brot der Pitschener Familie hielt uns aufrecht und stillte den größten Hunger. Im Abteil waren selbstverständlich nicht nur Flüchtlinge und Ausgebombte, sondern auch Hamsterer, denen es nicht so schlecht ging wie uns.

Ich hörte, wie neben mir eine pralle junge Bauersfrau beim Verzehr ihrer Sirupbrote sagte: »Ach, immer nur Sirupschnitten, die hängen mir schon zum Hals heraus.« Worauf ein hungriger Berliner antwortete: »Solange Ihnen trockenes Brot nicht schmeckt wie Zuckerkuchen, haben Sie noch keinen richtigen Hunger gehabt.« Was hätten wir damals für eine süße Sirupschnitte gegeben. Damals mußte ich oft an die Binsenweisheit denken: »Hunger ist der beste Koch.«

An einer Bahnstation kletterten plötzlich mehrere russische Soldaten mit voller Ausrüstung durch die Abteilfenster in unseren Waggon und jagten einen Teil der Reisenden hinaus, um es sich bequem zu machen. Sie stellten ihr Gepäck auf den Boden und legten sich zum Schlafen auf den Fußboden. Da ich die Mentalität der Eroberer kannte, ließ ich mich auch durch ihre drohenden Gebärden nicht einschüchtern, sondern behauptete meinen Stehplatz daneben. Da gingen sie den Weg des geringsten Widerstandes und scheuchten andere Reisende hinaus auf die Plattform.

In den frühen Morgenstunden des nächsten Tages erreichten wir das zerstörte Berlin. Erst nach Anbruch des Tages konnten wir uns zu Fuß auf den Weg zur Xantener Straße im Bezirk Wilmersdorf machen. Gegen acht Uhr klopften wir an der Tür meiner Cousine Emmy Haffner. Zuerst rührte sich drinnen nichts. Wir klopften wieder, da öffnete sich die Tür. Vor mir stand der Mann meiner Cousine, Kurt Haffner, und starrte uns an wie Gespenster. Er hatte schon seit Monaten nichts mehr von unserer Familie gehört und wußte nicht, ob wir noch am Leben waren. Ihre Gartenhauswohnung war durch die Fliegerbombardements stark demoliert. Alle Fenster waren mit Brettern vernagelt. In den Außenmauern klafften große Risse, die Wohnräume waren feucht und kalt, aber die beiden versagten uns ihre Gastfreundschaft nicht.

Ein Kreisarzt schrieb mich erst einmal für vierzehn Tage wegen Dystrophie krank, das bedeutete, daß ich auch für vierzehn Tage Lebensmittelmarken bekam.

Auf dem einzigen funktionierenden kleinen Ofen wurde erst mal ein sogenannter Ersatzkaffee gekocht. Meine Cousine Emmy hatte sogar eine Scheibe Weißbrot versteckt. Da sie im damals englischen Sektor wohnte, konnte sie solche Delikatessen gelegentlich bei Armeeangehörigen eintauschen. Die englischen Soldaten waren besonders scharf auf deutsche Briefmarken des Dritten Reiches, auf Hitlerbilder und Bücher wie »Mein Kampf«. Mit Handkuß nahmen sie auch Fotoapparate, Uhren und Radios, Volksempfänger, als Souvenirs für die Reise in die Heimat.

Das Weißbrot schmeckte uns – ausgehungert wie wir waren – natürlich besser als früher der teuerste Kuchen. Zu

Mittag gab es dann ein Phantasiegericht aus Mohrrüben und Pellkartoffeln, zum Abendbrot kauften wir uns auf dem schwarzen Markt Brot. Dieser Markt war von der Polizei lizenziert. Man mußte sogar erst auf der Wache eine Reichsmark Eintrittsgeld bezahlen, wenn man dort »schwarz einkaufen« wollte. Dort tauschte ich einhundert Reichsmark gegen ein Vier-Pfund-Brot ein und fünfhundert Mark für ein Pfund Rindfleisch. Ein Pfund Butter kostete ebenfalls fünfhundert Mark. Auf dem schwarzen Markt lernte ich einen polnischen Papierwarenhändler kennen, der mir die ersten Tips gab, wie ich eventuell nach Schlesien zurückkehren könnte.

Meine Cousine begab sich indessen auf Hamsterfahrten, um uns vier zu ernähren. Und sie hatte Erfolg. Nach zwei Tagen kam sie mit folgenden Köstlichkeiten zurück: Kartoffeln und Wurzeln, Kohlrüben und Gemüse. Dafür hatte sie etwas Tischwäsche veräußert. Endlich gab es, nach langer Zeit, wieder einmal Kartoffelpuffer.

Ich beschreibe das so ausführlich, weil nach den langen Hungerwochen unsere Gedanken dauernd nur um das Essen kreisten, und bis zu dem Tag unserer Ausweisung, dem 2. Oktober, hatten wir noch nie Hunger gelitten.

Mein Bein glühte und war geschwollen. Kühlende Umschläge brachten allmählich Besserung. In dieser Zeit versuchte ich, eine Einreiseerlaubnis nach Schlesien zu erhalten. Ich suchte deshalb die Militärmission auf, eine polnische Dienststelle in Berlin, die von einem weiblichen Hauptmann in Uniform geleitet wurde.

Obwohl ich einen guten Grund für die Rückkehr hatte, verweigerte mir die Frau jede Unterstützung und meinte nur lakonisch: »Es sind noch mehr Kinder von ihren Eltern getrennt. Eines Tages kommen die bestimmt wieder nach Deutschland, darum wird sich schon das Internationale Rote Kreuz kümmern.« Mir blieb also nichts anderes übrig, als illegal nach Schlesien zu reisen. Ich konnte das nicht als Deutscher riskieren.

Meine Frau und ich hatten gehört, daß vom Bahnhof Berlin-Lichtenberg aus an jedem zweiten Abend ein russischer Militärtransport von Berlin nach Moskau fuhr. In diesem Zug versuchten natürlich auch Zivilisten gegen Bestechungsgeld mitzureisen. Offiziell war das freilich verboten, aber für den Umgang mit der Besatzungsmacht galt noch immer die alte Weisheit: »Wer gut schmiert, fährt gut.«

Zuerst einmal mußte ich mich verkleiden, um als Pole durchzukommen. Ohne meine Verwandten, Emmy und Kurt Haffner, hätten meine Frau und ich das in dieser verwüsteten Stadt nicht geschafft.

Kurt schenkte mir einen alten Lodenmantel, eine Schiebermütze, einen Brotbeutel und einen schweren Kartoffelsack, auf den ich mich zuerst setzen und in dem ich später meine Habseligkeiten transportieren wollte. Sämtliche Papiere, die mich hätten als Deutschen entlarven können, ließ ich zurück.

Die Personenwagen dieses Zuges waren für die russischen Soldaten bestimmt. Für polnische Zivilisten hatte man einen Viehwaggon angehängt, dessen Dach undicht und dessen Fußboden mit Wasserlachen bedeckt war. Bis kurz vor Abfahrt des Zuges ging ich auf dem Bahnsteig hin und her und überlegte, was ich tun sollte. Ich wurde dabei des öfteren von russischen Soldaten angesprochen, die in meinem prall gefüllten Brotbeutel eine Schnapsflasche vermuteten. Damals waren viele Armeeangehörige Alkoholiker.

In letzter Minute kamen uns Bedenken. Sollte ich wirklich ins Ungewisse reisen und meine Familie zurücklassen, um die eine Tochter herauszuholen? Meine Frau, die sich in jeder Lebenslage tapfer gezeigt hatte, bekam plötzlich Angst davor. Sie sagte: »Willst du nicht doch lieber hierbleiben, oder soll ich mitfahren?« Doch ich hatte – wie man so schön sagt – innerlich den Rubikon überschritten. Für mich gab es jetzt kein Zurück mehr. Wir mußten voneinander Abschied nehmen, und keiner von uns beiden wußte, für wie lange.

Mittlerweile war der einzige Güterwaggon überfüllt. Da hockten verschleppte Polinnen, die als Zwangsarbeiterinnen in Deutschland in der Industrie gearbeitet hatten und endlich wieder nach Haus wollten, neben eingeschüchterten Männern und Frauen, die kein Wort sprachen und denen man ansehen konnte, daß sie Deutsche waren. Daneben Volksdeutsche, die sich jetzt wieder als Polen ausgaben, weil es opportun war. Sie sprachen zwar polnisch, aber keineswegs perfekt.

Die Deutschen, die sich unter den Reisenden versteckt hatten, wollten nach ihrer Ausweisung zurück, um etwas von ihrem Eigentum herauszuholen, das sie hatten zurücklassen müssen. Damit wollten sie wieder in eine der Besatzungszonen zurückkehren. Ein Müller, der nach Ostpreußen zurückreisen wollte, wurde schon auf dem Bahnsteig als Deutscher entlarvt und mußte zurückbleiben.

Im Schutz der Dunkelheit war auch ich in den Waggon geklettert. Ich hatte mir fest vorgenommen, den polnischen Zwangsarbeiter zu spielen, der endlich zurück zu seiner Familie nach Polen wollte und kein Geld hatte. Zum Glück sprach ich seit meiner Kindheit fast so gut Polnisch wie Deutsch. In diesem Augenblick dankte ich meinen Eltern und meinen Lehrern dafür. Natürlich war es in diesem Viehwaggon stockdunkel. Wer besaß damals schon eine Taschenlampe? Auch Kerzen hatte niemand bei sich, nur Streichhölzer.

Ich hatte mir an der Wand einen trockenen Platz ergattert, breitete meinen Sack aus und setzte mich darauf. Da hörte ich einen Flüsterton, neben mir sprach jemand leise deutsch. Ich konnte nicht verstehen, worum es ging. Das Rattern der Räder war zu laut. Wir rollten in Richtung Frankfurt/Oder von Station zu Station. Der Waggon wurde immer voller.

Auf einem Bahnhof kletterten plötzlich Polinnen herein, russische Soldaten hatten sie in einem Personenwagen vor uns in der Dunkelheit ausgeplündert und den Versuch gemacht, sie zu vergewaltigen. Sie waren darüber entrüstet.

Als wir uns endlich Frankfurt näherten, mußte ich daran denken, daß ich die Oderbrücke noch im Januar gleich zweimal mit meinem Auto überquert hatte. Damals noch im eigenen Pelzmantel und mit Gepäck. Und wie stand ich diesmal da? Plötzlich hielt der Zug an. Die Kontrolleure kamen. Polnische Milizbeamte, Bahnpolizei. Sie waren so scharf wie früher die »Kettenhunde« der deutschen Wehrmacht bei der Kontrolle der Ausweise. Ich jammerte ihnen vor, ich wäre Zwangsarbeiter und hätte deshalb keine Papiere. Sie glaubten mir. Anschließend kam eine Kontrolle durch polnische Soldaten. Angeblich suchten sie Waffen, Radiogeräte und Funkapparate bei uns, und schließlich filzten uns noch russische Soldaten.

Sie interessierten sich weniger für Ausweise und Fahrkarten als für die jungen Frauen. Jede wurde in polnischer Sprache angesprochen und meistens auch nach Ausweispapieren gefragt. Sprach eine nicht gut polnisch, wurde sie sofort an die Luft gesetzt. Deutsche waren plötzlich in den Ostgebieten unerwünscht. Sie durften nicht ein- und nicht ausreisen. »Der Kommandant wird bestimmen, was mit euch geschieht«, war die stereotype Antwort auf ängstliche Fragen. Sie ahnten schon, was ihnen blühte.

Inzwischen war es drei Uhr morgens. Der Zug stand immer noch vor der Oderbrücke, da leuchtete mir ein polnischer Bahnpolizist mit seiner Taschenlampe ins Gesicht: »Deutscher oder Pole?« Ich antwortete: »Ich bin polnischer Arzt und von den Nazis verschleppt worden, jetzt will ich nach Hause.« Das nahm er mir ab und verlangte keine Papiere mehr. Dreimal noch wurde ich kontrolliert, und dreimal log ich kaltschnäuzig, denn ich wollte unter keinen Umständen entlarvt werden.

Von nun an ging es ohne Zwischenfälle weiter in Richtung Posen, wo ich gegen Morgen eintraf. Der Bahnhof hatte auch schon bessere Tage gesehen, an die ich mich wehmütig erinnerte. Auf dem Bahnsteig stand eine mit Reisenden überfüllte, aber immerhin warm geheizte Holzbaracke. Dort wärmte ich mich erst einmal auf. Ein Anschlußzug war laut Fahrplan erst für den Nachmittag vorgesehen. Jetzt traute ich mich auch wieder, deutsch zu sprechen, wenn ich auf Deutsche traf. Eine Frau, die allein auf ihrem Gepäck saß und auf den Gegenzug in Richtung Frankfurt/Oder wartete, bat ich, meinen Verwandten in Berlin mitzuteilen, daß sie mich hier getroffen hätte. Ich gab ihr etwas deutsches Geld dafür.

Auf der Fahrt zwischen Posen und Kempen wurde ich dann nicht mehr kontrolliert. Es dämmerte, als ich zu Fuß zur Wohnung meiner geliebten Tante Emilie ging. Leider war sie nicht zu Hause. Dafür traf ich im dunklen Hausflur den polnischen Hauswirt, der mich für einen Einbrecher hielt und verhaften lassen wollte. Wenige Tage vorher hatten ihm Diebe nicht nur den Schmuck, die Armbanduhren und die Koffer geraubt, man hatte ihm auch die Gänse gestohlen. Es kostete mich einige Mühe, ihn davon zu überzeugen, daß ich nur zu meiner Tante wollte und mit den Dieben nichts zu tun hatte.

Was nun? Ich begab mich zu Tante Marie Putschell, die am Ring in Kempen wohnte. Sie wurde von uns nur »Kußtante« genannt, weil sie jeden Besucher und jeden Verwandten so gerne abküßte. Ihre Freude über mein unerwartetes Erscheinen war groß. Von ihr erfuhr ich auch, daß Tante Emilie in Kempen war. Ich hatte sie nur deshalb nicht angetroffen, weil sie in diesem Augenblick im Keller zu tun hatte und nicht mehr gut hören konnte. Freundliche Nachbarn holten die Tante schließlich herbei, und wir lagen uns wieder in den Armen.

Meine erste Frage war natürlich: »Wo ist Sibylle?« – »Nicht weit von hier, in Prudnik, bei deinem Cousin Adam Kasprowicz, um sich zu erholen.« Mir fiel ein Stein vom Herzen. Mein Verwandter war zwar mit Leib und Seele Pole, aber wir hatten beide eine deutsche Mutter, und unsere große deutsch-polnische Familie hielt zusammen, in deutschen wie in polnischen Zeiten. Nach dem Ersten Weltkrieg und während des Dritten Reiches hatten wir uns gegenseitig geholfen. Ich hatte Adam in der Hitlerzeit beigestanden, jetzt half er meiner Tochter.

Das Leben an der Grenze hatte unser Nationalbewußtsein geschärft, aber uns auch zu Toleranz erzogen.

Keine Lücke in der Grenze

Ich schickte eine Nachricht nach Prudnik, und zwei Tage später sah ich dort meine Tochter wieder. Sie war von Onkel Adam und Tante Stascha gut gepflegt worden, hatte aber sehr unter der Trennung gelitten. Angesichts der beschwerlichen Reise, die ich gerade hinter mir hatte, stellte ich ihr frei, ob sie nicht vorläufig doch lieber bei unseren polnischen Verwandten bleiben wollte. Davon wollte meine Tochter aber nichts wissen. Unter allen Umständen wollte sie mit mir wieder zu ihrer Mutter und zu ihren Geschwistern.

Im Oktober hatte man uns noch ausgewiesen, nun aber war die Grenze hermetisch dicht. Eine Ausreise war nur mit Papieren möglich. Also fuhr ich per Bahn nach Pitschen, zum zweiten Bürgermeister, Jakobowicz, zu dem ich mehr Zutrauen hatte als zum ersten Bürgermeister F. Lazar, von dem ich wußte, daß er ein überzeugter Genosse war.

Zu meinem Erstaunen wurde ich mit offenen Armen aufgenommen. Er versuchte, mich zu überreden, doch wieder nach Pitschen zurückzukehren. Dazu müßte ich aber erst für Polen optieren, sonst könnte er mir keine Papiere ausstellen, die mir erlaubten, die Familie aus Deutschland zurückzuholen. Mir blieb nichts anderes übrig, als vor einer Kommission die Fragebogen auszufüllen.

Als ich mit meiner Unterschrift auf die deutsche Staatsangehörigkeit verzichtete, wurde mir das Unsinnige dieses Antrags bewußt, aber was konnte ich denn anderes tun? Anschließend fuhr ich nach Röstfelde, um Eva Steinhoff meine Pläne mitzuteilen. Auch meiner Schwägerin Emma Wolf in Rosenberg schickte ich eine Nachricht, daß ich wieder in Pitschen sei. Die Nacht verbrachte ich in Gohle bei einem früheren Patienten und benutzte die Gelegenheit, um polnische Freunde, unter anderem Frau Gorkewicz, zu besuchen. Anschließend reiste ich nach Kempen zurück.

Meine Tante und meine Tochter holten mich am Bahnhof ab. Ich erzählte ihnen, warum ich für Polen optiert hätte, doch meine gute Tante Emilie tröstete mich, sie meinte, das ließe sich doch irgendwie wieder hinbiegen: »Das Wichtigste ist doch, ihr bekommt Ausreisepapiere.«

Zwei Tage später war ich wieder in Pitschen, doch der zweite Bürgermeister wollte nichts mehr davon wissen, daß er mir eine Ausreisebescheinigung für Sibylle und mich versprochen hatte. Ich sollte so lange warten, bis meine Option bestätigt wäre, dann könnte ich meinen Angehörigen mitteilen, sie sollten wieder nach Pitschen kommen. Ich hatte also durch die Option das Gegenteil von dem erreicht, was ich wollte.

In meiner Verzweiflung ging ich zur polnischen Polizei, die in meinem Haus residierte. Stunden bangen Wartens verstrichen, ehe ich dem Kommandanten meine ausweglose Lage schildern konnte. Dieser ließ sich schließlich erweichen. Er stellte mir eine Bescheinigung der Polizeibehörde aus, daß ich berechtigt sei, mit Sibylle nach Deutschland zu fahren, um meine Angehörigen nach Pitschen zurückzuholen.

Ein dankbarer polnischer Patient schenkte mir zum Abschied noch ein Fleisch- und Wurstpaket, mit dem ich mich auf den Weg zum Bahnhof machte. Der Zug von Kattowitz nach Kempen hatte Verspätung und traf erst am Abend ein. Sämtliche Wagen waren bis auf den letzten Platz mit russischem Militär besetzt. Ich schätze, daß ein ganzes Bataillon sich einfach mit dem fahrplanmäßigen Zug befördern ließ. Es war völlig ausgeschlossen, noch einen Platz zu finden. Wer dennoch mitfahren wollte, mußte auf das Dach klettern.

Als der Zug sich in Bewegung setzte, saß ich mit polnischen Reisenden also auf dem Dach eines Waggons. Plötzlich kletterten über die Trittbretter und Puffer vier russische

Soldaten zu uns herauf. Zwei plünderten mich aus. Mit geübtem Griff fuhr mir ein Soldat mit der Hand in die Hosentasche, wo ich über zweitausend Zloty und fünftausend tschechische Kronen deponiert hatte, den Erlös für meinen in Leitmeritz verkauften DKW. Auch mein Portemonnaie, in dem sich Silbergeld befand, wurde mir abgenommen wie auch das Wurst- und Fleischpaket. Mir blieb kein Pfennig übrig, die Soldaten waren unerbittlich.

Der nächste nahm mir die Brieftasche weg, die gründlich untersucht und mir dann wieder ausgehändigt wurde, weil sie kein Papiergeld enthielt. Ein Glück, denn die Dokumente waren für mich mehr als Gold wert. In Slupia kletterte ein polnischer Soldat zu mir aufs Dach. Er wollte nach Posen. Als ich ihm von meinem Mißgeschick berichtete, bekam er auch Angst und unterbrach seine Fahrt.

Auf dem Bahnhof in Kempen kletterten alle Zivilisten von den Dächern. Sie erzählten sich gegenseitig, daß auch sie völlig ausgeplündert worden waren. Die »Befreier« hatten ihnen nicht nur Schmuck und Armbanduhren abgeknöpft und die Koffer geraubt: Manche hatten sich auch von warmen Bekleidungsstücken trennen müssen. Ich fand in dieser Nacht auf dem Bahnhof wenig Schlaf. Die Kälte quälte mich und der Gedanke, daß ich wieder einmal alles verloren hatte.

Bei meinen Verwandten angekommen, wurde ich getröstet. Tante Emilie und Stascha schenkten mir genug Geld, obwohl sie sich einen Teil davon selbst leihen mußten. Wir rüsteten schon für die Abreise, da kam noch Besuch. Meine Schwägerin Emma Wolf und ihre Tochter Traudel kamen aus Rosenberg, um von uns Abschied zu nehmen. Auch Eva Steinhoff tauchte in Kempen auf, sie hatte sich in Kreuzburg ordentliche Ausreisepapiere besorgt und sich entschlossen, mit uns zu fahren. Also hatte ich die Verantwortung für zwei junge weibliche Wesen; es war eine schwierige Aufgabe, sie vor Übergriffen zu beschützen.

Wir mußten schon am frühen Abend zum Bahnhof, wo wir die Nacht verbrachten, denn für Zivilisten bestand damals Ausgangssperre nach Anbruch der Dunkelheit. Tante Emilie und Stascha kamen mit zum Bahnhof, da sie noch in der gleichen Nacht von Kempen nach Prudnik zurückkehrten. Die gute Tante hatte uns viel zuviel Gepäck mitgegeben, unter anderem ein komplettes Oberbett, eine eingeweckte Gans, belegte Brote, einen Schinken und viele andere Nahrungsmittel und Kleidungsstücke.

Dieses viele Gepäck wurde uns später zum Verhängnis. Es war unmöglich, damit einen der vollbesetzten Züge zu entern. Auch Stascha schleppte ein schweres Radiogerät mit sich. Ihr Zug Richtung Kattowitz kam mit vier Stunden Verspätung, aber immerhin noch vor unserem Zug Richtung Frankfurt an. Es gelang mir, Stascha, eine große korpulente Dame, durch ein zerschlagenes Abteilfenster mit dem Kopf zuerst in den Wagen hineinzuschieben. Es folgte der Radioapparat.

Für die gebrechliche Tante Emilie war kein Platz mehr im Abteil. Außerdem konnte ich die alte Frau nicht so rücksichtslos durch das Fenster drücken. Also öffnete ich kurz entschlossen die Wagentür, worauf mehrere Insassen herausfielen. Ich schob die schmale Tante Emilie hinein und sperrte hinterher die Tür zu, was mir den Zorn der anderen Reisenden einbrachte, die so ihren Stehplatz verloren hatten.

Das letzte Bild, das ich von meiner guten Tante erhaschte, war eine gegen die Tür gedrückte Frau, deren Rücken Nebenstehende umklammerten, damit sie nicht aus dem Fenster fiel. Umfallen konnte sie jedenfalls nicht, aber die Reise, die etwa zwölf Stunden dauerte, muß für die alte Dame eine Tortur gewesen sein.

Sibylle, Eva und ich warteten weiter im Wartesaal auf einen fahrplanmäßigen Zug. In der Morgendämmerung lief er endlich ein, er sollte uns nach Posen bringen. Auch dieser Zug war bis auf den letzten Platz besetzt. Wir fanden aber einen Stehplatz auf der Plattform eines Waggons. Es war ein feuchter, nebeliger Novembermorgen. Uns fröstelte. Schon nach wenigen Kilometern waren wir völlig durchgefroren. Später gelang es uns, wenigstens in den fensterlosen Wagen hineinzukommen, wo es etwas wärmer war.

Der Bahnhof in Posen war fast völlig zerstört. Wir eroberten uns wieder einen Platz in der schon erwähnten geheizten, aber überfüllten Holzbaracke auf dem Bahnsteig. Hier blieben wir bis nachmittags fünf Uhr sitzen, als endlich der Fernzug von Moskau nach Berlin einlief. Wieder fanden wir keinen Platz in den Güterwaggons, die für Zivilisten bestimmt waren, schon gar nicht mit soviel Gepäck.

Ich hatte Angst, wir müßten wieder zurückbleiben. Da ließ sich der polnische Aufsichtsbeamte des Postwagens mit Geld und guten Worten bestechen. Wir versteckten uns neben Briefen und Paketen, obwohl einige polnische Soldaten auf dem Bahnsteig heftig dagegen protestierten. Zu gern hätten sie erst einmal unser Gepäck gefilzt. Wir waren nicht die einzigen Schwarzfahrer. Neben uns saßen in einer dunklen Ecke zwei deutsche Geistliche und eine Frau mit ihrem Kind. Lange blieben wir nicht ungeschoren.

In Krenz kontrollierte polnische Bahnpolizei die Waggons, und wir mußten den Wagen verlassen. Damals versuchte jeder Pole, mit der Not der Deutschen Geschäfte zu machen. Ein Mitreisender in einem eleganten Gummimantel sprach mich an und sagte: »Ich weiß, daß ihr Deutsche seid, aber ich kann euch helfen. Gebt mir hundert Zloty pro Kopf, und ihr dürft weiter mitfahren.« Er bekam sein Geld und verhandelte mit dem Bahnhofsvorsteher. Leider erfolglos. Der Zug fuhr ohne uns ab.

Wir standen mitten in der Nacht auf dem zugigen Bahnsteig. Zum Glück gab es auch dort eine Bahnhofsbaracke, die allerdings überwiegend mit Polen vollgestopft war. Sie ließen Schnapsflaschen kreisen und tanzten zum Klang einer verstimmten Ziehharmonika. Da alle Tische und Stühle besetzt waren, ließen wir uns auf dem Boden nieder. Die Mädchen benutzten ihre Rucksäcke als Rückenlehne, und ich kroch unter einen Tisch, zwischen die Beine der Herumsitzenden, wo ich einschlief.

Am nächsten Morgen hatten wir das Glück, mit einem Personenzug bis Küstrin zu kommen. Wieder kontrollierten uns Bahnpolizisten. Sie waren zugänglicher als die anderen. Ich zückte meinen Ausweis der Pitschener Stadtpolizei, mit dem ich hoffte, über die Grenze zu kommen. Die Bahnpolizisten äußerten Bedenken, ob so eine einfache Bescheinigung das bewirken könne. Da nützte auch meine Behauptung nichts, daß ich polnischer Arzt wäre. Aber ich durfte weiterreisen.

In Küstrin angekommen, erfuhren wir, daß es unmöglich war, mit einem der dort ankommenden Züge direkt nach Deutschland zu fahren. In der dortigen Bahnhofsbaracke saßen polnische Frauen, die aus ihrem Haß gegen alle Deutschen keinen Hehl machten. Bald hatten sie bemerkt, daß wir Deutsche waren. Der Schlimmste in der Baracke aber war ein polnischer Matrose, ein Hüne von Mann, der unsere Ausweise sehen wollte, obwohl er als Soldat gar nicht das Recht dazu hatte. Da ich ihm einen polnischen Ausweis vor die Nase hielt und fließend polnisch sprach, wurde er aus uns nicht recht schlau, denn meine Begleiterinnen sprachen kaum ein Wort polnisch.

Er riß mir die Mütze vom Kopf und schrie: »Du bist ein Lügner.« Doch ich blieb bei meiner Behauptung. Den Ausweispapieren Eva Steinhoffs entnahm er, daß sie jedenfalls keine Polin war, also nahm er ihr zuerst einmal ihr Gepäck weg, auch ihren Mantel, trotz der Kälte. Ihr blieb nur noch das Oberbett. Dann rief er den an der Theke stehenden betrunkenen Soldaten zu: »Wer von euch wird in der nächsten Zeit heiraten?« Es meldete sich zuerst niemand. Doch schließlich trat einer vor. Ihm befahl er, Eva auch das Bett wegzunehmen. Schließlich jagte er sie aus der Baracke. Der Matrose versetzte dem Mädchen einen Fußtritt und schrie: »Deutsche haben hier nichts zu suchen.« In diesem Augenblick verloren wir Eva aus den Augen.

Der betrunkene Matrose wurde davon abgehalten, sie noch weiter zu belästigen, weil gerade eine andere deutsche Frau die Baracke betrat, um Salz zu kaufen. Sie stammte aus einem Durchgangslager in der Nähe, wo Deutsche auf ihren Abtransport warteten. Die Soldaten nahmen ihr erst mal die Uhr und Schmuckstücke ab und warfen sie dann ebenfalls aus der Baracke.

Wir beide wußten nicht, wie weit es bis zu diesem Sammellager war. Außerdem warnten uns Reisende auf dem Bahnsteig, das Lager aufzusuchen: »Die Deutschen hausen dort in fensterlosen Baracken und müssen oft wochenlang auf den Abtransport warten. Dort gibt es noch nicht einmal Wasser.« So ein primitives Quartier im Winter konnte ich meiner gerade vom Typhus genesenen Tochter wirklich nicht zumuten. Wir faßten also den Entschluß, nach Posen zurückzufahren.

Als wir schon im Zug saßen, kam auf dem Nachbargleis ein Elendstransport mit Deutschen an. Alte Krankenschwestern, Diakonissen, Gelähmte, Greise, Beinamputierte, die an Krücken gingen, schleppten sich dahin. Ein alter Mann mit schneeweißem Bart fiel hin und blieb auf dem Bahnsteig liegen. Schließlich kam ein polnischer Eisenbahnbeamter, der laut sagte: »Ich will mal nicht so mitleidlos wie Hitler sein und dich abtransportieren lassen.«

In Krenz mußten wir umsteigen und bis zur Nacht auf den Schnellzug nach Posen warten. Auch dieser Bahnhof hatte keine Fensterscheiben mehr, es war bitter kalt. Schnee bedeckte die Landschaft, und während der Fahrt pfiff ein eisiger Wind durch das Abteil. Ich stand im Gang. Sibylle hockte zu meinen Füßen. Ich hatte sie mit einer Decke zugedeckt, trotzdem zitterte sie am ganzen Leib.

Die Zeit schien stillzustehen. Ich kam mir vor wie steifgefroren. Ohnmächtig der Kälte preisgegeben, glaubte ich nicht mehr, lebend nach Posen zu kommen. Es war eine grauenvolle Fahrt. Wir waren glücklich, als wir wieder die Bahnhofsbaracke in Posen betreten konnten. Dort war es wenigstens warm. Wir kauerten uns auf die Erde und fühlten uns geborgen. Unser Geld war für die Fahrkarten draufgegangen.

Da uns die Zeit zu lang wurde, machten wir einen Ausflug in die mir bekannte Stadt. Wir besaßen noch ein Goldstück aus der wilhelminischen Zeit, ein Zehnmarkstück, wofür wir auch einen gut zahlenden Käufer fanden. Also waren wir wieder zahlungskräftig. Die Fahrt im Viehwaggon verlief dann ohne Besonderheiten.

In Kempen angekommen, richteten wir uns für eine Übernachtung in Tante Emilies verlassener Wohnung ein, ehe wir uns auf die Fahrt nach Prudnik zu Tante Emilie und Stascha machten. Ich hatte eingesehen, daß ich mit der Bescheinigung der Pitschener Miliz nicht über die Grenze kommen würde. Also fuhr ich wieder nach Pitschen, um mir eine neue Reisegenehmigung zu holen. Ich suchte wieder den Bürgermeister in seiner Wohnung auf, aber er fertigte mich wohlweislich im Flur ab, denn er hatte sich nach unserer Ausweisung einen Teil unserer Möbel und Ölbilder angeeignet, was ihm jetzt peinlich war.

Zu meinem Erstaunen bekam ich aber eine Bescheinigung, daß ich noch einmal nach Deutschland müßte, um meine Familie zu holen. Mit dieser Bescheinigung machte ich mich auf den Weg zum Landrat nach Kreuzburg, der mir noch eine zweite Bescheinigung mitgeben sollte. Es war jener von mir bereits erwähnte Pole mit Namen Liss, der unsere Ausweisung aus Polen angeordnet und überwacht hatte und damals schadenfroh grinsend bei der Verladung in Viehwaggons auf dem Bahnsteig gestanden hatte. Er war als Deutschenhasser bekannt, ebenso wie sein Schwiegersohn, Doktor Spichalzky, den ich auch bereits erwähnt habe.

Es kam, wie ich befürchtet hatte. Der Landrat zeigte mir die kalte Schulter. Er fertigte mich auf dem Korridor ab, angeblich konnte er nichts für mich tun, und auch ein Gesuch beim übergeordneten Regierungspräsidenten wäre völlig sinnlos. Im übrigen hätte ich in Pitschen »nichts mehr zu suchen«. Im Landratsamt begegnete ich zufällig dem Dorfschulzen von Jaschkowitz, der mir versprach, ein Wort für mich einzulegen. Ich bedankte mich bei ihm, obwohl mir doch gar nichts daran lag. Jetzt wollte ich nur noch mit meiner Tochter zurück nach »Restdeutschland«.

Ich machte mich wieder auf den Heimweg nach Kempen. Diesmal wollte ich mich nicht von Russen ausrauben lassen. Der Lokführer eines Güterzuges ließ sich erweichen und nahm mich im Packwagen mit, in dem ein Ofen wohlige Wärme verströmte. Unterwegs konnte ich beobachten, wie die polnischen Eisenbahnbeamten säckeweise Kohle aus abgestellten Güterzügen herausholten. Auch der Bullerofen in unserem Packwagen wurde mit solchem Diebesgut geheizt.

Für eine Strecke von fünfundvierzig Kilometern benötigten wir viele Stunden, denn fast auf jedem Bahnhof gab es einen unliebsamen Aufenthalt. Wir mußten hin und her rangieren, um Militärtransporten auszuweichen. Ausgerechnet auf dem Pitschener Bahnhof fuhr der Lokführer über eine gesperrte Weiche. Unser Waggon sprang aus den Gleisen und stand schief. Dabei stürzte der Ofen samt dem glühenden Inhalt um, und der Boden fing an zu brennen. Beim Anfahren sprang der Wagen dann wieder in die Schienen. Ich sammelte die glühenden Kohlestücke auf und warf sie aus dem fahrenden Zug. Anschließend wurde es lausig kalt im zugigen Waggon. Längst hatte uns der Schnellzug von Kreuzburg über Kempen nach Posen überholt, dabei hatten wir erst die Hälfte der Strecke zurückgelegt.

Der Zug verlangsamte seine Fahrt von Station zu Station, und in Zlupia ging ihm die Puste aus. Es hieß, die Lok hätte kein Wasser mehr und müßte ohne die angehängten Waggons zur nächsten Station weiterfahren, um zu tanken. Das konnte lange dauern. Kurz entschlossen sprang ich ab, lief zur Lokomotive und bat den Lokführer, wenigstens mich mitzunehmen. Ich tat ihm leid, und er willigte ein. Zum erstenmal in meinem Leben durfte ich auf einem Lokstand mitfahren.

Eine Fahrt, die zwar sehr zugig und schmutzig, aber doch ein Erlebnis war, das ich mir schon als Kind gewünscht hatte. Ich drückte dem Heizer zwanzig Zloty in die Hand. Dafür hielt er nur meinetwegen im Bahnhof von Kempen vor dem Bahnhofsgebäude und ließ mich aussteigen.

Es war schon zu spät, um zu meinen Verwandten zu gehen, da ab sechs Uhr abends Ausgangssperre verhängt war. Ich verbrachte also die Nacht wieder im Bahnhof. Am nächsten Morgen sah ich meine Tochter wieder, die sich schon Sorgen gemacht hatte. Damals kümmerten sich unsere Tante Marie – die »Kußtante« – und meine polnischen Cousinen Barbara und Hella rührend um uns.

Beide waren glühende polnische Patriotinnen und hatten als sogenannte Volksdeutsche während der Hitlerzeit als Krankenschwestern in deutschen Lazaretten gearbeitet, um bei dieser Gelegenheit verwundete Offiziere auszuspionieren, was ich allerdings nicht wußte. Ihre Informationen hatten sie an die Untergrundarmee der Nationalpolen, die »Befreiungsarmee«, weitergegeben.

Ich meinerseits hatte meiner Cousine Bärbel einmal in der Hitlerzeit helfen können, als sie von deutschen Dienststellen zur Zwangsarbeit im Reich verpflichtet werden sollte und mich um Hilfe rief. Es gelang mir, das zu verhindern. Dafür war sie mir bis zu ihrem Tode dankbar.

Die Deutschen und die polnischen Verwandten diskutierten politisch miteinander, mal auf deutsch, mal auf polnisch, daß die Fetzen flogen, kamen sich aber gegenseitig jedesmal zu Hilfe, wenn einer in Bedrängnis kam. Beide Cousinen begleiteten uns zum Bahnhof, als wir erneut versuchen wollten, über die Grenze zu kommen, diesmal in Görlitz.

Irrfahrt nach Liegnitz

Der sogenannte Schnellzug hatte natürlich wieder einige Stunden Verspätung. Bis zum Vormittag warteten wir auf dem völlig verwahrlosten, schmutzigen Bahnhof in Kempen zwischen Polen, die laut diskutierten, während wir vor uns hin dösten. Wir zwängten uns in ein Abteil, ich ergatterte einen Stehplatz, Sibylle mit ihrer schlanken Taille eroberte sich sogar einen kleinen Sitzplatz. Ich hielt mich am Gepäcknetz fest und kämpfte gegen meine eingeschlafenen Füße – umfallen konnte ich jedenfalls nicht, dazu war es viel zu voll. Wir fuhren über Kreuzburg und Tarnowitz.

Ich hatte fürchterliche Kreuzschmerzen und war dem Einschlafen nahe. Da bot mir ein junger Pole, der mich beobachtet hatte, seinen Sitzplatz an, wofür ich ihm von Herzen dankbar war. Er hätte wohl auch gerne mit Sibylle ein wenig geflirtet, aber er traute sich nicht, denn sie sah ziemlich abschreckend aus. Durch den Typhus hatte sie alle Haare verloren, war blaß und abgemagert und schlief die meiste Zeit vor Erschöpfung. Das ersparte ihr Belästigungen von russischen und polnischen Mitreisenden. Wurde sie angesprochen, klärte ich die Neugierigen in fließendem Polnisch auf, daß sie kurz zuvor Typhus gehabt hätte. Das genügte in der Regel, um ihr Belästigungen zu ersparen.

Im Halbschlaf entglitt ihr das Taschentuch und fiel auf die Erde. Ein russischer Soldat hob es galant auf und reichte es ihr mit einem mitleidvollen Blick zurück. Auch solche Sieger gab es, nicht alle russischen Soldaten waren roh und gewalttätig. Wie gerädert erreichten wir bei völliger Dunkelheit Kattowitz. Beim Bahnhofsvorsteher erkundigten wir uns, wann wir weiter nach Prudnik fahren könnten. Ein verspäteter Zug wurde gerade in diesem Moment angekündigt.

Auf dem Bahnhof befanden sich um diese Zeit Tausende von Reisenden. Wir kämpften uns zu dem Bahnsteig durch, an dem unser Zug einlaufen sollte. In Sechserreihen warteten die Reisenden bereits auf dessen Ankunft. Es verging aber noch eine Stunde auf dem zugigen Bahnsteig, ehe es soweit war. Plötzlich schreckte uns eine Durchsage auf, daß der Zug auf einem anderen Bahnsteig einlaufen würde. Was sich daraufhin abspielte, ist nahezu unbeschreiblich. Hunderte von Menschen rannten um die Wette, von einem Bahnsteig zum anderen. Ein Teil kletterte einfach unter einem bereits bereitgestellten und abfahrbereiten Zug hindurch über die Gleise.

Wir stolperten über Menschen, die sich auf dem Bahnsteig zum Schlafen niedergelassen hatten, fielen über Gepäckstücke und Eßgeschirr. Einer beschimpfte den anderen. In diesem irrsinnigen Durcheinander kämpften auch wir wie um unser Leben. Auch Sibylle fiel mit anderen zu Boden, wurde getreten und beschimpft. Schließlich landeten wir in einem voll besetzten Abteil zwischen lauter Betrunkenen und mußten feststellen, daß wir doch im falschen Zug saßen. Also wieder heraus aus dem Zug, wieder den Wettlauf um einen Platz im richtigen Zug.

Dieser Zug war derart überfüllt, daß auch eine Stecknadel nicht mehr hätte zu Boden fallen können. Auf den Dächern saßen bereits Hunderte von Menschen. Auf Puffern standen und knieten weitere Hunderte mit und ohne Fahrkarte. Auf allen Trittbrettern standen unzählige Fahrgäste, die sich mit Gürteln, Stricken und Riemen an den Türgriffen festgebunden hatten. Jeder Waggon glich einer Traube, die von Menschen umschwärmt war, die noch einen Platz suchten. Mancher, der schon einen hatte, wurde wieder heruntergedrängt oder -gerissen. Keiner nahm mehr auf den anderen Rücksicht, jeder wollte unbedingt mitfahren.

Die einen schimpften, die anderen lachten oder spotteten.

Ich wurde bedroht und mit Holzlatten geschlagen, als ich versuchte, einen Platz für uns zu erobern. Ein riesiger Berg Koffer und Pakete blieb auf dem Bahnsteig zurück.

Da gab ich es auf, nahm meine Tochter wortlos in den Arm und zog sie in die wärmende Bahnhofshalle zurück. Dort studierte ich noch einmal die konfusen Fahrpläne und stellte fest, daß am nächsten Morgen ein weiterer Zug kommen mußte. Nirgendwo in der Bahnhofshalle gab es eine Bank oder eine Möglichkeit, sich hinzusetzen. Lange Zeit ließen wir uns also von der Menschenmenge hin und her schieben.

Etwa eine Stunde war vergangen, da sagte meine Tochter zu mir: »Komm, Vati, laß uns doch mal nachschauen, ob unser Zug wirklich schon abgefahren ist.« Gesagt, getan. Wir bahnten uns einen Weg durch die Menge zum Bahnsteig, und siehe da, der Zug stand immer noch da. Die Menschen hatten sich auf den Dächern lang ausgestreckt oder brüteten in den Abteilen vor sich hin. Wer auf dem Trittbrett oder auf einem Puffer stehen mußte, zitterte vor Kälte. Einige hatten mittlerweile darauf verzichtet, steifgefroren auf den Trittbrettern zu stehen. Wir gingen den Zug entlang, um noch eine Lücke zu entdecken.

Da beobachteten wir zwei Frauen, die mit dem Bahnbeamten verhandelten, der den Packwagen beaufsichtigte. Während er der offenen Tür den Rücken kehrte, zogen helfende Hände heimlich andere Leidensgenossen in das Innere des Wagens. Ich appellierte an das Mitleid des Beamten mit Hinweis auf meine gerade erst genesene Tochter. Zuerst sträubte er sich, dann drückte er doch ein Auge zu.

Im Packwagen war es warm und dunkel. Wir tasteten uns vorwärts, bis wir eine leere Kiste fanden, die uns als Sitzplatz diente. Endlich setzte sich der Zug schnaufend in Bewegung. Wir waren restlos glücklich. An der halboffenen Schiebetür saßen einige junge Männer, die auf einem Bahnhof Streit mit einem Bahnbeamten bekamen, der sie aufforderte, sofort den Packwagen zu verlassen. Uns entdeckte er in unserer dunklen Ecke Gott sei Dank nicht.

Kurz vor dem Ziel Prudnik stand plötzlich ein Schaffner vor uns, in der rechten Hand eine Taschenlampe. Obwohl wir gültige Fahrkarten besaßen, verlangte er einhundert Zloty Schmiergeld, die wir ihm lieber gaben. Auf dem Bahnhof angekommen, fragten wir uns nach der Wohnung meines Cousins Adam durch. Auf unser Läuten öffnete ein Hausbewohner im ersten Stock ein Fenster und fragte barsch nach unserem Begehren. »Wir möchten zu dem Doktor«, antwortete ich. Die lakonische Antwort: »Der ist im Krankenhaus und muß operieren.«

Gerade wollten wir uns auf den Weg dorthin machen, da hörte ich die Stimme Staschas, seiner Frau, die auf dem Heimweg war. Sie staunte nicht schlecht, uns beide schon wieder leibhaftig vor sich zu sehen. Ich schilderte ihr, was wir alles durchgemacht hatten. Tante Emilie wurde geweckt und schloß uns in die Arme. Sie wärmte uns erst einmal mit einer Tasse heißen Bohnenkaffees auf, und alles, was Keller und Küche zu bieten hatte, tischte sie auf.

Nach den vielen Strapazen wurde es ein recht vergnüglicher Abend. Bei dieser Gelegenheit lernte ich die Schwiegereltern meines Cousins kennen, Polen, die von den Russen aus Lemberg vertrieben worden waren.

Nun kamen die einzigen schönen Tage für uns, die ich nach dem Einmarsch der Russen in meiner alten Heimat erlebte. Ich begleitete Adam ins Krankenhaus, das wegen Kohlenmangels einem Eiskeller glich. Fast alle zweihundertfünfzig Betten waren belegt. Auch das Operationszimmer konnte nicht geheizt werden, und ich sehe uns noch heute mit klammen Fingern klaffende Wunden nähen. So nahte der Dezember, und am Nikolaustag wurden wir reichlich von polnischen Patienten beschenkt.

Adams Schwiegervater, der Professor aus Lemberg, war, was den Alkohol betrifft, kein Kostverächter, und so manche Nacht feierten wir, obwohl wir keinen Grund dazu hatten.

Zum Schnaps gab es Bohnenkaffee und die berühmte polnische Wurst. Stascha hatte für alles Verständnis und war eine gastfreundliche Hausfrau.

Bei Adam verkehrte damals ein Teil der polnischen Intelligenz und Elite. Ich lernte verschiedene polnische Ärzte mit ihren Frauen kennen, auch einen Kommandeur der verbotenen Nationalarmee »Arma Krajowa«, der ein erbitterter Gegner des kommunistischen polnischen Regimes war. Auch Offiziere der legalen kommunistischen polnischen Armee gehörten zu Adams Bekanntenkreis.

Besonders fiel mir ein junger Hauptmann auf, mit dem ich öfter diskutierte. Er war ein großer Deutschenhasser, ohne zu wissen, wen er eigentlich vor sich hatte. Er war ein Draufgänger und hat als Pionierhauptmann so manches Auto von Haftminen befreit. Das wurde ihm eines Tages zum Verhängnis. Er endete auf tragische Weise. Als man ihn bat, Minen im Bahnhof zu entschärfen, die jederzeit hochgehen konnten, riskierte er sein Leben, um die Reisenden davor zu bewahren. Dabei explodierte eine Mine, zerriß ihn in Stücke und verletzte noch mehrere weibliche Personen, die Adam und ich anschließend wieder zusammenflickten. Der junge Hauptmann ließ eine Frau und zwei kleine Kinder zurück.

Für uns wurde es allmählich Zeit, an die Ausreise zu denken. Wieder einmal hieß es Abschied nehmen, stundenlang auf den Zug warten, mit einem Platz auf der Plattform vorliebnehmen und ins Ungewisse abreisen. Tante Emilie hatte uns aus Säcken Rucksäcke genäht. In letzter Minute drückte sie uns noch eine Thermosflasche heißen Tees in die Hand. Auf der Plattform standen Deutsche wie Polen. Ich unterhielt mich mit einem Studienrat deutsch und mit einem Bauern polnisch. Als die Deutschen das hörten, wurden sie sehr zurückhaltend, denn damals traute man keinem Menschen, der beide Sprachen sprach, man hielt ihn für einen Spitzel.

Endlich erreichten wir Kamenz, um den Zug zu wechseln.

Zum erstenmal hatten wir einen Sitzplatz und fuhren unbehelligt bis Liegnitz. Uns gegenüber saß ein Pole, der ein Care-Paket auf den Knien hatte und Wurst und Käse verzehrte, während er wehmütig der Zeiten gedachte, als er als DP (Displaced Person), also als polnischer Zwangsarbeiter, einer deutschen Bäuerin die Wirtschaft geführt hatte. »Ich habe genug von Polen, ich will wieder nach Deutschland zurück«, sagte er mir. Diese Äußerung tat uns natürlich wohl.

Als wir in Liegnitz die Sperre passierten, wurden wir von der Bahnmiliz in der Menge sofort als Deutsche erkannt. Man verlangte unsere Ausweise. Gott sei Dank hatte ich die Bescheinigung unseres Pitschener Bürgermeisters, die mich als polnischen Arzt legitimierte. Anderenfalls hätte man mich wohl sofort verhaftet oder zumindest ausgeplündert. In der Bahnhofshalle saßen auf dem Fußboden bereits Deutsche mit Kind und Kegel. Sie waren an ihren blau-weißen Armbinden zu erkennen. Auf sie wartete ein Auffanglager.

Der Zug nach Lauban sollte erst am nächsten Tag verkehren. Also hieß es wieder ein warmes Plätzchen suchen, was in dem dach- und fensterlosen Bahnhof Liegnitz nicht ganz einfach war. Wir hockten uns erst einmal in eine Ecke in der Nähe unserer Landsleute. Sibylle schlief sofort ein. Sie war total erschöpft. Ich machte mich auf den Weg, um noch einmal den Fahrplanaushang zu studieren.

Der Bahnhof Liegnitz hatte einen schlechten Ruf wegen der ständig plündernden Russen. Hier war die stärkste Garnison Schlesiens, und für die Rote Armee hier war der Krieg immer noch nicht zu Ende, solange es Besiegte im Lande gab. Wehmütig mußte ich an bessere Zeiten denken.

An einem schönen Sonntag des Jahres 1938 waren wir, meine Frau und ich, mit Richard Steinhoff, unserem besten Freund, im Auto über Breslau nach Liegnitz gefahren, um dort Kaffee zu trinken. Was für eine schöne, kultivierte deutsche Stadt. Über Liegnitz waren wir auch immer in Urlaub gefahren, den wir meistens in Bayern verbrachten.

Am 10. oder 11. Oktober 1945 waren wir schon einmal für mehrere Tage im Viehwaggon in Liegnitz gestanden, als uns die Polen wie Vieh nach Görlitz befördert hatten. Mein Sohn Helmut war mit einer verrosteten Konservenbüchse zur Feldküche eines Heimkehrertransportes der russischen Armee geschlichen und hatte prompt etwas Grützesuppe bekommen, in die ein barmherziger russischer Soldat noch einen Hering gelegt hatte.

Hans war zu schüchtern und zu stolz, um die Russen anzubetteln. Lieber wäre er verhungert, aber er hatte auch etwas zur Verpflegung der Familie beitragen wollen und war zwischen den abgestellten Zügen auf dem Güterbahnhof umhergelungert, um etwas Eßbares aufzutreiben. Plötzlich hatte er vor einem Waggon einen Haufen weißliches Mehl entdeckt, das er für Weizenmehl hielt. Voller Freude hatte er soviel er konnte davon eingesammelt und es uns gebracht. Meine Untersuchung hatte ergeben, daß es sich um getrocknete Kartoffelflocken handelte, die aber derart mit Schmutz vermischt gewesen waren, daß wir sie auch mit Wasser nicht mehr genießbar machen konnten. Er hatte sich zu früh gefreut.

Als ich mich jetzt im Dezember nach etwa zehn Minuten wieder unserem Schlafplatz näherte, erstarrte ich vor Schreck. Neben Sibylle lag ein russischer Soldat, der aber derart betrunken war, daß er sich nicht von der Stelle bewegen ließ. Ich versuchte ihn aufzuwecken, da kam plötzlich sein Freund und Genosse, der ihn schon überall gesucht hatte. Mit Bärenkräften stellte er ihn mit einem Ruck auf die Beine und schleppte ihn wie einen Sack davon. Niemand war glücklicher als wir beide, daß wir ihn wieder los waren, und Sibylle fiel erneut in Schlaf. Sie wußte nicht, in welcher Gefahr sie geschwebt hatte.

Als uns die Morgenkälte weckte, faßte ich den Entschluß, mit meiner Tochter in die Stadt zu gehen. Wir mußten uns irgend etwas Eßbares organisieren. Mit unseren Rucksäcken auf dem Rücken hätte man uns sofort als Flüchtlinge oder Vertriebene erkannt. Also bat ich einen in der

Nähe sitzenden Deutschen, auf die beiden Rucksäcke aufzupassen.

Es war ein kalter Dezembertag. In den Schaufenstern sah man bescheidenen Weihnachtsschmuck, gelegentlich sogar Gebäck, Schokolade und Marzipan, Wurst, Speck und Schinken. Wir glaubten unseren Augen nicht zu trauen. Wir drückten unsere Nasen an einem Milchgeschäft platt, in dessen Schaufenster ein riesiger Butterklumpen lag. In einer kleinen Seitengasse entdeckte ich eine Frühstücksstube, wo wir gegen polnisches Geld Kaffee und Buttersemmeln bekamen. In dem kleinen Gastraum war es so gemütlich und warm, daß ich mit dem Wirt ins Gespräch kam.

Es mochten drei Stunden vergangen sein, als wir endlich wieder auf dem Bahnhof ankamen. Zu unserem Schreck entdeckte ich, daß die Deutschen nicht mehr da waren. Es klingt unglaublich, aber unsere beiden Rucksäcke und die Decken lehnten – mutterseelenallein – an einer Säule. Daneben lag sogar noch eine Decke, die uns gar nicht gehörte. Und das in einer Zeit, in der gestohlen und geplündert wurde und keiner mehr Respekt vor dem Eigentum anderer hatte. Selbst ein einfacher Rucksack, wie wir ihn besaßen, hatte damals einen unschätzbaren Wert.

Der arme deutsche Schlucker, der bis zuletzt auf unsere Rucksäcke aufgepaßt hatte, konnte noch nicht einmal von uns für seine Ehrlichkeit belohnt werden. Unsere deutschen Landsleute hatten gesehen, daß wir zu bedauern waren. Sie brachten es nicht übers Herz, uns zu bestehlen. Dieses Erlebnis war einer der vielen Beweise von Nächstenliebe, dic es auch damals gab. Hin und wieder waren wir selbst zum Mundraub gezwungen – zu einem Notdiebstahl, den uns unser Herrgott wohl beim Jüngsten Gericht nicht ankreiden wird.

Als meine Frau mit den drei Kindern in Graal-Müritz zur gleichen Zeit frierend als Untermieter in der Pension »Min Hüsing« wohnte, die aus Mangel an Brennstoff Tag und Nacht ungeheizt blieb, hatte sie nicht ein Stück Holz, um zu heizen oder zu kochen. Das Betreten des Waldes – und damit das Holzsammeln – war von der russischen Armee verboten worden.

Hunger und Kälte tun weh, und welche Mutter versucht nicht, in einer solchen Situation ihren Kindern zu helfen. Die Einheimischen in der Nachbarschaft hatten große Stapel gehackten Buchenholzes angelegt, um gut über den Winter zu kommen. Sie dachten nicht daran, den Vertriebenen freiwillig etwas abzugeben. Was blieb denen also anderes übrig, als ab und zu Holz zu stehlen.

Zuerst sträubte sich meine Frau, erst auf Zureden anderer Leidensgenossen pirschte sie zu nachtschlafender Zeit auf das Grundstück eines Müritzer Bürgers, um sich einen Arm voll Brennholz zu holen. Doch plötzlich stand, wie aus dem Boden gewachsen, ein Mann vor ihr und schrie sie an: »Endlich habe ich den Dieb, der mir mein kostbares Holz stiehlt.« Alle ihre Beteuerungen, daß sie Mutter von drei Kindern sei und ihn noch niemals zuvor bestohlen habe, fruchteten nicht. Der hartherzige Mann drohte ihr mit der Polizei und verlangte ihren Ausweis.

Meiner Frau fuhr der Schreck in die Glieder. Damals glaubte sie noch, ich würde nach meiner Rückkehr im Ort als Arzt tätig werden. Aus Scham, als Frau eines Arztes als Diebin entlarvt zu werden, weigerte sie sich, ihren Namen preiszugeben. Daraufhin zwang sie der Wüterich, ihren einzigen Mantel auszuziehen, den sie erst zurückerhalten sollte, wenn sie ihre Ausweispapiere vorlegen würde. Das Resultat: Meine Frau hatte keinen Wintermantel mehr; das einzige warme Kleidungsstück, das sie gerettet hatte, war weg. Aus einer Pferdedecke schneiderte sie sich einen Behelfsmantel.

Ausreiseverbot für Deutsche

Sibylle und ich waren also in Liegnitz. Der Zug, der gegen fünfzehn Uhr eintreffen sollte, erreichte den Bahnhof schließlich in den Abendstunden. Er war wie alle Züge überfüllt. An einen Sitzplatz war nicht zu denken. Sibylle hockte sich wieder auf dem Fußboden nieder. Ich mußte stehen. So erreichten wir schließlich Lauban. Wieder hieß es, eine Nacht lang im Bahnhof verbringen. Mehr als die Hälfte der Stadt war durch schwere Kämpfe im Februar 1945 zerstört worden. Die Stadt am Ufer der Queiss war bis 1815 Grenzstadt zwischen Schlesien und der Oberlausitz. Im Winter 1945 sah Lauban trostlos aus.

Wir verbrachten die Nacht wieder in einer großen Holzbaracke, die vorwiegend von sowjetischen Soldaten besetzt war, außerdem von polnischen Umsiedlern, die sich zur Theke vordrängten. Wir beide waren dazwischen eingekeilt und waren froh, als wir die Theke erreichten, um dort eine Tasse Kaffee zu kaufen. Bleiben konnten wir dort nicht. Die Luft war durch Tabak- und Schweißgeruch zum Schneiden dick und nahm uns den Atem. Also drängten wir wieder ins Freie, wo wir klare Nachtluft einatmen konnten.

Ein junger polnischer Eisenbahnbeamter sprach mich an. Er fragte, ob wir ein Nachtquartier suchten. Schließlich nahm er uns mit anderen Reisenden, mit Polen, in ein abseits gelegenes Haus mit, wo er uns ein Nachtquartier, Bratkartoffeln und Kaffee anbot. In unserem Zimmer schliefen noch zwei andere junge Männer. Im Einschlafen sah ich, wie einer der Polen eine Zimmerantenne von der Wand abmontierte, dann den Inhalt der Schränke untersuchte, um einige Kristallschalen mitgehen zu lassen. Der Gastgeber bemerkte das freilich nicht. Vermutlich war auch er nur Gast in diesem

Haus eines Deutschen, der nicht zurückgekehrt war. Jeder eignete sich damals etwas an, aber uns konnte das schließlich egal sein.

Frühmorgens bei völliger Dunkelheit kletterten wir in den Zug, der uns schon nach einer Stunde nach Schönberg brachte, wo wir ihn verlassen mußten. Von nun an ging es nur noch zu Fuß weiter, dreizehn Kilometer bis Görlitz, wo wir noch am gleichen Tag die Grenze zu überschreiten hofften. Damals konnte ich freilich nicht ahnen, daß es noch fünf Monate dauern würde, bis uns das gelingen sollte. Es war ein frostiger Dezembertag. Wir gingen langsam. Es fing an zu schneien. Hin und wieder überholten uns deutsche Soldaten, die ebenfalls der Grenze zustrebten.

Den gleichen Weg hatte ich schon einmal zurückgelegt, am 15. Oktober mit meiner Frau und den anderen drei Kindern, als man die aus Pitschen ausgewiesenen Deutschen zur Oder-Neiße-Grenze trieb. Auch damals mußten wir in Schönberg den Zug verlassen. Nur einmal machten Sibylle und ich eine Pause. In der Bäckerei eines Dorfes, in der es so herrlich nach frischem Brot duftete, baten wir allerdings nur um ein Glas Wasser. Endlich erreichten wir völlig erschöpft die Stadt Görlitz und die Notbrücke über die Neiße.

Vor uns lag diese Holzbrücke, der Schlagbaum war geschlossen. Es war kurz vor drei Uhr nachmittags. Am anderen Ufer, im deutschen Teil der Stadt, konnte man die elektrische Eisenbahn in regelmäßigen Abständen fast bis zur Flußbrücke fahren sehen: Endstation unserer Sehnsucht. Zu diesem Zeitpunkt konnten wir die Brücke nicht passieren, sie war für Zivilisten gesperrt. Wir mußten also erst einmal wieder in den polnischen Teil der Stadt zurück. Unterwegs sprach mich ein polnischer Milizbeamter an. An den Rucksäcken hatte er erkannt, daß wir Flüchtlinge, also Deutsche, waren. Er wollte mich zur Arbeit einteilen, doch ich zeigte ihm wieder meinen polnischen Ausweis, und er ließ sich täuschen. Er wurde sofort höflicher, als er glaubte, mit Landsleuten zu tun zu haben.

Da wir noch polnisches Geld von meiner Tante hatten, setzten wir uns in ein primitives Kaffeehaus, bestellten uns zu essen und zu trinken, kauften Bonbons für Kristinchen in dem Glauben, in wenigen Stunden in Deutschland zu sein.

Um fünfzehn Uhr sollte angeblich der Schlagbaum hochgehen. Als wir uns um diese Zeit der Kontrollbaracke näherten, wartete bereits eine ganze Zahl von Ausreisewilligen in einer langen Schlange in einer Zweierreihe. Ein polnischer Armeeleutnant ließ sich die Ausweise vorzeigen. Als ich ihm den Ausweis des Pitschener Bürgermeisters zeigte, wurde er stutzig. Wozu nahm ein Pole seine Tochter mit nach Deutschland, wenn er wirklich nur die anderen Familienangehörigen zurückholen wollte?.

Nach einem kurzen Blick auf mein sogenanntes Dokument befahl er mir zurückzubleiben, während der Schlagbaum hochging und alle Deutschen die Brücke passieren durften. Nur wir beide nicht. Hätte ich mich doch nicht als Pole ausgegeben. Polen durften damals nämlich nicht in die sowjetisch besetzte Zone.

Völlig mutlos gingen wir durch die Straßen und Gassen, bis ich eine Gastwirtschaft entdeckte, wo ich, wieder als Pole, um ein Zimmer bat. Hätte der Wirt gewußt, daß wir Deutsche waren, hätte er uns gleich auf die Straße gesetzt.

An jedem zweiten Tag gingen wir in den Gastraum, um zu essen. Neben der Theke saß ein Alleinunterhalter, ein deutscher Lehrer, der sich seinen Lebensunterhalt damit verdiente, deutsche Walzer und Märsche zu spielen. Damit hielt er seine Familie über Wasser. Bald hatten wir spitzgekriegt, daß er nur ein einziges polnisches Lied kannte, die sogenannte »Wahrschawrianka«. Jedesmal, wenn ein Gast – und das waren in der Regel Polen – die Bierstube betrat, intonierte er dieses Lied. Wir beide mußten es uns Tag und Nacht anhören, auch wenn wir in unserem Zimmer waren. Es verfolgt mich manchmal noch heute im Traum.

In der Gaststube bediente ein Gauner von einem Kellner. Dennoch weihte ich ihn in unsere Pläne ein. Er versprach, mir zu helfen. Russische Grenzbeamte, die Gäste im Lokal waren, sollten mich mit ihrem Pkw nach Deutschland mitnehmen – gegen gutes Geld versteht sich. Doch daraus wurde nichts, denn der Kellner verlangte einen derart hohen Preis für die Vermittlung, daß ich ablehnen mußte.

So vergingen die Tage. Weihnachten 1945 rückte immer näher, und wir saßen immer noch in unserem Zimmer über der Kneipe. Es war erstaunlich, was für Köstlichkeiten damals in den Schaufenstern des polnischen Teils der Stadt Görlitz zum Kauf feilgeboten wurden. Deutsches Diebesgut wie Wurst und Schinken, Schokolade, Süßigkeiten und Butter, Eier, Mehl und Zucker. Uns knurrte der Magen. Die letzten Zloty hatten wir verbraucht.

Womit pünktlich die Übernachtung bezahlen? Zuerst verkaufte ich Sibylles goldenes Armband, das sie an ihrem letzten Geburtstag 1944 zu Hause bekommen hatte. Dann ein wunderbares Armband meiner Frau, das mit verschiedenen Turmalinen besetzt war. Der Erlös reichte für einige Zeit. Zwar hatte ich noch sechstausend Reichsmark bei mir, die in meine Weste eingenäht waren, doch der Wirt erwartete die Begleichung der Rechnung in polnischer Währung.

Um Geld zu sparen, ließ ich nur jeden zweiten Tag das Zimmer heizen, was dennoch unsere letzten Reserven verschlang. Das deutsche Zimmermädchen wollte uns gern helfen, aber sie konnte es nicht. Sie gab mir den Tip, über die Reste des gesprengten Eisenbahnviaduktes im Sprung die Neiße zu überqueren. Leider wurden die Überreste der Brücke von polnischen Milizbeamten – auch nachts – bewacht. Sie jagten mich davon, als ich diese Möglichkeit auskundschaften wollte, und drohten, mich einzusperren, wenn ich das versuchen würde.

Damals warteten viele Deutsche auf eine Gelegenheit, das rettende andere Ufer zu erreichen. Mal wurden sie rücksichtslos ausgewiesen, mal wieder zurückgehalten. Wir trafen auch viele geistliche Ordensleute vom »Heilig-Geist-Kloster« in Neiße, die zum Teil so alt und gebrechlich waren, daß sie von ihren Ordensbrüdern auf Stühlen und Tragbahren geschleppt wurden. Polnische Geistliche kümmerten sich nicht um ihre deutschen Amtsbrüder. Man hatte sie, um sie loszuwerden, einfach ohne irgendwelche Papiere zur Grenze geschafft und sie dort ihrem Schicksal überlassen. Auch deutsche Landsleute, denen es noch nicht so schlecht ging wie uns, zeigten sich hartherzig.

Einmal suchte ich einen deutschen Arzt auf, der noch praktizieren durfte. Ich bat ihn, mich mit meiner Tochter wenigstens auf einer Couch im Wartezimmer übernachten zu lassen. Dafür wollte ich ihm bei den Sprechstunden kostenlos helfen, während er auswärts Patienten aufsuchte. Doch der Kollege ließ sich gar nicht darauf ein. Nach dem Motto: »Jeder ist sich selbst der Nächste.«

So vergingen die Tage bis zum Advent 1945. Es schneite häufig, und es war bitter kalt. Die Winterabende waren lang. Ich spielte mit meiner Tochter oft »Siebzehn und Vier« um deutsches Geld, um uns die Zeit zu vertreiben. Manchmal gewann einer von uns drei- bis vierhundert Mark an einem einzigen Abend, die ihm meistens am nächsten Abend wieder abgenommen wurden.

Ein Gast riet mir, zu Fuß nach Schönberg zu gehen. Dort läge die Stabswache des Grenzmilitärs. Vielleicht könnte ich mit meinen Pitschener Papieren doch einen Grenzpassierschein bekommen. Man durfte in jenen Tagen nichts unversucht lassen. Also schloß ich eines Tages Sibylle in unserem warmen Zimmer ein und machte mich zu Fuß auf den dreizehn Kilometer langen Weg. Dort verhandelte ich mit zwei jungen Offizieren. Die Antwort: ein Achselzucken. »Wir können nichts für Sie tun, wenden Sie sich an das zuständige Ministerium in Warschau.« Mit anderen Worten: »Wenden Sie sich doch gleich an den lieben Gott.« Wie sollte ich überhaupt von Görlitz nach Warschau gelangen und dann bis in das Vorzimmer eines Ministers? Das war natürlich nur eine faule Ausrede.

Als ich nach mehreren Stunden wieder mein Zimmer betrat, warteten dort auf mich polnische Kriminalbeamte in Begleitung des Kellners. Sie fragten mich nach meinen Ausweisen. Sibylle, die kaum Polnisch verstand, saß zitternd dabei und glaubte, ihr letztes Stündlein hätte geschlagen. Ich trat selbstbewußt auf und konnte die Kriminalbeamten zufriedenstellen. Für die nächste Zeit hatten wir dann Ruhe vor der Polizei.

Um meine hoffnungslose Lage zu bessern, schickte ich ein Telegramm an Adam und bat ihn um Geld. Postwendend schickte er mir eintausend Zloty. Das war damals nicht viel wert. Wenn wir aus dem Fenster schauten, sahen wir täglich viele Pferdewagen, die Berge von Care-Paketen für die polnische Bevölkerung transportierten. Die deutsche Bevölkerung mußte hungern und frieren. Ich war fest entschlossen, Weihnachten nicht in Görlitz im Gasthaus zu verbringen. Was sollten wir auch dort während der Feiertage?

Es gab damals bereits eine Busverbindung von Görlitz nach Breslau. Eine Fahrt kostete aber siebenhundertfünfzig Zloty. Das war nicht viel, wenn man bedenkt, daß ein Kilo Butter etwa fünfhundert Zloty kostete. Wir wollten unbedingt nach Breslau und von dort weiter nach Rosenberg fahren, um mit meinem Schwager Johann, meiner Schwägerin Emma Wolf und ihrer Tochter Edeltraud die Weihnachtstage zu verbringen. Die beiden Rucksäcke sollten in Görlitz zurückbleiben. Unser deutsches Zimmermädchen versteckte sie auf dem Boden des Gasthauses. In dem einen Rucksack war auch ein kleiner Rollschinken, den wir um jeden Preis als Geschenk nach Deutschland mitnehmen wollten, und eine halbe eingekochte Gans, die uns Tante Emilies früheres polnisches Hausmädchen Monika in Kempen geschenkt hatte.

Eine Stunde vor der Abfahrt des Busses erschien plötzlich ein angetrunkener russischer Offizier, der uns für fünftausend Zloty über die Grenze bringen wollte. Nun war guter Rat teuer. Ich traute dem Russen nicht, außerdem hatte ich nicht soviel Geld. Wir verhandelten, und schließlich einigten wir uns auf eine Summe von nur zweitausend Zloty, die ich zum Teil durch den Umtausch des deutschen Geldes herbeischaffen wollte.

Die Vorstellung, in einer Viertelstunde in Deutschland und womöglich schon am Heiligen Abend bei Frau und Kindern zu sein, war verführerisch. Es war der Sonnabend vor Weihnachten. Wer konnte mir garantieren, daß der Soldat uns nicht ausplündern und im Stich lassen würde? Und konnte er uns an den polnischen Grenzbeamten vorbei mit nach Deutschland nehmen?

Ein gütiges Geschick bewahrte mich vor diesem Risiko. Unsere Rucksäcke waren bereits versteckt. Das Zimmermädchen war in diesem Moment nicht auffindbar, also konnte ich nicht an meine Reserven heran. Der Russe wurde aber immer ungeduldiger und drängte zur Abfahrt. Ich aber mußte, eigentlich gegen meinen Willen, darauf verzichten, worüber der polnische Kellner natürlich ungehalten war, denn er wurde so um seine Provision gebracht, um sein Weihnachtsgeld.

Dafür erreichten wir noch in letzter Minute den Bus, der übervoll war. Sibylle fand einen mit Sand gefüllten Kasten, auf den sie sich niederhockte. Dann fuhr der Bus ab. Unterwegs wurden wir immer wieder kontrolliert von polnischem Militär und von russischen Armeeangehörigen, doch hatte man an meinem Ausweis nichts auszusetzen. Wir passierten die völlig zerstörte Stadt Bunzlau in Niederschlesien und sahen nur abgebrannte Häuser und Ruinen.

Durch die ausgebrannte Schweidnitzer Straße in Breslau ging die Fahrt vorbei an ausgebrannten Schaufensterhöhlen und Mauerresten. Was hatte der Krieg von der schönen Hauptstadt Schlesiens übriggelassen: ein Ruinenfeld. Vor genau zwanzig Jahren bummelten hier die Studenten mit Band und Mütze die einst so berühmte und beliebte Schweidnitzer Straße entlang.

Wo waren sie geblieben, die Winfrieden, die Salier, die Raschecks? Die meisten waren wahrscheinlich tot, gefallen, verschüttet, verbrannt oder zerquetscht. Wie die Fanfaren des Jüngsten Gerichts dröhnte mir noch der Schrei der von Hitler begeisterten Massen im Ohr.

Es regnete. Der Schneematsch spritzte bis zu den Busfenstern herauf. Dazu kam noch die trostlose Stimmung des Dezembers, der Anblick der zerstörten Kaufhäuser, die fremde Sprache, die Polen rings um uns. In dieser seit Jahrhunderten deutschen Stadt hatten sich Händler mit ihren ostischen Verkaufsständen breitgemacht. Unsere Lage war trostlos. Keine Aussicht auf Ausreise zu unseren Lieben. Die Ungewißheit, wie es ihnen wohl ergeht. Das Bewußtsein, daß sie sich um uns sorgten und nicht wußten, wo wir eigentlich waren. Es war zum Verzweifeln.

Am Odertor-Bahnhof war Endstation. Hier mußten wir auf den Zug warten, der uns gegen Mitternacht nach Rosenberg bringen sollte. Wir lagen auf dem Pflaster des Bahnhofsvorplatzes. An uns rauschte ein für uns völlig fremdartiges Leben vorbei, als wären wir in Lemberg und nicht in Schlesien.

Oh, du fröhliche Weihnachtszeit

Die Grenze war abgeriegelt, seit die Westmächte dagegen protestiert hatten, daß die Polen nicht nur die deutsche Minderheit aus Zentralpolen, sondern auch die deutsche Mehrheit aus den Ostgebieten rücksichtslos vertrieben, bis auf jene, die auf die deutsche Staatsbürgerschaft verzichtet hatten. Der Weltöffentlichkeit sollte vorgegaukelt werden, daß hier nur Polen und autochthone, das heißt »eingeborene«, Schlesier lebten, die gar keine Deutschen wären. Zwar waren Polen die Ostgebiete bis zur endgültigen Regelung in einem Friedensvertrag nur zur Verwaltung übergeben worden, die kommunistische Regierung rechnete aber fest damit, daß sie diesen Teil Deutschlands kassieren könnte, denn einen deutschen Osten werde es nie wieder geben. Diese deprimierende Behauptung mußten wir uns fast täglich anhören. Und so benahmen sich manche Polen bereits im Dezember 1945 auch nicht viel besser als die Nazis 1939.

Die ehemalige Festung Breslau war ein Ruinenfeld. Das bemerkten wir schon auf der früheren »Straße der SA« und in der Schweidnitzer Straße, überall nur verkohlte Trümmer. Zwölf Stunden lang mußten wir vor dem Odertor-Bahnhof auf unseren Zug warten. Er hatte sechs Stunden Verspätung. Wir beide hockten auf den eiskalten Fliesen der Bahnhofshalle und vermieden jedes Gespräch. Sibylle hatte große Angst, womöglich als Deutsche erkannt zu werden. Wir gingen viel zu früh hinaus auf den zugigen Bahnsteig in der Hoffnung, dadurch einen Platz im sicherlich überfüllten Zug zu ergattern.

Aus Angst vor den überall herumtorkelnden betrunkenen Russen und Polen kuschelte sich meine Tochter ängstlich an meine Schulter. Ein älteres Ehepaar, beide Polen, die mit uns auf die Ankunft des Zuges warteten, hatten Mitleid mit dem Kind und versuchten, mit ihm ins Gespräch zu kommen. Sibylle aber schwieg. Sie konnte viel zuwenig Polnisch. »Warum spricht das Mädchen denn nicht?« fragte die alte Dame besorgt. Geistesgegenwärtig erklärte ich ihr: »Das Mädchen hat gerade erst eine schwere Typhuserkrankung überwunden und ist daraufhin taubstumm geworden.« Meine Tochter hatte alle Haare verloren, war blaß und abgemagert und sah sehr krank aus. »Eine Nichte von mir hatte auch nach Typhus die Sprache verloren, aber nach sieben Jahren konnte sie wieder sprechen«, tröstete mich die alte Dame. Notlügen wie diese blieben uns damals nicht erspart.

Der einlaufende Zug befreite uns im richtigen Moment aus unserer peinlichen Lage. Betrunkene Rotarmisten feuerten Freudenschüsse ab, als der Zug endlich einlief. Sibylle zuckte zusammen und wollte sich erschreckt umsehen. Mit meinem rechten Arm drückte ich sie fest an mich, damit sie sich nicht verriet. Als »Taubstumme« durfte sie doch diese Schüsse gar nicht hören.

Beim Einsteigen begann wieder ein Kampf wie um Leben und Tod, um wenigstens einen Platz auf einem Trittbrett oder auf einem Puffer zu ergattern. So gut ich konnte, schützte ich das Mädchen, sonst wäre es von den Reisenden zu Boden gestoßen und zertrampelt worden. Schließlich stand ich auf einem Trittbrett und hatte Sibylles rechte Hand auf den Türgriff gelegt, während ich von hinten nachschob. Da riß ein russischer Soldat die Hand meiner Tochter brutal weg. Er beschlagnahmte gleich das ganze Abteil für sich und seine Kameraden.

Alle polnischen Zivilisten mußten wie wir wutschnaubend in einem anderen Abteil ihr Glück versuchen. Gegen ihre Befreier konnten die Polen damals nichts ausrichten. Noch drei andere Waggons waren von den Soldaten beschlagnahmt. Nach langem Bitten und Betteln erlaubte mir ein polnischer Eisenbahner schließlich, auf den Puffern eines

Dienstwagens Platz zu nehmen. Wir schnallten uns mit Gurten fest, um während der Fahrt nicht buchstäblich unter die Räder zu kommen.

Für eine Strecke von einhundertdreißig Kilometern brauchte der Zug neun Stunden, und das bei acht Grad Kälte. Wir zitterten am ganzen Leib. Unsere Gesichter brannten vom schneidenden Fahrtwind. Die Beine waren längst wie Eisklumpen erstarrt. Die ganze Zeit hatten wir nichts zu trinken. Ein Stück trockenes Brot war unsere einzige Nahrung. Bald bemerkten wir, daß die Mehrzahl der Reisenden, die wie Trauben an den Trittbrettern und auf den Puffern und Plattformen hingen und sogar auf den Dächern des »Expreßzuges« hockten, Deutsche und nur verkappte Polen waren. Nur im Flüsterton wagten sie, vom bevorstehenden Weihnachtsfest zu sprechen. Die echten Polen und die Russen saßen in den Waggons.

Zu allem Unglück gab bei Bernstadt auch noch die Lokomotive ihren Geist auf. Das bedeutete wieder zwei Stunden unfreiwilligen Aufenthalts auf dem zerstörten Bahnhof. In Rosenberg, nicht mehr sehr weit von Pitschen, wurden wir schon lange erwartet. Emma und ihre Familie nahmen uns in ihrer bescheidenen Behausung auf. Mein Schwager lebte mit seiner Familie unter unerquicklichen Bedingungen mit anderen Deutschen zusammen. Als ausgebildeter Eisenbahner mußte er mit seiner hübschen jungen Tochter unentgeltlich auf der Strecke arbeiten. Meine Schwägerin dagegen arbeitete für die Russen. Mit anderen deutschen Frauen half sie, Proviantdepots der ehemaligen deutschen Wehrmacht zu räumen. Dafür bekam sie gelegentlich Nahrungsmittel und Kerzen.

Zur Feier des Tages gab es zu Weihnachten eine Roggenmehlsuppe und Butterbrot dazu. In einem engen, aber warmen Raum hockten wir um den organisierten Tannenbaum. Sein Schmuck war aus dem Seidenfutter vor Briefumschlägen gebastelt. Beim Verlesen der Frohen Botschaft in deutscher Sprache traten uns die Tränen in die Augen. Meine Gedanken waren bei meinen Lieben in Mecklenburg, die bestimmt auch an uns dachten.

Von meiner Frau Helene erfuhr ich später, wie sie mit den drei Kindern diesen Weihnachtsabend gefeiert hatte. Den ganzen Tag über mußten die Kinder im Bett liegen, weil das Zimmer erst am Abend geheizt werden konnte. Die Kinder waren allein, nur unsere Freundin Marga Steinhoff war bei ihnen. Auch sie lag im Bett, weil es bitter kalt war.

Meine Frau kam erst gegen Abend aus Berlin zurück. Dort hatte sie meine Leica versetzt und dafür Wehrmachtskleidung bekommen, auch Speck und Sirup. So kam sie nicht mit leeren Händen. Sie hatte sogar Geschenke im Gepäck. Für die beiden Söhne Hans und Helmut Schultaschen, aus Sackleinen genäht, blaugefärbte Keilhosen aus Wehrmachtsuniformen und für die kleine Kristine eine alte Puppe von meiner Cousine Emmy Haffner. Dazu Puppenkleidung, die sie ihr mit der alten Nähmaschine meiner Cousine in Berlin genäht hatte. Das waren überraschende, unerwartete Geschenke zu Weihnachten.

Zusammen mit Marga hatten die Kinder mehrere Tage auf ihre Mutter gewartet und sich solange von Kohlrüben ernährt. Meine Frau hatte sogar Kerzen aus Berlin mitgebracht. Den Weihnachtsbaum hatten Hans und Helmut heimlich aus dem Wald geholt, obwohl das streng verboten war. Zum erstenmal in ihrem Leben mußten die drei Kinder Weihnachten ohne ihren Vater und ohne ihre große Schwester verleben, und keiner wußte vom anderen, wo er war und was er durchmachte.

Keine Kriegsweihnacht war so traurig und so bedrückend wie der erste Heilige Abend nach der »Befreiung«. Nach der bedingungslosen Kapitulation herrschte zwar Frieden, aber der kalte Krieg der Sieger gegen die Besiegten ging weiter. Sie übten Rache und Vergeltung, und in Teilen Deutschlands herrschten Unrecht und Gewalt. Die meisten Deutschen konnten sich deshalb über das Ende der Diktatur und den Untergang des Unrechtsregimes nicht recht freuen. Die

Kommunisten aber nannten die Einführung der neuen Diktatur theatralisch »Befreiung vom Faschismus«.

Auf Anschlagtafeln in Rosenberg und in anderen Orten des Kreises Kreuzburg wie in Oberschlesien überhaupt waren immer noch Bekanntmachungen angeschlagen mit Überschriften wie: »Polen als Eltern für deutsche Kinder gesucht. Besondere Formalitäten nicht erforderlich und Namensübertragung gestattet.« Nach offiziellen Angaben sollen Zehntausende deutschstämmiger Kinder, deren Eltern entweder umgebracht worden waren oder die von ihren Eltern getrennt lebten, auf diese Weise Polen geworden sein.

Ein polnischer Politiker, mit dem ich oft darüber sprechen konnte, weil er einer meiner alten Patienten war, antwortete mir auf meine Einwände wie: »Sie verlieren ja ihre Muttersprache« und »Was ist dann ihr Vaterland?« lakonisch: »Ein Papagei lernt in einem Käfig auch zu sprechen, ohne zu wissen, ob er aus dem Urwald stammt.« Diese mitleidlose Haltung vertraten damals nicht nur die polnischen Kommunisten.

Meine Nichte Edeltraud opferte ihr letztes silbernes Armband, das sie von mir zur ersten Kommunion bekommen hatte, damit wir an den Weihnachtsfeiertagen etwas zu essen und sogar ein Fläschchen Schnaps zum Feiern hatten. Obwohl uns danach nun wirklich nicht zumute war, fand ich diese Geste rührend.

Am Abend des zweiten Weihnachtsfeiertages machte ich mich allein per Bahn auf den Weg nach Kempen. Ich benutzte den sogenannten Schnellzug von Kattowitz nach Danzig. In Pitschen stieg ich aus und stand zwischen den verrußten Trümmern des Bahnhofs. Der Bahnhofsvorplatz, Straßen und Gassen waren in undurchsichtiges Dunkel getaucht. Eine dicke Schneedecke lag über den Trümmern und verbarg mitleidig die Spuren der Zerstörung. Weit und breit war keine Menschenseele zu entdecken, als wäre man in einer Totenstadt.

Während ich mich mühsam vorwärts tastete, stieß ich in der Dunkelheit mit einer jungen Frau zusammen, die froh war, in der ihr fremden Umgebung einen Begleiter gefunden zu haben, der offensichtlich ortskundig war. Sie fragte mich, ob ich ihr nicht sagen könnte, wo das Haus des Doktors zu finden sei. »Der Doktor«, antwortete ich voller Bitterkeit, »mußte die Stadt verlassen. Er wurde von der Miliz ausgewiesen.« Sie antwortete daraufhin: »Ich will ja nicht zum Doktor, ich will nur zu seinem Haus. Mein Mann ist bei der Miliz und arbeitet jetzt dort. Er hat mir ein Telegramm geschickt, daß er krank ist, und ich möchte doch an den Feiertagen zu ihm kommen.«

Ich begleitete sie bis zur Wallstraße und hatte noch einmal Gelegenheit, von meinem eigenen Haus Abschied zu nehmen, das ich nur fünf Jahre lang bewohnen durfte und später auch nie wiedergesehen habe.

Dort angekommen, stiegen wir beide langsam im Dunkeln die Steinstufen zur großen eichenen Haustür empor. Ich zog die Nachtglocke, die in den Jahren meiner ärztlichen Tätigkeit so vielen Leidenden und Hilfesuchenden gedient hatte. Als sich Schritte näherten und die Innentür geöffnet wurde, entfernte ich mich wortlos. Im gegenüberliegenden Haus, das einst der Bürgermeister Jelinek und die Familie Steinhoff lange Jahre bewohnt hatten, sah man durch die vereisten Fensterscheiben einen Christbaum, an dem bunte elektrische Glühbirnen leuchteten. Die neuen Bewohner feierten das »Fest der Liebe« – in unseren Häusern, ohne uns!

Der Bey von Marokko

Deprimiert und mit dem Schicksal hadernd, wandte ich mich gedankenverloren dem Pitschener Ring zu. Der Schnee knirschte unter meinen Schritten. Plötzlich überraschte mich ein unerwarteter Anblick: Wie in früherer Zeit brannte vor der Silhouette des zerstörten Rathauses ein riesengroßer Weihnachtsbaum. Seine elektrischen Kerzen tauchten den gesamten Marktplatz in helles Licht; soweit das Auge blicken konnte, sah ich ausgebrannte Häuser. Schornsteine ragten in den Himmel, keine fröhlichen Kinderstimmen, kein Laut, nur tiefes Schweigen. Auch die Fenster der wenigen noch erhaltenen Häuser waren nicht erleuchtet. Es schien, als ob das Leben in dieser einst so lebensfrohen und lebendigen Kleinstadt völlig erloschen wäre.

Niemand außer mir beachtete den Weihnachtsbaum. Ich fing an zu träumen, meine Gedanken schweiften zurück zu jenem zweiten Weihnachtsfeiertag, der nach alter Überlieferung in jedem Jahr ein Höhepunkt des gesellschaftlichen Lebens in Pitschen gewesen war, als noch der gemischte Chor und der Männergesangverein »Concordia« ihre Winterfeste mit Gesang und Tanz feierten.

Was war wohl aus den Sängern geworden? Aus dem stabfreudigen Dirigenten und musikalischen Leiter der beliebten Aufführungen, Richard Steinhoff? Wo waren die stimmgewaltigen Männer und Frauen, die sogar Operetten in Pitschen aufgeführt hatten? Auch im Rundfunkprogramm des Senders Breslau waren sie erfolgreich aufgetreten.

Wie oft hatte meine Frau Helene im Gasthaus »Dalibor« Hauptrollen in Operetten gespielt. Unvergeßlich auch die Trachtenfeste und Maskenbälle im Winter wie: »Aus guter alter Zeit Pitschens mit echten alten Kostümen beim Ball vom Rokoko bis zum Biedermeier«. Oder das Kostümfest »Zigeunerlager«, die Aufführung der Operette »Das Heiratsjahr« von Otto-Fritz Glauer und Richard Steinhoff oder das Kostümfest »Basar in Kairo«.

Schön war auch das Kostümfest »Rosenmontag in Garmisch-Partenkirchen«. Die gesamte Ausstattung dieser Feste war liebevoll selbst gemacht. Die Solisten waren Amateure, begabte Dilettanten. Lustig und humorvoll ging es zu bei allen Pitschener Festen. Die alteingesessenen Familien hielten auf Tradition und feierten gern, nicht nur am Rosenmontag.

Ich mußte auch an die Aufführung des »Bey von Marokko« denken: Das Hotel »Dalibor« war bis auf den letzten Platz ausverkauft. Schellengeläut der von auswärts eintreffenden Pferdeschlitten drang durch die geschlossenen Saalfenster. Im Festsaal herrschte die übliche Spannung, die solchen Aufführungen voranzugehen pflegte.

Die Schauspieler schwitzten aus Angst, daß sie ihre Stichworte vergessen könnten. Der Partner der Naiven, unser lieber Reindel, fing an zu schwitzen, als er plötzlich entdeckte, welche Tücken und Abgründe seine Rolle aufzeigte. Richard Steinhoff, der Dirigent, wischte sich den Angstschweiß von der Stirn, weil er befürchtete, daß seine Solisten die Einsätze verpatzen könnten. Und auch das Publikum schwitzte, teils in heißer Erwartung, teils weil sich die Hitze im Saal – man war wohl der Meinung, daß der Bey von Marokko nur bei afrikanischer Hitze auftreten könne – ins Unerträgliche steigerte.

Nur zwei Mitwirkende schienen sich bei dieser Affenhitze wohl zu fühlen. Der eine war der Souffleur, der in seinem Kasten saß und erfrischende Kühle aus irgendwelchen Kellerräumen erhielt, der zweite war unser Hotelbesitzer Emil, der mit aufgekrempelten Ärmeln händereibend hinter seiner Theke stand und im Geist überschlug, wieviel Hektoliter Bierkonsum die verheizte Kohle im allgemeinen und die

Aufführung des »Bey von Marokko« im besonderen ihm einbringen würden.

Auch Julius Wünschirs hatte unter der Hitze zu leiden. Unruhig rutschte er auf seinem Stuhl hin und her und überlegte angestrengt, ob er sich nicht rasch eine Zigarette anzünden sollte. Doch von allen Saalwänden starrten ihm noch von der letzten Kinovorstellung, die hier stattgefunden hatte, Plakate mit der warnenden Aufschrift »Rauchen verboten« entgegen. Außerdem wollte er seinen Freund Richard nicht verärgern, der bei Mißtönen der Sänger womöglich behaupten würde, der Zigarettenrauch hätte sich auf die Stimmbänder seines Bassisten oder des Sopranisten gelegt, oder ihm indirekt für das Mißlingen der Aufführung die Schuld zuschöbe, weil er, Richard, das Stichwort deswegen vergessen hätte.

Julius hatte schon heimlich die Knöpfe seines Smokings aufgemacht, der viel zu eng war, und verfluchte im stillen die ungewohnte Kleidung, die seine sanften Rundungen wie eine Ritterrüstung bedrängte. Der an Weihnachtsfeiertagen überfüllte Magen verlangte nach Ausdehnung und beschleunigte und bestärkte die Schweißausbrüche des Kaufmanns.

Um die Wartezeit zu überbrücken und sich etwas abzulenken, begab sich Julius zu seiner Tante und begann Konversation zu machen. Erst fragte er sie höflich, was ihr das Christkind gebracht habe. Dabei bemerkte er einen Schweißausbruch auf dem Gesicht der alten Dame. Auch sie hatte sich winterlich warm angezogen, nicht ahnend, daß der Wirt eine Sahara-Temperatur vorgaukeln würde, um seine Gäste zu einem größeren Getränkekonsum zu verführen.

Kaum hatte Julius festgestellt, daß seine Tante unter der Hitze genauso litt wie er, als er wegen der Kohleverschwendung zu räsonieren anfing. Soweit ihn seine schwerhörige Tante verstehen konnte, gab sie ihm recht. Beide hatten das Thema »sparsamer Kohleverbrauch« noch längst nicht beendet, als plötzlich der Vorhang hochging. Das von Berthold mit viel Liebe ausgebaute Bühnenbild eines Mädchenheims entzückte das Auge der Zuschauer. Ein kühles Lüftchen wehte von der offenen Bühne in den Saal, und die Zuschauer genossen die Darbietungen.

Vor dem Höhepunkt der Aufführung, in der Pause zum zweiten Akt, verließ Julius für eine Zigarettenpause den Saal, um sich mit einem kühlen Glas Bier äußerlich und innerlich zu erfrischen. Bei dieser Gelegenheit sagte er dem Wirt wegen des überheizten Saales seine Meinung. Um den Gast abzulenken, erzählte ihm der Wirt die neuesten Neuigkeiten. Julius eilte fort zur Tante und beugte sich an ihr Ohr, um ihr zu sagen: »Stell dir vor, bei M. sind Zwillinge angekommen.« Darauf antwortete die schwerhörige Tante gottergeben: »Müssen die aber eingeheizt haben.« Bevor Julius dazu kam, den Irrtum aufzuklären, ging im Saal das Licht aus.

Richard klopfte energisch an sein Notenpult und hob den Taktstock. Der Vorhang teilte sich, und hundert Frauenherzen klopften schneller, denn auf der Bühne stand Oscha, der Traum sämtlicher Mädchen und jungen Frauen in Pitschen und Umgebung, und sang mit jubelnder Stimme: »Die Liebe hat gesiegt.« Da mußte auch die Tante eine Träne der Rührung vergießen. Sie schloß die Augen und flüsterte leise, so, daß nur Julius es hören konnte: »Müssen die aber eingeheizt haben«, woraufhin Julius freilich immer noch nicht wußte, wen sie eigentlich damit gemeint hatte.

Das Grölen betrunkener Polen und Trompetentöne in der toten Stadt erinnerten mich an den letzten Silvesterabend zu Hause. Mein Sohn Hans war mit einigen Pimpfen des örtlichen Fanfarenzugs gegen Mitternacht die Stufen des Rathauses emporgeklettert, um das neue Jahr mit Fanfarentönen zu begrüßen. In jener Nacht war es so kalt, daß sie die Mundstücke mit der Hand in der Tasche wärmen mußten, um überhaupt blasen zu können. Als die Turmuhr Mitternacht schlug, tönten die Trompeten wie die »Posaunen von Jericho«. Wir alle ahnten damals noch nicht, daß schon neunzehn Tage später Tod und Verderben über unsere friedliche Stadt kommen würden. Wer konnte schon trotz der beunruhigenden Meldungen von der Front ahnen, daß jeder Fanfarenstoß symbolisch wie die Trompeten des Jüngsten Gerichts für die Einwohner der Kleinstadt Pitschen den Untergang ankündigte.

Allein im Haus Heiderose

Während Sibylle und ich vergeblich versuchten, irgendwo zwischen Stettin und Görlitz die neue Grenze in Deutschland zu passieren, mußte sich meine Frau ohne mich mit den Kindern an der Ostsee durchschlagen.

Graal-Müritz, in Mecklenburg an der Ostsee gelegen, war an sich ein landschaftlich schön gelegener Doppelort, wirkte nach Kriegsende aber wie ausgestorben. Die Pensionen und Hotels standen leer. Es kam niemand mehr zur Erholung. Die wenigen hundert Einwohner waren über unser Kommen erschrocken. Dort wartete meine Frau mit den drei Kindern monatelang auf mich und Sibylle. Die Quarantänezeit im Müritzer Kinderheim lief ab. Und in dieser landwirtschaftlich unergiebigen Gegend gab es nicht genug zu essen. Was die Fischer an Land brachten, wurde sofort von den Russen beschlagnahmt. Den Fischern blieb meistens nur die Dorschleber.

Meine Kinder, die bis zur Ausweisung im Oktober 1945 noch gut ernährt waren, hungerten. Sie bekamen von früh bis abends meist nur Kohlrüben und gelegentlich Kartoffeln und Quark. Selbst für die kleinen Fleischrationen der Lebensmittelkarten gab es meistens nur Magerquark als Ersatz.

Eines Tages, in der zweiten Novemberhälfte, eröffnete der Lagerleiter – ein Mann, der früher ein Funktionär der NSDAP gewesen war, nun aber dem kommunistischen Regime diente – den Vertriebenen: »Morgen wird das Lager aufgelöst. Alle Vertriebenen werden auf verschiedene Dörfer verteilt. Das Gepäck trägt jeder allein. Fahrzeuge haben wir nicht.«

Meine Frau bat, bei ihr eine Ausnahme zu machen. Sie hätte drei Kinder, die zur Schule müßten, und außerdem würde ihr Mann nach seiner Rückkehr aus Schlesien als Arzt in Müritz arbeiten. Der Ort brauchte damals dringend einen Arzt. Doch der Ex-Nazi antwortete ihr nur: »Ausnahmen werden nicht gemacht!« Sie wollte auch deswegen nicht in ein Fischerdorf, weil die Kinder endlich wieder eine weiterführende Schule besuchen sollten. Fast ein Jahr lang hatten sie schon den Unterricht versäumt, und in Müritz gab es eine Privatschule bis zur zehnten Klasse. Dann mußten die Oberschüler nach Rostock, was wegen der schlechten Verkehrsverbindungen damals äußerst beschwerlich war.

Aber Helene wußte sich zu helfen. Sie suchte heimlich den kommunistischen Bürgermeister auf, um ihm ihre Sorgen vorzutragen. Leider war er nicht zu Hause, sondern mit dem Fahrrad unterwegs, um seine Dienstangelegenheiten zu erledigen. Doch seine Wirtschafterin hatte Mitleid. Sie gab ihr den Rat, am nächsten Morgen in aller Herrgottsfrühe um fünf Uhr wiederzukommen, bevor der Bürgermeister mit dem Frühzug um sechs Uhr nach Rostock fahre.

Am nächsten Morgen machte sich meine Frau mit Hans auf den Weg. Um diese Zeit war es in dem Wald zwischen Graal und Müritz stockduster und nicht ganz ungefährlich. Der Bürgermeister saß um diese Zeit bei Kerzenlicht am Frühstückstisch und ließ es sich schmecken. Er bot den beiden zwar nichts zu essen an – vielleicht wußte er nicht, wie hungrig sie waren – aber die Wirtschafterin servierte ihnen wenigstens eine Tasse Tee. Als er hörte, daß ich Arzt und bereit sei, später in Graal-Müritz zu arbeiten, wurde er hellhörig.

Der einzige Arzt in Müritz war nämlich gerade an Typhus gestorben, und seine völlig eingerichtete Praxis stand leer und wartete auf einen Nachfolger. Also gab er meiner Frau eine Bescheinigung, daß sie bleiben dürfe. Meine Frau glaubte damals noch, daß ich etwa um den 15. November herum wieder aus Schlesien zurück sein würde.

Sie zog erst einmal in eine Pension, die zwei alten Jungfern gehörte und nicht weit vom Quarantänelager war. In dem

Ferienhaus – genannt »Min Hüsing« – bekam sie eine geräumige Sommerwohnung. Dieses Haus war im Winter aber eiskalt und ungeheizt. Die alten Damen hatten kein Brennholz, aus dem Gemüsegarten spendierten sie ab und zu etwas Grünkohl.

Der schöne Hochwald in der Nähe war längst völlig abgegrast. Es gab nur noch völlig nasses Reisig, das mehr qualmte als heizte. Also blieb meiner Frau nichts anderes übrig, als Holz zu stehlen. Die Ernährung blieb weiterhin trostlos. Es gab wenig genug auf Lebensmittelmarken, zum Beispiel fünfzig Gramm Fleisch pro Person und Woche, aber es war gar kein Fleisch da. Also wurde der Bevölkerung Fisch und Quark ausgeteilt, selbst dafür mußte man sich noch stundenlang anstellen. Das Brot war fast ungenießbar, weil das Mehl so schlecht gemahlen war, daß ganze Körner darin enthalten waren.

Papiergeld wollte niemand haben. Man mußte weit laufen oder mit dem Zug fahren, um eventuell auf den abgeernteten Feldern noch einige Kartoffeln zu finden. Nur Kohlrüben gab es reichlich.

So lebte meine Familie monatelang vorwiegend von Kohlrübeneintopf. In ihrer Not fuhr meine Frau mit anderen Flüchtlingen gelegentlich mit der Bahn von Graal nach Rövershagen und zog dann bettelnd von einem Bauernhof zum anderen. Manchmal brachte sie einige Kartoffeln oder etwas Mehl mit, manchmal kam sie auch mit leeren Händen zurück.

Einmal schickte sie meinen Sohn Hans allein nach Rövershagen, der zu den Bauern betteln gehen sollte. Abends kam er unverrichteter Dinge wieder nach Haus, klagte über starke Kopfschmerzen, legte sich ins Bett und schwor: »Lieber will ich verhungern, als noch einmal betteln zu gehen.« Ein anders Mal war meine Frau mit Helmut in Rövershagen. Dort gab es auch eine Mühle, die zwar in Betrieb war, aber öfter von russischen Soldaten aus Rostock ausgeplündert wurde. Während Helene dort vergeblich um etwas Mehl bettelte, saß Helmut draußen hungrig auf einem Mühlstein und wartete.

Er fing an zu weinen, als sie mit leeren Händen zurückkam. Darauf nahm meine Frau ihren ganzen Mut zusammen und ging noch einmal in die Mühle, um dem Müller ihr ganzes Leid zu klagen. Da wurde er weich und sagte zu ihr: »Na, dann geben Sie mal ihren Beutel her.« Einen Beutel oder eine Tasche besaß meine Frau aber nicht. Also schüttete er ihr etwas Mehl in eine Serviette und gab ihr in Zukunft jedesmal etwas, wenn sie auf »Hamstertour« an der Mühle vorbeikam.

Die Miete in dem Ferienhaus war für meine Frau auf die Dauer zu hoch. Sie suchte sich eine andere Unterkunft, im Haus »Heiderose« in Graal. Strom gab es damals nur manchmal. Zwischen achtzehn und einundzwanzig Uhr war meistens Stromsperre. Also ging man um achtzehn Uhr ins Bett und stand um einundzwanzig Uhr wieder auf, um sein kärgliches Abendbrot zu essen. Es konnte aber auch vorkommen, daß man vor Erschöpfung durchschlief und erst am nächsten Morgen wieder aufwachte.

Eines Abends, als noch Licht in ihrem Zimmer brannte, weil sie die Sperrstunde verschlafen hatte, polterte eine russische Streife an der Tür, um festzustellen, warum so spät noch Licht im Haus brannte. Vor Angst stürzte Lenchen auf den Balkon und schrie laut: »Kommandant, Kommandantura, Kommandant.« Darüber amüsierten sich die Russen köstlich, und einer schrie zurück: »Ja, jetzt du Kommandant.« Und dann zogen sie friedlich ab.

In Graal wohnten Lenchen und die drei Kinder nicht mehr so abgelegen, sondern an der Hauptstraße gegenüber dem Postamt in einem Zimmer. Im Nachbarraum lebten Marga Steinhoff und ihre Tochter Eva, die am 24. November völlig ausgeplündert, ohne mich und Sibylle eingetroffen war. Die Hauswirtin, eine junge Witwe mit Tochter, war mit einem Kommunisten befreundet. Außerdem hatte eine andere Hausbewohnerin ein Verhältnis mit einem russischen

Major, der häufig bei ihr übernachtete. So hatten die anderen Hausbewohner Ruhe vor Übergriffen. Gekocht wurde für meine Lieben und für Steinhoffs auf einem Kanonenofen, für den täglich Reisig aus dem Wald geholt werden mußte. Bäume abzuhacken war streng verboten und wurde bestraft.

Wenn meine Kinder aus dem Fenster blickten, konnten sie das Postamt in Graal sehen. Einmal in der Woche, am Sonntag mittag um zwölf Uhr, blickten sie besonders sehnsüchtig auf das Nachbarhaus, dann wurde nämlich die Post verteilt, und manchmal war auch ein Päckchen meines Schwagers Paul Lepsy dabei, der in Celle bei der englischen Armee Hausmeister war: Im Hotel »Union« verkehrten nur englische Soldaten und Offiziere, da herrschte auch kein Mangel an Weißbrot, Butter und Käse. So oft wie möglich schmuggelte Onkel Paul nach Dienstschluß Speck, Butter, Käse und Zigaretten aus dem Gebäude. Seine Familie und seine Verwandten profitierten davon, auch meine Frau und meine Kinder.

Manchmal schickte er in den Päckchen auch Zigaretten Marke »Navycat« oder deutsche Zigaretten Marke »Sondermischung«, die meine Frau dann einzeln an Interessenten verkaufte. Für eine deutsche Zigarette gab es bis zu acht Reichsmark, für eine amerikanische zwölf. Sie selbst verzichtete ihren Kindern zuliebe auf das Rauchen. Oft klopften mitten in der Nacht Interessenten an die Tür ihres Zimmers im Haus »Heiderose«. Sie kamen, um sich eine Zigarette zu kaufen, denn es hatte sich schnell herumgesprochen: »Frau Peters hat sogar amerikanische Zigaretten.«

Ihren Lebensunterhalt verdiente sich Helene dadurch, daß sie schneiderte, strickte und nähte. Jetzt machte sich bezahlt, daß sie gelernte Schneiderin war. Mit solcher Arbeit konnte man damals über die Runden kommen. Frauen, die nichts gelernt hatten oder zum Beispiel Büroangestellte gewesen waren, hatten solche Möglichkeiten nicht.

Die Monate verstrichen, aber meine Angehörigen hörten nichts von mir und Sibylle. Die Post beförderte damals keine Briefe aus Schlesien in die sowjetische Besatzungszone. Wir konnten auch nicht telefonieren. Schon mehrmals hatten wir versucht, deutsche Arbeiter, die tagsüber aus dem westlichen Teil von Görlitz in den östlichen Teil zur Arbeit kamen, zu überreden, einen Brief nach Deutschland mitzunehmen. Aber die Kontrollen waren sehr streng, und die meisten Pendler hatten Angst, Briefe zu schmuggeln, so daß meine Lieben monatelang auf ein Lebenszeichen warten mußten.

Meine Söhne Hans und Helmut besuchten längst wieder eine Privatschule in Müritz, die später von den Kommunisten geschlossen wurde. Eines Tages kam der katholische Pfarrer aus Müritz mit dem Fahrrad nach Graal und überzeugte meine Frau, daß es höchste Zeit für die beiden wäre, den Beicht- und den Kommunionunterricht bei ihm zu besuchen.

In ihrem Alter, sie waren damals elf und vierzehn Jahre alt, waren sie bereits Nachzügler. Deshalb erteilte der Pfarrer ihnen beiden allein Privatunterricht in seinem Zimmer. Bei seinem Besuch hatte er bemerkt, wie schlecht es meiner Frau und meinen Kindern ging und daß sie hungerten. Also benutzte er die Unterrichtsstunden, um ihnen von seinem eigenen Essen abzugeben.

Immer wenn sie Unterricht bei ihm im Schwesternheim hatten, ließ er sich sein Abendbrot aufs Zimmer bringen. Den Ordensschwestern behagte das gar nicht. Denn was sie vermuteten, war auch der Fall: Meistens forderte er meine Söhne auf, schnell seine Bratkartoffeln oder seine Brote zu verzehren, ehe die Schwestern wieder abräumen kamen. Dabei war der Pfarrer ein Hüne von Mann, mindestens einen Meter neunzig groß, und konnte selbst eine große Portion gut vertragen. Aber er war ein herzensguter Mensch, der sich als überzeugter Christ auch verpflichtet fühlte, sein Brot mit meinen hungernden Kindern zu teilen.

Meine Söhne versuchten auch, mit Schnur, Haken und Köder Fische aus dem Meer zu fangen. Aber das gelang ihnen nicht, nur einmal hatte ein See-Aal angebissen und sich völlig in die Schnur verwickelt.

Helene war verzweifelt, als sie im Frühjahr 1946 noch keine Nachricht und kein Lebenszeichen von uns bekommen hatte. Aus Angst, uns wäre etwas passiert, ging sie wie andere Frauen schließlich zu einem Mann, der behauptete, er könne aus persönlichen Zahlen und Daten vorhersagen, wann wir uns wiedersehen würden. Durch geheimnisvolle Berechnungen mit persönlichen Daten meiner Frau und Daten von mir errechnete er den Tag, an dem spätestens ein Lebenszeichen von mir eintreffen würde.

Wenn sie auch nicht so recht daran glauben konnte, so klammerte sie sich doch in ihrer Verzweiflung an diese Vorhersage. Sehnsüchtig wartete sie weiter auf Post von mir, und, so unglaublich es klingt, an dem Tag, an dem die Frist abgelaufen war, landete mein erster Brief bei ihr in Graal. Damals, als so vieles ungewiß und unbekannt war, hatten die Wahrsager Hochkonjunktur, und manche ihrer Prognosen traten auch ein. Aber in der Regel galt wohl das biblische Wort: »Der Glaube hat ihnen geholfen.«

In der Villa am Stadtrand

Ein neuer Leidensweg begann mit dem neuen Jahr 1946 – der monatelange, vergebliche Versuch, aus Schlesien nach Restdeutschland zu kommen. Sibylle und ich machten uns am 2. Januar 1946 wieder auf den Weg nach Görlitz, in unsere Schicksalsstadt. Zuerst im Bremserhäuschen eines Güterzuges. Der Zug hatte neun Stunden Verspätung. Er sollte uns von Rosenberg bis nach Breslau bringen.

Mein Schwager Johann Wolf, der Eisenbahner, steckte mir für die Reise eine Flasche Rübenschnaps in die Manteltasche. Ohne mein Wissen hatte die Familie Wolf ein silbernes Armband, den letzten Wertgegenstand, dafür eingetauscht. In Kreuzburg hatten wir den ersten Aufenthalt und suchten Zuflucht in einer Holzbaracke neben dem zerstörten Bahnhofsgebäude, bis der Anschlußzug nach Breslau kam.

Plötzlich tauchte ein russischer Kontrolleur auf, ein Sergeant, und mehrere bis an die Zähne bewaffnete Rotarmisten. Sie fragten nach Ausweisen, Fahrkarten und nach dem Reiseziel, wobei sich herausstellte, daß die anderen Wartenden alle Polen waren. Ich war mir darüber im klaren, daß die polnischen Reisenden uns sofort hinaus in die Kälte scheuchen würden, sobald sie uns als Deutsche erkannten. Aber als ich an der Reihe war, winkte der Sergeant unvermutet ab und kontrollierte meine Nachbarn. Warum weiß ich nicht, vielleicht hatte er die Furcht in unseren Gesichtern gesehen und daraus geschlossen, daß wir Deutsche waren. Vielleicht wollte er uns eine Belästigung durch die Polen ersparen.

Damals haben uns oft russische Soldaten vor Behelligung durch Polen geschützt. Die Sympathie der Russen für die Polen war ohnehin nicht sehr ausgeprägt. Die Besatzungssoldaten waren deutschfreundlicher geworden, nachdem sie bemerkt hatten, daß die meisten Deutschen keine Untermenschen waren, wie ihnen Ilja Ehrenburg, der Propagandist der KPdSU, gepredigt hatte.

Der blinde Haß vieler Polen gegen die Deutschen nahm damals aber noch kein Ende. Ich machte die Erfahrung, daß uns vor allem solche Menschen haßten, die persönlich nicht viel durchgemacht hatten. Die wahren Opfer des Nationalsozialismus straften uns mit Verachtung. Sie hatten nicht das Verlangen, sich persönlich zu revanchieren.

Die Fahrt nach Görlitz wurde zur Qual. Am offenen Fenster, in eine Decke gehüllt, froren wir unterwegs stundenlang am ganzen Leib. Meine Tochter hatte sich einen Lappen um den Kopf gewickelt, um sich vor der Zugluft zu schützen. Wieder einmal mußten wir in Breslau eine Nacht verbringen, um auf einen Anschluß zu warten. Um uns die Zeit zu vertreiben, machten wir einen Rundgang durch die zerstörte Innenstadt.

Es war eine frostklirrende Mondnacht, als wir durch die toten, stillen Straßen schritten. Ganze Häuserblöcke waren ausgebrannt und zerstört. Die vielen Brücken über die Oder waren gesprengt. Wir mußten daher weite Umwege über die Werder-Brücke machen. Die Oderstraße, wo ich einst als Student meine Bude gehabt hatte, war ebenso ein Trümmerfeld wie die Gartenstraße, berühmt durch Forscher wie Julius von Liebig und das Konzerthaus. Nur das wenig beschädigte Rathaus täuschte beim Mondschein Unversehrtheit und das alte Breslau vor, das es nicht mehr gab.

Eine Stunde lang waren wir schon unterwegs, da kamen wir an der Ruine des Café »Frank« vorbei und an Ruinen vor dem Sonnenplatz. Nicht eine einzige Straßenlaterne brannte, nur der fahle Mondschein erhellte die Trampelpfade durch die Ruinen. Erleichtert atmeten wir auf, als das erleuchtete Bahnhofsgebäude wieder auftauchte, ohne daß wir ausgeplündert worden waren.

Hunderte polnischer Soldaten lagen in der Halle und räkelten sich auf den Bahnsteigen. Gegen eine höhere Summe Schmiergeld in polnischer Währung gewährte uns ein Eisenbahner Quartier. Die Staatsbeamten der Kommunisten waren damals mehr schlecht als recht besoldet und deshalb auf Nebenverdienste angewiesen. Der diensttuende Beamte schloß uns in seiner Wohnung ein, weil er Nachtdienst hatte. Im Nebenzimmer hauste noch ein junges Paar gegen Bezahlung.

Obwohl es eiskalt in dem Zimmer war, fielen wir beide schnell in tiefen Schlaf. Erst die Läuse unserer Vorgänger machten uns wieder munter. In diesem Asyl für Obdachlose schien manch einer diese weitverbreiteten Tierchen als Andenken zu hinterlassen.

Ganz in der Nähe hatte der Magistrat eine Autobushaltestelle eingerichtet. Zitternd warteten wir eine Stunde lang auf einen fahrbaren Untersatz. Ein Lautsprecher verbreitete Aufbauparolen in polnischer Sprache und spielte zwischendurch deutsche Marschmusik, denn die Polen hatten damals keine anderen Schallplatten.

Die Techniker erfreuten die Reisenden zum Beispiel mit Hitlers Lieblingsmarsch, dem »Badenweiler Marsch«. Es klang wie Hohn, denn Adolf Hitler hatten die Polen die Vernichtung von Hunderttausenden von Bürgern und die Zerstörung weiter Landstriche zu verdanken. Nun spielten sie unverdrossen seinen Lieblingsmarsch. Vielleicht wußten sie auch gar nicht, um was für eine Musik es sich handelte.

Für einhundert Zloty pro Person nahm uns dann ein russischer Militärlastwagen endlich mit. Jeder Sieger machte damals seine Privatgeschäfte. Der Fahrer war in Liegnitz stationiert. Dort erwischten wir einen Personenzug nach Lauban. Unterwegs gab es noch einen kritischen Augenblick. Ein blutjunger polnischer Leutnant stieg in unser Abteil und versuchte sich an Sibylle heranzumachen. Aus Angst vor ansteckenden Geschlechtskrankheiten versuchten die polnischen Soldaten möglichst bei ganz jungen Mädchen ihr Glück. Mit allem Charme, der Polen zur Verfügung stand, wenn sie etwas wollten, versuchte der Soldat immer wieder ein Gespräch anzufangen.

Sibylle reagierte nicht, sie konnte ja kein Polnisch. Da seine Beredsamkeit offensichtlich keinen Erfolg hatte, lächelte er das Mädchen freundlich an und holte Zigaretten aus seinem Gepäck. Ältere Polinnen in unserem Abteil schimpften auf das »hochnäsige Ding«, das – so sagten sie wörtlich – einem »so hübschen Friedenskämpfer in Uniform keine Beachtung schenkt«. Erbost wegen seines Mißerfolges, stieg der Offizier an der nächsten Station in ein anderes Abteil, um dort sein Glück zu versuchen. Wir beide atmeten erleichtert auf.

Schließlich erreichten wir Schönberg. Dort endete der Zug. Die letzten Kilometer nach Görlitz mußten wir zu Fuß laufen wie bereits früher. Leichtes Schneetreiben erschwerte unser Vorwärtskommen. An der neuen deutsch-polnischen Grenze angekommen, erwartete uns wieder eine Enttäuschung. Niemand durfte die Grenze passieren. Wir logierten wieder für einige Tage in dem primitiven Gasthaus, in dem unser Gepäck lagerte.

In der Zwischenzeit hatten sich Mäuse durch unser Gepäck gefressen und die letzten Nahrungsmittel vertilgt. Unser Geld ging zur Neige. Ein deutscher Arzt vermittelte mir außerhalb der Stadt Görlitz ein leerstehendes Siedlungshaus gegen eine geringe Miete. Im Keller fanden wir noch genügend Kohlevorräte und Holz zum Heizen, nur nichts zum Essen. Wasser mußten wir von einem offenen Brunnen holen, der zweihundert Meter entfernt war. Zitternd vor Kälte und vor Angst, machte sich meine Tochter einmal am Tag mit Eimer und Hacke bewaffnet auf den Weg zum Brunnen. Er war meistens zugefroren.

Ich trieb mich inzwischen am Grenzübergang herum und antichambrierte bei Behörden. Resultat: ein Rückreiseschein nach Pitschen, aber keine Reisegenehmigung in die sowjetische Besatzungszone zu meiner Familie. Im Januar 1946 lernte ich auch Priester und Nonnen des Klosters »Zum

Heiligen Geist« aus Neiße kennen. Ihnen ging es nicht besser als uns. Sie warteten ebenfalls auf den Grenzübertritt; als sie schließlich den Eindruck hatten, das wäre aussichtslos, kehrten die Älteren auf Anraten des Landrats nach Neiße zurück.

Ein Monat war vergangen, und wir hausten immer noch in der verlassenen Villa am Stadtrand. Bei Niederschlag sammelten wir Schnee in großen Kesseln und brachten ihn zum Schmelzen, dann erhitzten wir ihn zu Badewasser. Mit deutschen Büchern, die wir in leerstehenden Villen gefunden hatten, vertrieben wir uns die Wartezeit. Es war nicht ganz ungefährlich, so mutterseelenallein zu wohnen. Eines Nachts tauchte eine Milizstreife auf und behauptete: »Eure Papiere sind nicht in Ordnung. Mitkommen!« Nur für zweihundert Zloty Bestechungsgeld entgingen wir einer Verhaftung. Korrupt waren die meisten damals, ob Russen oder Polen.

Allmählich wurde unsere Lage ausweglos. Ich versetzte den letzten Schmuck meiner Frau, ein goldenes Armband, und sogar meinen Trauring, den ich bis dahin gerettet hatte. Täglich machte ich den Weg zur gesprengten Neißebrücke oder zum Zollhaus an der Notbrücke. Die Antwort des russischen Wachpostens auf meine Frage klang wie aus einer tibetanischen Gebetsmühle: »Saftra, morgen, vielleicht.« Eine leere Versprechung.

In Görlitz hatten sich mittlerweile viertausend Deutsche angesammelt. Sie warteten wie wir auf die Öffnung der Grenze. Jeden Morgen sah ich eine Mutter mit kleinen Kindern durch Schnee und Eis zur Neiße stapfen, um sich nach dem Stand der Dinge zu erkundigen. Den anderen Flüchtlingen ging es noch schlechter als uns. Sie fristeten ihr kümmerliches Dasein in Ruinen, Kellern und in fensterlosen Notwohnungen, oft genug ohne Nahrung, ohne Geld und ohne Heizung. Viele erfroren oder wurden von Typhus heimgesucht. Es war ein Elend, das niemals an die Öffentlichkeit in Deutschland gedrungen ist; den Überlebenden glaubte man oft nicht, als sie später davon berichteten.

Die Krankenhäuser in Görlitz waren überfüllt. Erst in diesem Moment interessierten sich die polnischen Behörden für die Deutschen, aus Angst vor Ansteckung. An einem frostklaren Januartag 1946 trieben Soldaten die Armen aus den Wohnhäusern und schafften sie in ein Barackenlager. Uns drohte das gleiche Schicksal, wenn man uns entdeckte. Einmal versuchten wir, mit einer Gruppe Deutscher, die im Westen wohnte und im Osten arbeitete, illegal über die Notbrücke zu entkommen. Die Flucht scheiterte an der Hartherzigkeit eines polnischen Wachoffiziers. Er behauptete, man brauche Deutsche dringend in Polen. »Auf einmal«, dachte ich.

In unserer Not wandte ich mich schließlich an den polnischen Kreisarzt, Dr. Ogrodowski. Obwohl er mir nicht glaubte, daß ich wirklich Arzt sei, verwies er mich nach Reichenau, wo noch ein deutscher Arzt, der wegen seines hohen Alters seiner Aufgabe nicht mehr gewachsen sei, und sehr viele andere Deutsche lebten. »Dort ist auch ein Loch in den Westen«, sagte er mir. »Da werden Sie eher über die Grenze kommen als hier.« Das war ausschlaggebend. Mit einem Begleitschreiben des Kreisarztes für den dortigen Arzt Dr. Hauptmann und einem Passierschein ausgerüstet, wollte ich zu meiner Tochter zurück. »Und wie kommen wir dorthin?« Seine Antwort: ein Achselzucken. Das interessierte ihn nicht.

Wegen des starken Schneefalls bastelte ich für unsere Rucksäcke, Decken und einige Bücher, die Sibylle ihren Geschwistern als Geschenk mitnehmen wollte, einen Notschlitten aus Kistenholz. Am 31. Januar 1946 zogen wir beide los. Den unbrauchbaren Schlitten mußten wir bald in den Straßengraben werfen, auch die Bücher mußten daran glauben, nur eine Puppe für die kleine Kristine nahmen wir mit, auch die Decken und die Rucksäcke. Eine berittene Milizpatrouille prüfte unterwegs unsere Papiere, hatte aber nichts daran auszusetzen.

Gegen Abend erreichten wir ein reiches Bauerndorf mit

prächtigen Höfen. Deutsche Frauen mit blau-weißen Armbinden wie früher die Juden mit ihren Armbinden waren mit Dreschen beschäftigt. Wir erkundigten uns nach einem Nachtquartier und wurden an den Dorfkommandanten verwiesen. Der Kommandant, ein russischer Sergeant, saß allein in einer riesigen Villa, trank Fusel und klimperte auf einem Klavier. Nach langem Zureden stellte er mir einen Übernachtungsschein aus. Eine deutsche Familie nahm uns freundlich auf. Die Gastgeber machten erst einmal Feuer im Schlafzimmerofen und kochten uns Mehlsuppe und Pellkartoffeln, das tat uns gut.

Erholt von den Strapazen des ersten Tages, setzten wir am zweiten Tag unsere Wanderung fort. Vier Kilometer entfernt, bei Ostritz, sollte ein Grenzübergang möglich sein. Wir bogen an der nächsten Kreuzung Richtung Westen ab und stießen auch prompt auf einen polnischen Kontrollposten an der Neiße. Der Offizier der Grenztruppe war nicht abgeneigt, uns durchschlüpfen zu lassen, wenn der russische Posten auf der anderen Seite zustimmen würde. Für Geld und gute Worte ließe sich der Russe sicher erweichen. Da tauchte plötzlich ein Offizier auf – ein Deutschenhasser. Er brüllte den Soldaten an und jagte uns wieder zurück. Unsere Enttäuschung war verständlicherweise groß, denn beinahe hätte es geklappt.

Atempause in Reichenau

Um vor Plünderern einigermaßen sicher zu sein, hatten wir selbstangefertigte Rot-Kreuz-Binden umgebunden. Am Nachmittag setzte Schneetreiben ein. Die Gegend wurde immer gebirgiger, das Fortkommen immer beschwerlicher. Niemand begegnete uns. Ein schneidender Nordostwind ließ unsere Gesichter und Hände steif frieren. Wir rasteten in einem leerstehenden Stall erschöpft etwa eine Stunde lang. Meine Tochter wollte nicht mehr aufstehen. Ich mußte sie dazu zwingen. Seit ihrer Typhuserkrankung im Oktober war sie noch nicht recht bei Kräften.

Fünf Kilometer vor Reichenau legte sich Sibylle einfach in den Straßengraben und wollte lieber sterben, als weiterzulaufen. An ihren Beinen entdeckte ich große blau-rote Hautflecken. Sie durfte nicht im Schnee sitzen bleiben, sonst hätte ihr der Tod durch Erfrieren gedroht. Zum Glück kam ein Pferdefuhrwerk vorbei. Der polnische Kutscher forderte uns auf mitzufahren. Unter einer Wagenplane – vor Wind geschützt – gelangten wir nach Reichenau. Sieben Kilometer lang war dieses Dorf. Der deutsche Arzt Dr. Hauptmann wohnte ausgerechnet am anderen Ende, aber der Kutscher erbarmte sich unser und brachte uns bis zu dessen Haus. Erschöpft, durchgefroren, am Ende unserer Kräfte standen wir schließlich vor dem Haus des deutschen Arztes.

Ich zog die Nachtglocke. Der Zweiundsiebzigjährige öffnete. Der einzige Arzt für die dreitausend Einwohner, in der Mehrzahl noch Deutsche, hatte wenig Lust, uns heruntergekommene Landsleute in seinem großen Haus aufzunehmen und mich wenigstens als Assistenten zu beschäftigen. Dabei war er herzkrank, zeitweise bettlägerig und konnte Krankenbesuche in der Umgebung nur mit einem Fuhrwerk erledigen. Der Kollege sagte, er bedauere, mich nicht aufnehmen zu können, und schickte mich mit meiner Tochter in das Ortskrankenhaus, wo sich zwei evangelische Diakonissinnen rührend um unseren Verbleib und unser Wohlergehen kümmerten.

Die Schwestern besorgten mir eine kleine Wohnung in der Nähe. Wir zogen noch in den Abendstunden des 2. Februar 1946 in unser Schlafzimmer zu ebener Erde ein. Einen Behandlungsraum bekam ich im Erdgeschoß und einen Wohnraum im ersten Stock. Der Betsaal wurde mein Sprechzimmer.

Reichenau war zu deutscher Zeit ein wohlhabender Ort mit Spinnereien, Webereien, Färbereien, Schnaps- und Tabakfabriken gewesen. Der größere Teil der Einwohner allerdings, über viertausend, war entweder evakuiert oder ausgewiesen worden, damit die Polen sich deren Häuser aneignen konnten. Die Umgebung war landschaftlich reizvoll. Mitten durch die Ortschaft strömte ein rascher Gebirgsfluß. Viele Brücken überquerten ihn. Aus der Ferne grüßte der Berg »Tafelfichte«.

Ich reinigte in der Badewanne die Manschetten und den Kragen meines einzigen Oberhemdes, um beim Abendessen mit den Schwestern manierlich auszusehen. Die Schwestern kredenzten uns für die damalige Zeit seltene Genüsse: Pellkartoffeln, Weißkäse und saure Tomaten. Anschließend gab es saure Bohnen, die man damals »Bratheringe« nannte. Wie vorher schon so oft, halfen mir meine polnischen Sprachkenntnisse auch hier. Polen und Russen wie auch die meisten Deutschen zählten bald zu meinem Patientenkreis. Schon nach wenigen Tagen konnte ich mir lukullische Genüsse wie Butter und Wurst und Schlagsahne leisten, wovon selbstverständlich auch die Schwestern profitierten.

Uns ging es plötzlich wieder verhältnismäßig gut. Mein Erfolg als Arzt war einfach zu erklären. Dr. Hauptmann konnte weder Polnisch noch Russisch, außerdem war er ein kranker Mann. Ihm blieb nur noch ein Teil der früheren deutschsprechenden Bevölkerung als Patienten. Aber mehr hätte er auch gar nicht betreuen können.

Am Morgen nach der Ankunft war meine erste Amtshandlung, ein Brett mit meinem Namen an den Zaun zu nageln. Die Schwestern, in deren Gesellschaft wir manche schöne Stunde verbrachten, verwöhnten uns. In der Rückschau haben jene Plauderabende mit ihnen etwas Unwirkliches zu einer Zeit, als die meisten Deutschen hungerten und von Angst und Krankheit heimgesucht waren, in der ich nicht einmal wußte, was aus meinen Angehörigen geworden war. Wir saßen im warmen Zimmer bei Kaffee, Kuchen und Likör und plauderten von der »guten alten Zeit«. Und da ich Raucher war, durfte dazu natürlich auch nicht die Zigarette fehlen. Schwester Sophie Eck hatte einen Vorrat an Cognac und Likör gehortet, den die beutelüsternen Rotarmisten nicht gefunden hatten.

Nach mehreren vergeblichen Versuchen gelang es mir schließlich doch, einen Brief an meine Frau über die Grenze nach Graal-Müritz zu schmuggeln, später sogar Päckchen mit Räucherspeck, Wurst und Zigaretten.

Endlich traf nach Monaten des erzwungenen Schweigens mein erster Brief bei meiner Frau ein. Die erste Nachricht seit November 1945 über unseren Verbleib. Unsere Freude war ebenfalls groß, als die erste Antwort aus Deutschland eintraf. In Zukunft gelang es uns häufiger, Briefe in die Sowjetzone zu schmuggeln. In Mecklenburg herrschte Hungersnot. Erstaunlich war die Ehrlichkeit der Postbeamten und der deutschen Reichsbahner. Kein Päckchen ging unterwegs verloren. Post und Bahn wurden damals fast nur von Beamten in Betrieb gehalten, die aus der Weimarer Republik oder aus der Kaiserzeit kamen und im preußischen Geist erzogen worden waren. Obwohl die Verpackung von dem Inhalt durchgefettet war, vergriff sich keiner an der wertvollen Sendung.

Man muß sich das Groteske der Situation einmal vorstellen: Ausgewiesene Deutsche, die das Gebiet unter polnischer

Verwaltung nicht verlassen durften und auf die Öffnung der Grenze warteten, versorgten ihre Verwandten in der sowjetischen Besatzungszone mit den wichtigsten Lebensmitteln.

Um meine Frau und meine Kinder in größerem Stil beglücken zu können, schleppte Sibylle eines Abends mit einer Krankenschwester größere Mengen Mehl, Speck, Kartoffeln, Schnaps und Tabak an die Grenze. Deutsche Pendler sollten die Fracht heimlich bei Nacht und Nebel über die Neiße schaffen. Das Unternehmen scheiterte an der Wachsamkeit der polnischen Grenzposten.

Als ich in den späten Abendstunden von einem Krankenbesuch nach Reichenau zurückkam, begrüßte mich eine der Schwestern vollkommen aufgelöst: »Herr Doktor, die beiden Mädchen sind von der Miliz geschnappt und in einen Keller gesperrt worden.« Nur dem Umstand, daß ich als Arzt zur örtlichen Miliz einen besonderen Draht hatte, verdankte ich die Freilassung ohne Bestrafung. In Begleitung eines bewaffneten Postens kamen die beiden zerknirscht zurück. Damals konnte man auch ohne Schuld sehr schnell ins Kittchen wandern.

Eines Nachts war ich auf dem Heimweg von einem Krankenbesuch auswärts. Eine Streife nahm mich fest und führte mich auf die Wache. Dabei hatte ich einen polnischen Ausweis als Arzt bei mir. Erst nach zweistündigem Palaver kam ich wieder frei, und auch nur durch die Vermittlung eines polnischen Offiziers, dessen Familie ich behandelte. Bis zuletzt glaubten mir die Beamten kein Wort, sondern sperrten mich mit zwei Diebinnen in eine Zelle. Damals herrschten Wild-Ost-Zustände in Schlesien. Polnische Diebe und Räuber in Uniformen brachen bei den Deutschen ein und gaben sich als Streife aus. Widersetzte sich jemand den Plünderungen, wurde er zusammengeschlagen. Ein trauriges Kapitel der chaotischen Nachkriegszeit.

In das kleine Krankenhaus wurden öfter blutüberströmte Opfer derartiger Mißhandlungen eingeliefert. Ein Patient starb sogar wenig später an den Folgen innerer Verletzungen. In gestohlenen Uniformen fühlten sich diese falschen Amtspersonen am sichersten. Wer wagte schon, Uniformierte zu kontrollieren oder sich über sie zu beschweren. Auch wir lebten in Angst vor Übergriffen. Unser Schlafzimmer lag zu ebener Erde an der Straßenfront.

Eines Nachts donnerten polternd Kolbenschläge an unsere festgefügte eichene Haustür: »Aufmachen«, brüllte jemand in polnischer Sprache. Da die Nachtglocke von den Ruhestörern nicht benutzt wurde, weigerte ich mich, ihrer Aufforderung nachzukommen. Ich vermutete Einbrecher und nicht Patienten vor der Haustür. Dann dröhnten Kolbenschläge auch gegen die Fensterläden, sie brachen auf. Glasscheiben zersplitterten. Schwester Sophie rief aus ihrem Zimmer um Hilfe. Zwei Türen waren bereits erbrochen, ehe ich auf den Flur kam.

Es war ein Leutnant mit neun Soldaten, die sich auf solch brutale Weise Einlaß bei uns verschafft hatten. Der Offizier schimpfte wie ein Rohrspatz, daß ich nicht sofort geöffnet hätte. Ich wies ihn auf die Räuberbanden hin, was erst recht seinen Zorn entfachte: »Die existieren bloß in deiner Einbildung.«

Im ganzen Haus wurde eine Razzia durchgeführt. In Schränken, Koffern und Truhen suchten die »Hüter der Ordnung« angeblich nach Waffen. Sogar unter den Schränken und unter den Betten stocherten die Soldaten mit ihren Bajonetten herum. Ich paßte auf wie ein Schießhund, daß mir nicht mein Tabak gestohlen wurde. Alle Schwestern und sonstigen Kirchenangestellten mußten in Reih und Glied antreten. Die Ausweise wurden gründlich kontrolliert.

Nach zwei Stunden war der nächtliche Spuk vorüber, und wir konnten wieder schlafen gehen. Ich beschwerte mich am nächsten Tag bei einem mir bekannten Offizier über das Auftreten der Miliz, daraufhin lächelte dieser nur ironisch und sagte mir: »Ich mußte gestern auch eine Razzia bei Deutschen machen.« Die polnischen Polizeibeamten spielten, auch wenn sie keinen Grund dazu hatten, gern – wie sie es nannten – »Reichskristallnacht bei Deutschen«.

Meine Arztpraxis blühte. Ein großer Teil der auf unsere Kosten zu Vermögen gekommenen Polen und der schaffenden Intelligenz ließ sich von mir behandeln. Sie zahlten nicht schlecht. Inzwischen war es Frühling geworden. Würde er uns dem Wiedersehen näher bringen?

Die »Bruchlandung« eines Milizoffiziers leitete die große Wende für uns ein. Eines Tages wurde ein polnischer Oberleutnant mit einem komplizierten Oberarmbruch und mit einer Gehirnerschütterung in mein Sprechzimmer geschleppt. Er stöhnte, denn der Knochen war nach einem Sturz mit einem requirierten Motorrad eines Deutschen zersplittert und gebrochen. Einen Führerschein hatte der Offizier auch nicht. Stark angeheitert war er gegen einen Baum gefahren. Jetzt bangte er vor allem, eitel wie er war, daß der Arm nach der Heilung nicht mehr gerade sein würde. Deshalb versprach er mir hoch und heilig: »Doktor, wenn der Arm wieder gerade zusammenwächst, bringe ich euch über die Grenze nach Deutschland.«

Zuerst wollte ich ihn zu der polnischen Militärärztin schicken, die für seine Behandlung zuständig war. Aber der Pole wollte sofort und nur von mir behandelt werden. Also krempelte ich meine Ärmel hoch und zerrte gemeinsam mit zwei Schwestern an der Schulter und an seinem Unterarm, um den Arm zu strecken und zu richten. Der Offizier – obwohl Kommunist – beschwor alle Heiligen, um die Schmerzen zu ertragen. Ohne Röntgenaufnahme, nur mit Fingerspitzengefühl, flickte ich ihn wieder zusammen.

Ab und zu kam er mit seinem Gipsverband in die Sprechstunde. Auf die Binde hatte er mit Blaustift das Datum des Osterfestes geschrieben. Das war der Termin, an dem der Verband aufgeschnitten werden sollte: »Dann kommst du nach Deutschland«, versprach er mir noch einmal. Ich traute ihm nicht so ganz nach meinen Erfahrungen mit seinen Kollegen. Aber durch private Gespräche während der

Sprechstunde kamen wir uns menschlich näher. Auch seine junge Frau ließ sich von mir behandeln.

Der Pole erzählte mir von einem Erlebnis während der Hitlerzeit. Als er Verfolgter des Regimes war, konnte er nur heimlich seine Frau besuchen. Einmal wäre er von einer deutschen Polizeistreife beinahe ertappt worden, die ihn im Schlafzimmer überraschte. In letzter Minute gelang es ihm, durch ein Hinterzimmer auf den Dachboden zu entkommen.

Der deutsche Streifenführer entdeckte die zurückgelassenen Kleidungsstücke und Schuhe und konnte sich denken, wem sie gehörten, aber er sagte scheinbar ahnungslos zu der vor Angst zitternden Frau: »Ich komme in einer Stunde wieder, und dann wird das ganze Haus durchsucht.« Ein Kavalier der alten Schule. Diese menschlich anerkennenswerte Tat hatte der Offizier nicht vergessen, und so wollte er auch einmal einem Deutschen in schwieriger Lage behilflich sein, indem er ihn über die Grenze brachte.

Auf dem Rasen im Garten prangten schon die Krokusse und Hyazinthen. Stare waren ohne Visum zurückgekehrt. Die Sonne erweckte neues Leben. Das Blut in unseren Adern fing wieder an, schneller zu kreisen. Wir bekamen Reiselust und wollten aus dem »goldenen Käfig« heraus.

Am 29. März 1946 – am Karfreitag – tauchte der Oberleutnant bei mir auf. Ich entfernte den Gipsverband. Ein Grinsen wanderte über sein Gesicht, als er den geheilten Arm unversehrt – wenn auch noch schwer beweglich – vom Gipsverband befreien konnte. »Doktor, pack die Koffer, am Ostermontag fahren wir über die Neiße nach Deutschland.« Wir folgten seiner Aufforderung nur zu gern und füllten mehrere Koffer und Kartons. Die Schwestern beschenkten uns zum Abschied reichlich mit Wäsche und Spielsachen; Proviant für vier Wochen hatte ich vorsorglich eingelagert. Eine neue abenteuerliche Reise konnte beginnen.

Sibylle saß noch am Ostersonnabend im Garten und schrieb einen Brief nach Graal-Müritz, um mitzuteilen, daß wir bald kommen würden. Ausgerechnet am Tag der Abreise bot mir der polnische Kreisarzt die Leitung des Krankenhauses an. Sollte ich nicht doch lieber bleiben und meine Familie später nachholen? Aber ich war jetzt nicht mehr zu bremsen. Gott sei Dank, kann ich heute nur sagen. Ich wollte zu meiner Familie, ich wollte nach Deutschland oder dem, was davon übriggeblieben war, und verzichtete auf das Angebot.

Zum Abschied kredenzten die rührenden Schwestern sogar einen Osterlammbraten.

Wie früher Ostern war

Der Lammbraten erinnerte mich an Osterbräuche meiner Kindheit: In den Jahren vor dem Ersten Weltkrieg richteten wir uns auf dem Lande noch genau nach dem Kirchenjahr. Die strenge Faste in der Passionszeit stellte auch an uns Kinder harte Anforderungen. Der Mittwoch, der Freitag und der Sonnabend – diese Tage galten nicht nur als Abstinenz, sondern auch als Fastentage. Da hieß es, den Gürtel enger schnallen. Besonders schlimm kam uns Kindern der Karfreitag vor, an dem wir ebenso hungrig zu Bett gingen, wie wir in der Frühe aufgestanden waren. Vielleicht knurrte unser Magen an diesem Tage besonders hartnäckig, weil Tante Emilie bereits seit dem Morgengrauen in ihrem größten eisernen Topf einen umfangreichen Schinken auf dem Herd kochte. Bei meiner Mutter in Kolonowska war es nicht anders, wenn ich Ostern dort verlebte. Der Schinken sollte dann am Ostersonnabend mit anderen Speisen zusammen geweiht werden. Der liebliche Duft des geräucherten Fleisches wirkte derart aufreizend auf unsere Geruchsnerven, daß wir es nach dem Frühgottesdienst vorzogen, uns draußen vorzeitig in der frischen Luft zu tummeln.

Die Bewegung im Freien aber vergrößerte unseren Appetit nur noch. Während wir am Ostersonnabend andächtig der Wasserweihe beiwohnten, trafen die Mutter oder auch die Tante daheim alle Vorbereitungen für die Speisensegnung am Nachmittag. Schon Wochen vorher hatten wir Kinder ein einfaches Holzkreuz und zwei Weinflaschen mit Flachs umwickelt, um den Samen zum Keimen zu bringen. Und für gewöhnlich dauerte es nicht lange, bis das Kreuz und die beiden Flaschen sich mit zartem Grün bedeckt hatten.

Sorgfältig breitete meine Tante das schneeweiße Linnen

über den blankgescheuerten Holztisch. Eine Tischdecke gab es auf dem Lande nur an hohen Festtagen. An der Vorderseite befestigte die Hausfrau Myrtenzweige, die sie zu einem kunstvoll verschlungenen »Halleluja« formte. Dann verteilte sie die verschiedenen Fleischgerichte auf der festlich geschmückten Tafel. Neben dem nelkenverzierten Schinken prangte ein gewaltiger Kalbsbraten. Auf einer Zinnplatte räkelten sich prall geräucherte Würste in der Nachbarschaft von duftendem Napfkuchen, Puddingschüsseln und einer runden Schale mit buntfarbigen Eiern. Neben frisch gebackenem Brot leuchtete goldgelb Butter in Form eines Osterlamms. Dieses Stilleben wurde noch durch Apfelsinen und Konfekt belebt.

Das Zimmer duftete wie ein Vorraum des Paradieses, nach all den irdischen Genüssen, die vor unseren hungrigen Kinderaugen ausgebreitet lagen. Wir berauschten uns an den satten Farben, während unsere leeren Mägen knurrten. Meine Mutter, die unsere Blicke zu deuten wußte, tröstete uns – wie vor Weihnachten – mit dem Hinweis, daß wir nur noch eine Nacht zu schlafen brauchten, um endlich von den an das Schlaraffenland erinnernden Genüssen kosten zu dürfen.

Endlich nahte der feierliche Augenblick der Speisensegnung. Wir Kinder durften, frisch gewaschen und gekämmt, im Wohnraum Aufstellung nehmen, immer schön der Größe nach wie die Orgelpfeifen aufgereiht, um unseren katholischen Ortsgeistlichen zu erwarten. Er nahte mit gemessenem Schritt, und mit ihm kamen im Ornat der Küster und ein Meßdiener mit dem Weihwasserkessel. Der Priester betete laut, besprengte die Speisen mit Weihwasser und sprach danach den Segen über unser Haus. Erst danach begrüßte er uns mit freundlichen Worten.

In diesem Augenblick begann für uns Kinder das heilige Osterfest, das für die Katholiken eigentlich wichtiger ist als das in Deutschland so beliebte Weihnachtsfest. Auch wenn wir eisern weiterfasten mußten. Andere Bewohner des Dorfes, besonders wenn ihre Familie klein oder sehr arm war, trugen ihre Osterspeisen in geräumigen Henkelkörben in die Kirche, um sie dort weihen zu lassen. Auch der ärmste Mann im Dorf aß an Feiertagen nur geweihte Speisen.

Vor Sonnenaufgang stapften wir am Ostersonntag oft noch durch Schneewehen gemeinsam zur Auferstehungsfeier. Wir Kinder waren gar nicht andächtig, wie es sich an den hohen Feiertagen gebührte. Unsere Gedanken schweiften immer wieder zu dem festlichen Ostertisch, auf dessen Pracht wir nach dem Aufstehen schnell noch einen begehrlichen Blick geworfen hatten. Erst nach dem Gottesdienst saßen dann die Familie und das Gesinde an einem Tisch und schwelgte.

Auch in Pitschen gab es in den Jahren vor dem Ersten Weltkrieg noch österliche Sitten und Gebräuche, die anderenorts längst in Vergessenheit geraten waren und die ich später als Arzt dort kennenlernte. Sie stammten aus der Zeit, als Pitschen noch eine Grenzstadt ohne Eisenbahnverbindung war und nur durch eine tägliche Fahrpost mit dem Pferdewagen nach Konstadt mit der Außenwelt verbunden war. Die seßhaften Bürger der Stadt hatten noch bis ins zwanzigste Jahrhundert ihre Eigenarten bewahren können. Länger als andere oberschlesische Städte.

Der Schriftsteller Gustav Freytag aus Kreuzburg, der als Knabe oft bei Verwandten in Pitschen seine Ferien verbracht hat, erinnerte sich später gern an die Zeit, als er mit Altersgenossen zum sogenannten »Sandberg« eilte, um dort Höhlen, Schanzen und Burgen zu bauen und sich zu Ostern am »Eierrennen« zu beteiligen. Dieser kleine Berg am Rande der Stadt, ein mäßiger Hügel von ungefähr zweihundert Metern Höhe, versorgte die Bürger der Stadt schon seit über einhundert Jahren mit feinem Sand. Daneben war ein beliebter Spielplatz. Die männliche Jugend kannte damals uns heute unbekannte Spiele wie »Klippe« und »Bucka«. Eine wahre Völkerwanderung aller Einwohner setzte jedoch am zweiten Osterfeiertag ein.

Wie Heinzelmännchen hatten fleißige Helfer des Nachts

fünf sogenannte »Eierberge« geschaffen: bis zu zwei Meter lange Gruben, oben breit und flach, unten schmal und tief, die sorgfältig geglättet und oft mit Brettern vor Zerfall geschützt waren: Rennbahnen für hartgekochte Eier. Alles, was laufen konnte, war an diesem Tag zum »Sandberg« gekommen. Jeder hatte einen Vorrat an hartgekochten Eiern mitgebracht. Die Ostereier waren mit Zwiebelschalen, mit Rot- oder Blauholz knallbunt gefärbt und häufig sogar kunstvoll mit der Hand bemalt. Sie wurden am Start hinter einer flachen Latte aufgestapelt. Fuhr die Holzlatte hoch, so rollten die Eier in einem drolligen Wettlauf in die Tiefe. Der Besitzer des Ostereis, das zuerst unten ankam, gewann alle übrigen.

Nur ein Ei mußte er als Entgelt an die Unternehmer der sogenannten »Kullerberge« abgeben, die damit anschließend einen schwunghaften Handel trieben. Besonders gefragt waren verständlicherweise Eier, die von Natur aus wegen ihrer kugeligen Form größere Gewinnchancen hatten. Ihr Wert stieg mit jedem Siegeslauf, auch wenn an ihrer Schale schon die Folgen überstandener Strapazen zu erkennen waren. Man nannte diese Renner »Knickeier« oder auch »Treter«. Ihre Besitzer erzielten den für die damalige Zeit horrenden Preis von fünfzig Pfennig pro Ei. Sieger mußten gnadenlos immer wieder ins Rennen, bis sie schließlich am Rand zerschmetterten und zu guter Letzt nichts anderes waren als Vogelfutter. Eier, die nicht hart genug gekocht waren, wurden unbarmherzig disqualifiziert. Ihre Besitzer durften nicht weiter mitspielen. Erst die anbrechende Dunkelheit bereitete dem österlichen Eierrennen ein Ende.

Die glücklichen Gewinner gingen oft mit einem halben Schock Eier nach Hause. Dort angekommen, wurde erst einmal sortiert: Die beschädigten und unansehnlichen Eier verwendete man als Hühnerfutter, die anderen gab es mit Salz, Pfeffer und Senf zum Abendbrot. Leider ist dieser wenig christliche Osterbrauch in den Jahren nach dem Ersten Weltkrieg aus der Mode gekommen und wurde nur noch selten beim Gasthaus Langner vor dem Schützenhaus geübt. Die alten Pitschener Bürger aber, die die Blütezeit des »Kullerberges« noch persönlich erlebt hatten, schwärmten auch noch zu meiner Zeit, als ich Arzt in Pitschen war, von Ostern als dem Fest der hartgekochten, rollenden Eier.

Nur voller Wehmut konnten wir am Ostersonntag 1946 an solche Osterbräuche denken, aber die Aussicht, endlich ausreisen zu können, machte uns wieder Mut.

Vom Regen in die Traufe

Am Ostermontag holte uns der Milizbeamte mit einem Lkw ab, mit Sack und Pack. Freudig erregt, passierten wir den Grenzposten auf der »polnischen« Seite unbemerkt. Er durfte Dienstfahrzeuge nicht kontrollieren. Aber schon am Schlagbaum auf der »deutschen« Seite war Endstation. Die Grenze war absolut dicht wegen der unzulässigen Massenvertreibung der deutschen Bevölkerung aus den Ostgebieten. Die Polen hatten erst gar nicht die »endgültige Regelung der Ostgrenzen in einem Friedensvertrag« zwischen Siegern und Besiegten abgewartet. Der ununterbrochene Zustrom wurde den Siegermächten allmählich zuviel, auch den Sowjets. Wir mußten also umkehren, was den Polen wurmte. Er wollte sein Versprechen unbedingt einhalten.
Noch einmal wurde unsere Geduld auf eine harte Probe gestellt. Wochen verstrichen, aber die Koffer blieben für die Abreise gepackt.

Im April versuchten wir erneut die neue Grenze in Görlitz zu passieren. Zuerst ging alles gut. Der polnische Milizoffizier hatte Sibylle und mich und unser Gepäck in seinem Lastwagen verstaut und versteckt. Er saß mit seinem Fahrer, der im Privatleben Berufsboxer war, im Steuerraum des Lastwagens, als wir die Notbrücke über die Neiße passierten. Der polnische Wachposten salutierte nur, aber sein russischer Kollege dachte nicht daran, die Schranke zu öffnen. »Njet, nein! Heute könnt ihr die Grenze nicht passieren. Der Kommandant ist nicht da!« Da nützte alles Zureden nichts.

»Wo können wir ihn denn finden?« Der Genosse kratzte sich nachdenklich am Kopf: »Ich glaube, er ist seit zwei Tagen bei einer Hochzeitsfeier in Polen!« – »Und wo?« – »Das weiß ich nicht!« Was blieb uns anderes übrig, als von Dorf zu Dorf zu fahren und überall zu fragen: »Ist hier eine Hochzeit?« Schließlich hatten wir tatsächlich Erfolg. Der Kommissar saß völlig betrunken am Tisch, freute sich, seinen Saufkumpanen, den polnischen Milizbeamten, wiederzusehen, aber war nicht ansprechbar, als der ihm erklärte, er brauche einen Passierschein.

Als unser polnischer Freund schon aufgeben wollte, ging sein Bursche noch einmal mit einer Flasche Schnaps unter dem Arm zu den Hochzeitsgästen, und tatsächlich gelang es ihm, seinen sowjetischen Freund zu überreden, ihm einen Blanko-Papierzettel zu unterschreiben. Den Passierschein stellten wir uns dann selbst aus. Wir hatten die begehrte Fahrgenehmigung, der Russe den geliebten Wodka.

Diesmal öffnete der sowjetische Wachposten anstandslos den Schlagbaum. Wir waren tatsächlich im »neuen Deutschland«. Zum dritten Mal hatte ich meine Heimat Schlesien verlassen. Zuerst war ich geflüchtet, dann wurde ich ausgewiesen, und schließlich suchte ich heimlich das Weite. Niemand brauchte mich zu vertreiben.

Per Bahn erreichten Sibylle und ich schließlich Graal-Müritz, wo ich eine Arztpraxis eröffnen sollte, wäre es nach meiner Frau Helene gegangen. Aber die Kinder und ich wollten nicht in der sowjetischen Besatzungszone bleiben. Noch immer herrschten dort Hunger und Willkür. Die Kommunisten hatten bereits alles an sich gerissen, deshalb wollten wir in die britische Besatzungszone zu unseren Verwandten nach Celle. Der Bruder meiner Frau, Paul Lepsy, war bereit, uns in seiner Wohnung aufzunehmen, und hatte uns eine Aufenthaltsgenehmigung verschafft. Also reisten wir eines Tages ungehindert mit der Eisenbahn von Müritz über Rövershagen und Rostock nach Berlin.

In Berlin blieb uns der Aufenthalt im Lager bis zur Weiterfahrt erspart, denn eine Berlinerin, die wir auf dem schwarzen Markt kennengelernt hatten, nahm uns in ihrer – durch Kriegseinwirkungen nur leicht beschädigte – Dachwohnung im zerstörten Anhalter-Bahnhof auf, wo ihr Mann vor Kriegsende als Eisenbahnbeamter gearbeitet hatte. Die Wohnung, an der Grenze zwischen dem britischen und dem sowjetischen Sektor, war in der Ruine nur von uns Eingeweihten zu finden. So blieben uns Belästigungen durch auch damals noch plündernde sowjetische Soldaten erspart. Das Gebiet war voll von Trümmerbergen und zerstörten Gebäuden, so daß man lange suchen mußte, bis man das Brandenburger Tor fand.

Inzwischen war es Juli geworden. Zum letztenmal verfrachtete man uns in einen Sammeltransport, der von West-Berlin bis nach Braunschweig fahren sollte. Kurz vor der Zonengrenze an der Elbe kontrollierten russische Soldaten unsere Papiere. Noch einmal zitterten wir, obwohl alles in Ordnung war. Dann grüßten sie höflich, um anschließend den Zug endgültig zu verlassen. Wir konnten endlich aufatmen, denn wir waren wieder zusammen, und wir waren in Freiheit.

Vergeben, nicht vergessen!

In der damals britischen Besatzungszone, in Westdeutschland, in der späteren Bundesrepublik Deutschland haben wir dann ein zweites Zuhause gefunden. Zuerst bekam ich keine Arbeit als praktischer Arzt, bis mir ein Kollege in Breslau den Tip gab: »Bewerben Sie sich doch als Amtsarzt für die Strafanstalt Celle.« Was blieb mir anderes übrig, als noch einmal umzusatteln und von vorne anzufangen – und das im Alter von zweiundfünfzig Jahren. Später wurde ich dann an Strafanstalten in Hameln und Wolfenbüttel versetzt. Ich war zu alt, um noch einmal als praktischer Arzt anzufangen, und es fehlten mir auch die Mittel dazu.

Bald mußte ich einsehen: Jede Vertreibung hat etwas Endgültiges. Das Recht auf Heimat forderten wir vergebens, das eigentlich doch auch zur Bewältigung der deutsch-polnischen Vergangenheit gehört nach all dem Unrecht, der Demütigung und den Qualen.

Geblieben sind uns Flüchtlingen und Vertriebenen schließlich nur die Erinnerungen an bessere Zeiten und die Sehnsucht nach der geliebten Heimat. Und oft muß ich an die Worte denken, die eine Patientin beim Kreuzburger Treffen in der Patenstadt Göttingen einmal so treffend zu mir gesagt hat: »Wir wollen nicht Rache noch Vergeltung für all das, was uns die Polen und die Russen angetan haben. Auch sie haben viel zu leiden gehabt. Wir haben längst vergeben, aber vergessen können wir nicht. Nicht das Leid und auch nicht unsere Heimat.«

Deshalb habe ich eines Tages angefangen aufzuschreiben, wie es daheim einst war und was wir alles erlebt und erlitten haben in unserem geliebten Schlesien.